假登記·代物辨濟

權　誠

博　英　社

머 리 말

판사로 근무하는 동안 작성했던 논문 중 가등기에 관련된 것들을 모아 하나의 책으로 만들게 되었다. 이 중에 「가등기를 할 수 있는 경우 및 가등기의 효력」이라는 논문은 필자의 석사학위 논문으로 따로 대외적으로 발표된 바는 없었고 그 밖의 것들은 모두 대외적으로 발표된 것들이다. 「대물변제의 법률적 성질」은 가등기와 직접 관련된 것은 아니지만 대물변제의 예약이 가등기의 원인으로 자주 등장하는 것이었으므로 그 법률적 성질을 탐구한 논문을 함께 수록하였다.

이 책에 실은 맨 앞쪽의 것 세 개 논문에서 저자가 특히 많은 궁리를 한 것은 '가등기된 권리의 실체법적 효력'을 條件附物權이라고 파악한 부분이었다. 조건부물권이라는 이론은, 1973년에 발표한 「가등기의 효력」이라는 논문에서 태동하여 1977년 7월에 발표한 석사학위논문 「가등기를 할 수 있는 경우 및 가등기의 효력」이라는 글에서 본격적인 構成을 마쳤고 1982년에 발표한 논문 「가등기된 권리의 법률적 성질」에서 그 構想을 최종 확인한 일련의 연속적 궁리의 산물이었다. 1977년 당시만 해도 가등기된 권리의 실체법적 성질 내지 가등기의 실체법적 효력이라는 것은 국내에서는 논의가 없는 상태였다. 지금은 여러분이 이 주제를 논급하고 있어 금석지감이 있다.

이 책 맨 뒤에 실은 「대물변제의 법률적 성질」은 실무를 하면서 계속하여 의문을 가졌던 대물변제의 성질을 분석해본 것이었다. 그 의문은, 대법원판례가 대물변제합의로부터 도출되는 등기청구권의 존재를 인정하고 있음에 반하여 교과서는 대물변제의 요물계약성이라는 것을 강조하면서 대물변제합의의 독자적 의미를 부인함으로써 양자 간에 개념상의 혼란과 논리의 불일치가 드러나는 데서 유래하는 것이었다. 결국 나는 대물변제합의를 하나의 **독자적인 낙성계약**으로 인정하여야 한다는 데 이르렀다.

나머지 논문 세 편은 저자가 서울지방법원 신청부장으로 근무할 때 실제 처리한 사건들을 배석판사들과 함께 그 뒤 서울고등법원 재직중에 연구, 정리한 것이고 이들을 모두 「가처분의 연구」라는 책자에 수록하여 발표하였는데 그 중에는 가등기담보권에 관한 실체법적 연구를 한 것이 세 편 있었다. 가등기에 관한 저자의 과거 관심은 사실 가등기 일반에 관한 것이었다. 그런데 인하대학교 로스쿨의 2009학년도 제 2 학기 과정에서 물권법 강의를 하면서 저자는 가등기담보권에 관한 자신의 과거 논문을 다시 참고하게 되었다. 그리하여 가등기 일반과 담보가등기 사이의 균형을 취하는 것이 필요하다고 보아 가등기담보권에 관한 이 논문들도 이 책에 함께 실었다.

논문을 정리하면서 보니 불필요한 한자를 너무 많이 사용한 흠이라든지 맞춤법 상의 흠 같은 것이 눈에 많이 거슬렸다. 맞춤법 상의 오류는 바로잡아 보려고 노력하였다. 한자를 많이 사용한 것은 그 당시의 정황을 보여 주는 면도 있고 또 한글로 일일이 변환할 경우 책의 교정과정에서 많이 힘들기도 하여 그대로 두었다. 독자의 양해를 빈다.

독자들의 양해를 바라는 것 중 가장 큰 것은 일부 논문이 범했을지 모르는 논리 상의 오류와 자료의 부실함이다. 특히 「가등기의 효력」 부분에서는, 일본 책자로부터 일본 판례를 재인용하는 과정에서 사건번호를 누락하는 실수가 있었음을 이번에 발견하였다. 그러나 자료가 모두 분실되었고 또 본격적인 재검토를 할 준비가 되어 있지 아니하여 우선 그대로 책에 싣기로 하였다. 또한 판례와 학설의 변화를 반영하는 일은 너무 큰 작업이어서 엄두를 내지 못하였다. 일모를 앞둔 자료의 보존이라고 보아 양해하여 주기를 바란다.

필자는 인하대학교 로스쿨에서 2009학년도 제2학기 과정중에 물권법을 강의하는 행운이 있었다. 원래 예정된 일이 아닌 데다가 경험도 전무한 일어어서 처음에는 다소 부담을 느끼기도 하였지만 학생들의 호응에 힘입어 나름대로 큰 보람을 맛보았다. 앞서 얘기한 것처럼 강의중에 가등기를 언급할 일이 있어서 때때로 필자의 과거 논문을 참조하던 중 자료를 정리, 보관할 필요를 느껴 이번에 책을 내게 되었다. 보잘 것 없는 책의 출판을 선뜻 결정하여 주신 박영사의 안종만 회장님과 번거로운 교정을 꼼꼼히 보아 주신 이일성 위원님 그리고 표지의 디자인을 맡아 수고하여 주신 이선주 과장님께 깊이 감사를 드린다.

2010년 2월

저자 權 誠

凡　　例

朝高判 ……………………………… 朝鮮高等法院判決

日大決大 …………………………… 日本大審院決定大正

日大判昭 …………………………… 日本大審院判決昭和

日最判昭 …………………………… 日本最高裁判所判決昭和

判集 ………………………………… 大法院判決集(大法院行政處刊)

判總 ………………………………… 判例總攬(韓國判例硏究院刊)

新聞 ………………………………… 法律新聞

民錄 ………………………………… 日本大審院民事判決集

民集 ………………………………… 日本最高裁判所 또는 大審院民事判例集

先例集 ……………………………… 日本不動産登記先例集

日新聞 ……………………………… 日本法律新聞

目　次

第1編　假登記를 할 수 있는 경우 및 假登記의 效力

第 2 編　假登記된 權利의 法律的 性質

第 3 編 假登記의 效力

第 4 編 假登記擔保등에관한法律 제11조의 解釋

第 5 編 假登記擔保등에관한法律 제11조 所定의 所有權移轉登記 抹消請求權과 被擔保債務辨濟와의 關係

第 6 編　假登記擔保등에관한法律 제14조 및 제15조의 解釋

第7編 代物辨濟의 法律的 性質
— 意思表示의 分析을 통한 接近 —

第1編　假登記를 할 수 있는 경우 및 假登記의 效力

一. 序　　論[1)]

1. 假登記의 意義

不動産登記는 그 觀點에 따라 여러 가지로 分類될 수 있으나 그 한 가지로 登記의 本體的 效力이라고 할 수 있는 不動産物權變動의 效力이 있느냐 與否에 따라 그런 效力이 있는 終局登記(또는 本登記)와 그런 效力이 없는 豫備登記의 두 가지로 分類하는 方法이 있을 수 있고 이렇게 分類할 때에 豫備登記에는 假登記와 豫告登記의 두 가지가 이에 屬하게 된다.[1)]

假登記라고 하는 것은 勿論 節次法的으로는 不動産登記法 第3條의 規定에 依하여 이루어지는 登記임은 말할 것도 없지만 이런 假登記에 關하여 實體法인 民法에는 아무런 規定이 없기 때문에 그 法律上 意義를 法規定으로부터 直接的으로 定義할 수는 없으나 民法 第186條의 "登記"에 對應하는 文理解釋으로서, "假登記라 함은 本登記(終局登記)를 經了할 實體的 또는 形式的 要件이 完備되지 못한 경우에 後日 이루어질 本登記의 登記上 順位를 確保하여 두기 爲하여 本登記를 하기 前에 미리, 後日 本登記를 하게

* 이 論文은 1977년 7월 서울大學校 司法大學院(法學科 民事法專攻)에 提出하여 認准받은 法學碩士學位論文이다.

1) 郭潤直, 「物權法」 全訂版, 117面; 金曾漢, 「物權法(上)」, 246面

될 法律關係를 當該 不動産登記簿에 登記하여 두는 豫備的 登記이다."라고 말할 수 있을 것이다.[2)]

具體的으로 우리나라 不動産登記法(以下에서는 簡單히 法이라고 쓰기로 한다) 第3條는 "假登記는 前條에 게기한 權利(所有權, 地上權, 地役權, 傳貰權, 抵當權, 賃借權)의 設定, 移轉, 變更 또는 消滅의 請求權을 保全하려 할 때에 이를 한다. 그 請求權이 始期附 또는 停止條件附인 때 其他 將來에 있어서 確定될 것인 때에도 또한 같다."라고 規定하여 假登記를 할 수 있는 경우를 規定하고 나아가 法 第6條 第2項에서 "假登記를 한 경우에는 本登記의 順位는 假登記의 順位에 依한다."고 規定하여 假登記의 本質的 效力인 이른바 順位保全의 效力을 規定하고 있다. 따라서 假登記는 本登記가 아닌 點으로부터 本登記와 같은 不動産物權變動을 일으키는 效力(不動産賃借權의 경우에는 第三者에 대한 對抗力, 以下 모두 같다.)이 없는 것은 自明하고 그 代身 法 第6條 第2項 所定의 順位保全의 效力을 갖는 特殊한 登記로서의 意義를 갖는다.

順位保全의 效力이라 함은 假登記를 한 者가 後日 그 假登記에 基하여 本登記를 하면 그 本登記의 順位는 그 本登記를 할 때의 實際順位에 依하지 않고 그 以前에 經了된 假登記의 順位에 依한다는 것을 말하는 것으로서 그 結果로 假登記를 한 者가 後日 本登記를 하면 假登記 後 그 本登記 前에 當該 不動産에 關하여 本登記를 한 第三者보다 假登記에 基하여 本登記를 한 者가 先順位를 갖게 되고, 이로써 그 第三者의 權利보다도 優先하게 되고 따라서 그 第三者의 權利는 假登記에 基하여 本登記를 한 者의 權利와 抵觸되는 範圍에서 效力을 잃거나 또는 그보다 後順位

2) 內海一,「假登記の理論と實務」, 1面

의 權利를 갖게 됨에 이르는 것이다. 例컨대 假登記에 基하여 本登記를 한 者의 權利 및 第3者의 權利가 모두 所有權이라고 하면 第三者는 그 所有權을 喪失하는 것이고 萬一 兩者가 모두 抵當權이라고 하면 第三者의 抵當權은 그보다 後順位의 抵當權으로 되고 만다.[3)]

이와 같이 假登記는 그 順位保全의 效力에 依하여 理論的으로나 實際去來界에 있어서나 매우 重大한 意義를 갖고 또 커다란 作用을 營爲하게 된다.

2. 假登記制度의 目的

物權과 債權을 嚴格히 區別하는 法體制下에서는 物權變動을 目的으로 하는 債權的 請求權이라고 하는 것은 경우에 따라서는 매우 不安한 경우가 많다. 債權契約의 拘束力이라고 하는 것은 債務者가 第三者를 爲하여 그 不動産을 다시 有效하게 處分하는 것을 禁하는 것이 아니기 때문이다. 勿論 債務者의 이러한 處分은 債權者에게 契約違反에 따른 損害賠償請求權을 發生시키는 것이기는 하지만 이와 같은 債權的 保護는 債權者의 直接的 保護는 되지 못한다. 따라서 不動産物權變動을 目的으로 하는 債權的 請求權을 보다 確實히 保護하기 爲하여 不動産登記簿에 그 債權的 請求權의 存在를 登記시키고 그 登記에 順位保全의 效力을 賦與함으로써 債權的 請求權을 物權的으로 保護하려는 것이 假登記制度의 目的이라고 理解할 수 있다.[4)] 例를 들면 甲所有 不動産을

3) 詳細는 이 論文 三. 假登記의 效力 參照
4) Lent-Schwab, Sachenrecht, 56面 參照

乙이 買受한 경우 乙의 所有權移轉請求權은 甲에 對한 債權的 請求權에 不過하여 甲이 그 뒤에 그 不動産을 丙에 賣渡하더라도 그 處分은 特別한 事情이 없는 한 有效한 것으로서 이에 따라 丙이 所有權移轉登記를 經了하면 丙은 完全한 所有權을 갖게 되고 이 경우에 乙은 丙의 所有權을 否認할 수 없고 또 甲에 對하여 所有權移轉登記를 經了하여 줄 것을 請求하여도 그 請求는 履行不能임을 理由로 許容할 수 없는 것이 되며 다만 甲에 對하여 債務不履行을 原因으로 하는 損害賠償請求權을 가지게 됨에 그친다. 그러나 乙이 위 賣買契約에 따른 所有權移轉請求權을 假登記했다면 비록 甲이 그 不動産을 丙에게 二重으로 賣渡 하여 丙이 그 所有權移轉登記를 經了하였다 하여도 乙은 이에 關係 없이 甲을 相對로 自己 앞으로 所有權移轉登記節次를 履行할 것을 請求할 수 있고 그 本登記를 한 뒤에는 丙의 所有權을 否認할 수 있게 된다.[5] 이와 같이 債權的 請求權은 假登記에 의하여 두터운 法의 保護를 받게 되고 이러한 保護는 假登記權利者가 그 本登記를 經了한 時點에서 觀察할 때에 結果的으로 債權契約上의 權利가 債務者의 處分을 制限 또는 禁止하고 債務者 아닌 다른 第三者에까지 그 效力을 미치는 셈이 되며 이런 意味에서는 그 保護를 物權的인 保護라고 말할 수 있는 것이다. 다만 이런 種類의 登記의 記入은 登記簿에는 物權만이 記入되고 債權的인 것은 記入되지 않는다는 登記簿上의 原則에 例外를 이루는 것이라 할 것이다.

5) 이런 경우의 假登記權利者의 本登記節次에 關하여는 많은 問題가 있으나 詳細는 이 論文 四.에서 檢討한다.

3. 이 論文의 取扱範圍

우리 民法이 制定되기 前에 우리나라에서 依用된 日本民法이 物權變動에 關하여 意思主義를 取하고 있는 것과 關聯하여 日本不動産登記法은 두 가지의 假登記를 認定하고 있다. 하나는 物權變動은 當事者 사이에 있어서 이미 發生했으나 그 本登記를 經了하기 爲한 節次的 要件이 完備되지 못하여 本登記를 아직 할 수 없는 경우에 그 物權을 保全하기 爲한 假登記(日本 不動産登記法 第二條 第一號 —— 普通 物權保全의 假登記 또는 1號 假登記라고 부른다)이고 다른 하나는 當事者 사이에 있어서도 아직 物權變動의 效力은 發生하지 아니하였고 다만 將次 物權變動을 일으킬 수 있는 어떤 法律關係(例컨대 賣買豫約이 締結된 경우)가 成立되어 있을 때 그 法律關係를 保全하기 爲한 假登記(日本 不動産登記法 第二條 第二號—— 普通 請求權保全의 假登記 또는 二號 假登記라고 부른다)이다. 그러면서 日本의 登記實務는 登錄稅免脫 其他의 目的으로 所謂 物權保全의 假登記가 濫用됨을 防止하기 爲하여 物權保全의 假登記를 할 수 있는 경우를 節次的으로 嚴格히 制限하는 結果로 假登記는 그 大部分을 所謂 請求權保全의 假登記가 이를 占하게 되었고 그것도 大部分 賣買豫約을 原因으로 하는 것이었다.[6] 이런 關係로

---

6) 參考로 日本 不動産登記法 第二條의 規定을 옮겨 본다. 第二條 假登記는 左의 경우에 있어서 이를 한다.

一. 登記의 申請에 必要한 手續上의 條件이 具備되지 않을 때

二. 前條에 揭記한 權利의 設定, 移轉, 變更 또는 消滅의 請求權을 保全하고자 할 때 右의 請求權이 始期附 또는 停止條件附인 때 其他 將來에 있어서 確定될 것인 때에도 또한 같다.

위 規定에서 前條에 揭記한 權利라고 하는 것은 日本 不動産登記法 第一條에 列擧된 다음의 아홉 가지 權利이다.

一. 所有權, 二. 地上權, 三. 永小作權, 四. 地役權, 五. 先取特權, 六. 質權, 七. 抵當權, 八. 賃借權, 九. 採石權.

우리 去來界나 登記實務界에 있어서도 假登記라고 하면 으레 賣買豫約에 因하는 것으로 알게 되고 한 걸음 더 나아가 賣買豫約이 아니면 假登記를 할 수 없는 것처럼 誤解하는 일이 許多하다고 하여도 결코 지나친 말은 아닐 것이다. 그러나 우리 民法은 嚴然히 物權變動에 關하여 形式主義를 取하고 있으며 이에 對應하여 우리 不動産登記法은 그들의 이른바 物權保全의 假登記라는 것을 認定하지 않고 있으며 나아가 우리 不動産登記法 第3條의 이른바 "請求權"이라는 것도 그들의 請求權保全의 假登記라고 부를 때의 그 請求權과는 반드시 그 意味를 같이 하지 않는 것임을 注意할 必要가 있다 하겠다. 이런 觀點에서 이 論文에서는 于先 우리 不動産登記法上 假登記를 할 수 있는 경우에 關하여 具體的으로 檢討를 하고자 한다. 그리고 이어서 假登記의 效力에 關하여 살펴보면서 特히 順位保全의 效力에 關한 理論的 說明을 實體法的 見地에서 새로이 構成하는 것이 可能한지에 關하여 檢討를 加하고 끝으로 假登記를 本登記로 고치는 問題에 關하여 假登記의 效力이라는 問題와 結付시켜 檢討를 해 보고자 한다. 그러나 위에 列擧한 問題들은 그 大部分이 從來부터 學說上으로나 判例上으로 크게 다투어지고 또 깊이 論議된 問題들이어서 果然 이 論文에서 얼마나 成果있는 檢討가 可能할런지 커다란 두려움을 느끼지 않을 수 없다. 또한 假登記가 實際上 特殊한 變則的인 擔保制度로서의 큰 效果를 갖는 點에 비추어 이에 關하여도 檢討를 하는 것이 必要하기는 하지만 問題의 比重으로 볼 때에 이 問題는 假登記 本來의 一般的인 問題를 다루는 이 論文에서는 이를 除外함이 適切할 것으로 생각되어 이 問題는 取扱하지 아니하였음을 미리 밝혀 둔다.

二. 假登記를 할 수 있는 경우

1. 概 說

假登記를 할 수 있는 경우는 不動産登記法 第3條에 規定되어 있다. 위 規定을 分析하여 보면 假登記를 할 수 있는 경우는 다음의 두 가지 경우로 나누어진다. 첫째는 所有權 等의 移轉 等을 請求할 수 있는 請求權이 現在 存在하는 경우(法 第3條 前段)이고, 둘째는 그런 請求權이 現在는 아직 存在하지 않지만 將次 그런 請求權이 發生, 存在하게 될 法律關係가 現在 存在하는 경우(同條 後段)이다. 그러므로 이 곳에서는 假登記 原因의 側面에서 假登記가 許容되는 경우를 위의 두 가지로 나누어서 具體的으로 어떤 法律關係에서 假登記를 할 수 있는 것인지 살펴보고 이어 假登記가 許容되는 權利의 種類 및 登記의 種類를 차례로 檢討하고 끝으로 假登記된 權利를 基點으로 하는 假登記가 可能한지를 살펴보기로 한다.

2. 假登記를 할 수 있는 法律關係

(一) 物權(便宜上 登記된 賃借權을 包含시켜 使用한다. 以下 同一함) 變動의 請求權이 現在 存在하는 경우

例컨대 賣買를 原因으로 하는 買受人의 所有權移轉請求權, 抵當權設定契約에 따른 債權者의 抵當權設定請求權 等이 存在하는 경우이다.

이 경우 다른 特別한 事情이 없는 限 買受人은 바로 所有權

移轉의 本登記를 할 수 있고 債權者는 바로 抵當權設定의 本登記를 할 수 있음은 勿論이다. 그렇다면 所有權移轉請求權을 가진 者가 바로 그 本登記를 할 수 있는 경우에도 本登記를 하지 않고 假登記를 할 수 있는 것인가. 換言하면 所有權 等의 移轉請求權이 있으면 언제나 어떤 경우에나 假登記를 할 수 있는 것인지 與否가 問題된다. 結論부터 말하면 이를 否定해야 될 것이고 그 理由로는 다음 몇 가지를 들 수 있다. 첫째, 法 第3條를 보면 "假登記는 前條에 揭記한 權利의 移轉, 變更 또는 消滅의 請求權을 保全하려 할 때에 이를 한다"라고 規定되어 있는 바 여기에 "保全하려 할 때에"라고 함은 "保全의 必要가 있을 때"를 말하는 것으로 보이고, 保全의 必要가 있을 때라 함은 物權變動을 目的으로 하는 請求權, 例컨대 所有權移轉請求權이 現在 存在하기는 하지만 이에 基하여 바로 그 本登記를 할 수 없는 事情이 있어서 當分間 위 請求權 그 自體로 이를 保全할 必要가 있을 때를 말하는 것으로 解釋함이 相當하기 때문이다. 둘째, 假登記制度의 目的으로부터 볼 때에 請求權에 基하여 바로 本登記를 할 수 있는 경우까지도 假登記를 許容함은 그 制度의 目的에 反하는 것이라 할 것이기 때문이다. 셋째, 比較法的으로 考察할 때에 法 第3條 前段의 경우 卽 例컨대 賣買契約을 締結하여 買受人이 所有權移轉請求權을 갖는 경우에 日本民法에 依하면 이 경우 買受人은 所有權을 取得하게 되어[7] 日本 不動産登記法 第二條 一號의 이른바 物權保全의 假登記를 하는바 이 때에 어떤 경우에나 假登記가 許容되는 것은 아니고 本登記를 하기 위한 節次的 要件이 具備되지 아니하여 本登記를 할 수 없는 경우에만 假登記를 할 수 있도록 規定하

7) 日本民法 第177條 參照

고 있는 點으로 보아도 그렇고,[8] 넷째, 바로 本登記를 할 수 있는 경우에도 假登記가 許容된다면 假登記가 登錄稅 또는 讓渡所得稅, 取得稅 等의 免脫方法으로 濫用될 憂慮가 있으며, 다섯째, 바로 本登記를 함에 아무런 支障이 없는 경우까지도 假登記를 許容하면 當事者, 例컨대 不動產買受人은 本登記를 하지 않고서도 結果的으로 自己의 權利를 充分히 保護할 수 있기 때문에 登記(本登記)를 物權變動의 效力發生要件으로 삼아서 登記를 勵行시키고 不動產의 權利關係를 登記簿에 明瞭하게 公示하고자 하는 民法 第186條의 趣旨에도 어긋나게 된다. 끝으로, 法 第3條 前段과 後段과를 比較할 때에 그 後段의 경우는 請求權이 아직 存在하지 않고 將次 그것이 發生하게 될 어떤 法律關係가 存在할 따름인 경우로서, 換言하면 아직 請求權이 없기 때문에 本登記를 할 수 없는 경우인바 이와의 均衡上 그 前段의 경우에도 비록 請求權이 存在하더라도 아직 本登記를 할 수 없는 그런 경우에 限하여 假登記가 許容되는 것으로 解釋함이 옳을 것이다.

그렇다면 請求權이 存在하면서도 本登記를 할 수 없는 事由에는 어떤 것이 있는가. 實體法的인 事由와 節次法的인 事由의 둘로 나누어서 보기로 한다.

---

8) 日本 不動產登記法 第2條에 關하여는 註 6) 參照. 또한 日本 法務省民事局長의 回答通達 等에 依하면 日本의 實務上 所謂 物權保全의 假登記가 認定되는 경우는 다음의 세 가지 경우이다.

(1) 登記義務者가 登記(本登記) 申請에 協力하지 않을 때

(2) 登記原因에 關하여 第三者의 許可, 同意, 承諾을 要하는 경우에 許可 等을 證明하는 書面을 提出할 수 없는 때

(3) 登記義務者의 權利에 關한 登記濟證을 提出할 수 없는 때

詳細는 中川善之助・兼子一, 「登記」, 340面 參照

㈎ 物權變動의 請求權이 存在하지만 實體法上 本登記를 할 수 없는 事由가 있을 때

이런 때에는 本登記를 할 수 없으므로 그 請求權을 保全하기 爲하여 假登記할 수 있다고 할 것이고 그런 경우로는 다음과 같은 경우가 있을 수 있다. 例컨대 不動産을 買受했으나 아직 代金支給期日이 到來되지 아니하였을 때 혹은 代金支給期日은 徒過되었으나 買受人이 代金의 支給을 遲滯한 때.

이런 경우 賣渡人이 그 不動産을 他에 二重으로 賣渡할 우려가 있다면 買受人은 假登記를 하여 그 權利를 保全할 수 있고 다만 그 方法은 假登記假處分의 方法에 依해야 될 것이다.[9)]

㈏ 請求權이 存在하지만 節次法上 本登記를 할 수 없는 事由가 있을 때

여기서 節次法이라 하는 것은 不動産登記法을 가리킴은 勿論이므로 以下 不動産登記法上 所有權移轉의 本登記를 하기 爲한 節次에 따라 順次 檢討한다.

① 登記義務者가 登記申請書에 署名捺印을 하지 않거나 代理申請을 爲한 委任狀에 署名捺印을 하지 않는 경우

이런 경우에는 法 第28條, 第41條의 規定上 買受人은 所有權移轉의 本登記를 할 수 없으므로 假登記가 許容되어야 한다. 다만 假登記도 하나의 登記이므로 假登記義務者인 賣渡人이 假登記申請書에 署名捺印하거나 委任狀을 作成해 주든지 혹은 法 第38條의 承諾書를 作成해 주어야 되는데 本登記節次에 協力하지 않는

---

9) 法 第37條. 이런 경우 大部分 賣渡人이 假登記申請에 協力하지 않을 것이므로 假登記假處分命令을 求할 수밖에 없을 것이다. 假登記假處分의 要件, 節次等의 詳細에 關하여는 中川善之助 等, 前揭書, 365面

賣渡人이 이런 假登記節次에 協力한다는 일은 있기 어려우므로 이 때에는 不可不 法 第37條의 假登記假處分의 命令을 받아서 假登記를 할 수밖에 없을 것이다. 若干 問題가 되는 것은 假登記假處分命令을 申請함에 있어서는 假登記原因을 疎明함이 必要하나(法 第37條 第2項), 그 疎明이라 함은 假登記를 할 수 있는 法律關係의 疎明을 말하고 假登記를 하지 않을 수 없는 事由 卽 保全의 必要性에 關한 疎明은 아니라고 볼 것이다. 왜냐하면 法文上으로도 "假登記原因의 疎明"이라고 되어 있을 뿐만 아니라 假登記假處分을 求하는 事案은 實際上 一刻을 다투는 緊急한 事案으로서 登記義務者가 登記申請에 協力하지 않는가를 調查함에 있어서는 登記義務者에게 假登記假處分命令의 申請事案을 告知하는 結果가 되어 그 假處分命令에 依한 假登記를 하기 前에 假登記義務者가 재빨리 다른 登記를 할 우려가 있게 되고 이렇게 되면 假登記假處分命令의 目的을 達할 수 없기 때문이다.[10] 實務上으로도 登記義務者의 非協力을 實質的으로 疎明한다는 것은 極히 어려운 일일 것이다. 그러나 登記義務者의 非協力 卽 保全의 必要性에 關한 疎明 없이 假登記原因의 疎明만으로 假登記假處分命令이 發해질 수 있는 것이라면 買受人이 本登記를 함에 아무런 障碍가 없어 原則대로 하면 假登記가 許容될 수 없는 경우에도 法院에 假登記假處分命令을 申請하여 容易하게 假登記를 할 수 있는 길이 트이게 되어(假登記假處分에는 損害擔保의 保證도 必要없다) 假登記를 制限하려는 앞서 본 趣旨와 어긋나게 되어 不當하다. 이런 點에서 日本의 下級審判決 가운데 登記義務者의 非協力을 假登記假處分

10) 內海一, 前揭書, 86面

命令의 要件으로 삼은 것이 있는 것이라든지,[11] 우리 大法院判例가 假登記原因에 關한 疎明을 取扱함에 있어서는 法院이 愼重을 기하여 調査할 必要가 있다고 하는 것 等은 이런 面에서 그 趣旨를 理解할 수 있을 것이다.[12]

② 登記義務者가 登記所에 出席할 수 없는 경우

元來 登記義務者의 出席을 要求하는 理由는 登記에 關한 直接的인 利害關係者인 當事者로 하여금 登記所에 出席케 하여 그 登記의 眞正을 確保하고자 함에 있는 것이지만 登記義務者가 出席不能이면 代理人이 出席하여도 좋고(法 第28條) 그 代理人이 出席不能이면 다른 代理人 또는 復代理人에 依한 登記申請이 可能한 것이므로 登記義務者의 出席不能이라는 것은 "本登記를 할 수 없는 때"에 該當되지 않는 것이고 따라서 이런 경우는 假登記가 許容되지 않는다.

③ 登記原因證書를 提出할 수 없는 경우

登記原因證書라 함은 權利變動의 原因인 法律行爲 其他 法律事實의 成立을 證明하는 書面, 例컨대 賣買契約書(또는 賣渡證書), 抵當權設定契約書와 같은 것을 말하고 登記申請에는 原則的으로 이 原因證書의 提出이 必要하기는 하지만(法 第40條 第1項 2號) 萬一 그 提出이 不能이면 法 第45條에 依해 申請書의 副本을 提出함으로써 登記가 可能한 것이므로(法 第67條에 依하여 申請書副本에 登記畢의 記載를 하게 된다.) 登記原因證書의 提出不能이란 事由로는 假登記를 할 수 없다.

---

11) 福岡高決昭35.2.26.高民集13卷1號110面; 中川 等, 前揭書, 370面

12) 大決1973.8.29.字73마657,新聞1057面

④ 登記義務者의 權利에 關한 登記畢證의 提出이 不可能한 경우

法 第40條 第1項 3號에 依하여 本登記를 함에 있어서는 登記義務者의 權利에 關한 登記畢證을 提出하여야 되지만 그것이 滅失 其他 事由로 提出될 수 없을 때에는 保證書를 갈음하여 登記를 할 수 있게 規定되어 있으므로(法 第49條) 이와 같은 경우에도 亦是 假登記는 許容되지 않는다.[13)]

⑤ 登記原因에 關한 第三者의 許可, 同意 또는 承諾을 證明하는 書面을 提出할 수 없는 경우

法 第40條 第1項 4號에 依하면 登記原因에 對하여 第三者의 許可, 同意 또는 承諾을 要할 때에는 이를 證明하는 書面을 提出하도록 되어 있고, 이를 提出하지 않으면 法 第55條 8號에 依하여 登記申請이 却下되므로 이런 書面을 提出할 수 없어 本登記를 할 수 없을 때에는 假登記가 許容될 것이다. 다만 第三者의 許可等이 登記原因의 發生要件 또는 權利變動의 成立要件일 때에는 그와 같은 許可가 없으면 請求權이 發生할 수 없는 것이므로 請求權의 存在를 前提로 하는 假登記는 할 수 없게 된다. 例컨대 財團法人의 基本財産의 處分은 定款의 變更에 該當하므로 主務官廳의 許可를 要하고(民法 第45條 第3項, 第42條 第2項), 許可를 받지 않은 基本財産의 處分은 物權變動은 勿論 債權契約으로서도 無效이므로[14)] 이런 경우에는 假登記도 할 수 없는 것이고 이와 같은 理論은 私立學校의 基本財産이나 佛敎寺刹의 基本財産處分에 있

13) 日本은 昭和35年 및 39年 兩次에 걸쳐 그 不動産登記法을 改正하면서 所有權에 關한 登記만은 保證書에 依하여 직접 登記를 할 수 없는 것으로 한 結果 登記畢證을 提出할 수 없는 事由가 있을 때에는 所有權에 關해서만 假登記가 許容된다. 詳細한 것은 幾大通, 「不動産登記法」, 191面 參照

14) 大法院1974.6.11.宣告73다1975判決判集22卷2輯民85面 參照

어서도 同一할 것이다.[15] 그러나 主務官廳의 許可를 停止條件으로 하는 財團法人의 基本財産處分은 有效한 것이므로[16] 이 때에는 請求權의 存在를 前提로 하는 法 第3條 前段의 假登記는 許容되지 않아도 同條 後段의 假登記가 可能함은 勿論이다. 그러므로 第三者의 許可를 받기 前에도 債權契約은 一旦 有效하게 成立하여 請求權이 存在하는 경우에만 假登記가 可能할 것이다. 그리고 이런 경우 가운데는 第三者의 許可 等의 欠缺이 登記原因의 取消事由에 不過한 경우도 包含된다 할 것이다.[17] 그런 許可等이 없음으로 因하여 本登記를 할 수는 없고 假登記를 할 수 있게 되는 위에 이른바 第三者의 許可 等에 該當되는 경우를 찾아보면 다음과 같은 것이 있다. ⓐ 農地改革法 第19條의 農地賣買證明,[18] ⓑ 外國人土地法 第5條의 許可,[19] ⓒ 未成年者의 法律行爲에 대한 法定代理人의 同意(民法 第5條), ⓓ 限定治産者의 法律行爲에 대한 後見人의 同意(民法 第10條), ⓔ 不在者財産管理人의 民法 第118條에 規定한 權限을 넘는 行爲에 대한 家庭法院의 許可(民法 第25條),[20] ⓕ 相續財産管理人의 保存行爲 이외의 行爲에 대한 家庭法

---

15) 私立學校法 第28條 및 佛敎財産管理法 第11條 參照

16) 前註 14) 記載 大法院判決 參照

17) 昭和34.7.18.日本司法協會決議

18) 農地改革法 第19條의 農地賣買證明은 特定不動産의 特定處分에 대한 許可는 아니지만 이런 證明이 없는 경우 農地의 移轉登記가 되지 않는 점에서 위에 말한 許可와 같은 性質의 것으로 取扱할 수 있는 것이고, 이런 證明을 發給받기 前의 農地賣買도 債權契約으로서 有效하고(同旨: 大法院1964.10.1.宣告64다563判決判集12卷2輯民136面) 이를 假登記할 수 있을 것이다(同旨: 大法院1962.1.31.宣告4294民上664號判總7卷492面).

19) 外國人土地法에 依하여 內務部長官의 土地取得許可를 받지 아니하였다고 하여 그 賣買契約自體가 當然無效가 되는 것은 아니고 債權契約으로서 有效하게 存續한다는 趣旨의 大法院1973.8.31.宣告73다737判總7卷474-2-1面; 大法院1966.6.21.宣告66다368判總7卷474-5-1面 參照

20) 그런 許可가 없는 處分은 無效라고 함이 學說(郭潤直, 「民法總則 全訂版」,

院의 許可(民法 第1023條), ⓖ 合名會社의 社員 또는 淸算人이 會社와 不動産去來를 함에 關한 他社員 또는 淸算人의 決議(商法 第199條, 第265條), ⓗ 株式會社의 理事 또는 淸算人이 會社와 不動産去來를 함에 관한 理事會의 承認(商法 第398條, 第542條), ⓘ 農地의 保全 및 利用에 關한 法律 第5條에 따른 道知事의 許可, ⓙ 工場財團 및 그 構成物에 賃借權을 設定함에 關한 抵當權者의 同意(工場抵當法 第14條, 第18條), ⓚ 破産管財人이 不動産을 任意賣却함에 關한 監査委員의 同意 또는 法院의 許可(破産法 第187條, 第188條), ⓛ 輸出産業工業團地開發造成法 第23條 第3項의 賣却承認.

이런 경우 第三者의 許可나 同意를 이미 받았으나 그 許可書等을 紛失하여 登記申請時 이를 提出할 수 없는 경우도 그런 許可를 받지 못한 경우와 同一하게 取扱해야 할 것이다.

⑥ 登記名義人의 印鑑을 提出할 수 없는 경우

法 第50條, 第51條에 依하면 登記名義人이 登記義務者로서 登記를 申請할 때에는 印鑑을 提出하도록 되어 있으므로 登記義務者가 自己의 印鑑을 登記權利者에게 交付하여 주지 않으면 登記權利者는 本登記를 할 수 없게 된다. 그러므로 이런 때에는 假登

172面) 및 判例(大法院1970.1.27.宣告69다1820判決)의 見解이다. 그러나 法院의 許可는 將來의 處分行爲에 대한 許可뿐만 아니라 旣往의 處分行爲에 대한 追認的 許可도 可能하다고 할 것이므로(大法院1956.6.14.宣告4289民上43判總1卷44-2面 參照) 이 경우의 追認이라는 것을 반드시 民法上의 無效行爲에 대한 追認으로만 볼 것이 아니고 위 處分 自體를 特別한 事情이 없는 限 將次의 法院의 許可를 停止條件으로 하는 有效한 處分으로 보고 이에 대하여 事後에 許可를 賦與하는 것으로도 볼 수 있는 것이므로 筆者는 오히려 法院의 許可 없는 不在者財産管理人의 超過處分行爲도 有效한 것으로서 假登記를 할 수 있고 뒤에 法院의 許可를 받으면 本登記까지 할 수 있는 것으로 理解함이 좋지 않을까 생각한다.

記를 할 수 있다고 할 것이다. 登記義務者가 登記申請書에 署名捺印을 해주지 않거나 또는 代理申請의 경우 委任狀을 作成해주지 않는 경우 卽 登記義務者의 登記節次에 대한 協力이 없는 경우에 屬한다고 볼 것이기 때문이다.[21] 다만 이런 경우 登記權利者가 假登記申請을 함에 있어서는 假登記 또한 法 第50條의 登記에 屬하는 것이므로 그 申請書에는 假登記義務者의 印鑑을 添附하여야 되고 따라서 本登記節次에 協力하지 않는 假登記義務者가 假登記節次에는 協力한다고 하는 것은 普通 있을 수 없으므로 結局 이런 때에는 假登記假處分의 方法에 의하여 假登記를 할 수밖에 없을 것이다.[22]

⑦ 登錄稅의 調達이 不可能한 경우

不動産의 登記를 함에 있어서는 登錄稅法의 規定에 따른 登錄稅를 納付함을 要하고[23] 登錄稅를 納付하지 아니한 때에는 法 第55條 9號에 의하여 登記申請이 却下되므로 登錄稅 調達不能도 節次上의 要件不備의 하나에 屬한다고 볼 수도 있으나 이런 경우까지 假登記를 許容한다면 假登記가 脫稅의 目的으로 濫用될 憂慮가 있으므로 이런 事由로는 假登記를 할 수 없다고 함이 相當

21) 日本에서는 登記義務者의 印鑑을 提出할 수 없는 경우 假登記가 許容되지 않는다고 한다(昭29.10.5.民事甲第2022號民事局長通達, 先例集下卷2243面). 그 理由는 假登記自體의 申請에도 登記義務者의 印鑑이 添附되어야 하고 不然이면 假登記申請이 却下될 것임을 根據로 한다. 그러나 筆者는 이런 경우는 登記義務者의 非協力으로 本登記를 할 수 없는 前述한 ㈏ ①의 경우와 마찬가지로 假登記假處分에 의한 假登記가 可能하다고 생각한다.

22) 登記義務者로부터 印鑑을 交付받았으나 그 有效期間(印鑑證明法施行令 第9條 第4項에 依하면 그 期間은 3個月임)을 經過하여 本登記를 할 수 없는 경우도 애당초 印鑑을 交付받지 못하여 이를 提出할 수 없는 경우와 同一하게 取扱되어야 할 것이다.

23) 不動産登記法施行規則 第67條

할 것이다.[24]

⑧ 整 理

以上 檢討한 바에 依하면 請求權이 存在하면서도 本登記를 하기 위한 節次的 要件이 具備되지 아니하여 本登記를 할 수 없기 때문에 假登記가 許容되는 경우는 첫째, 登記義務者가 登記申請書에 署名捺印을 하지 않거나 代理申請을 위한 委任狀을 作成交付하지 않거나 또는 印鑑證明書를 交付해 주지 않는 경우, 둘째, 登記原因에 대하여 第三者의 許可, 同意 또는 承諾을 要할 때에 이를 證明하는 書面을 提出할 수 없는 경우의 두 가지뿐이다. 첫째 경우에는 登記權利者가 法院의 假登記假處分命令을 받아서 假登記를 하게 될 것이고, 둘째 경우에는 登記義務者와 登記權利者의 共同申請에 의하여 또는 登記義務者의 承諾書를 添附하여 登記權利者가 單獨으로 申請하여 假登記를 하는 경우가 大部分일 것이다.

問題는 物權變動의 請求權에 의하여 바로 本登記를 할 수 있는 데도 假登記申請을 하여 온 경우에 어떻게 이를 處理할 것인가 하는 것이다. 첫째로 登記義務者의 非協力을 理由로 하는 假登記는 實際로 假登記假處分에 의해야 되므로 이 때에는 法院이 그 假處分命令을 내림에 있어 疎明의 有無를 愼重히 調査함으로써 結果的으로 登記義務者의 非協力 有無를 間接的으로 審査할 수 있으므로 別로 問題될 것이 없겠으나, 둘째로 登記原因에 關하여 第三者의 承諾 等을 必要로 하는 경우에 그 承諾書 等이 存在함에도 不拘하고 그것이 없는 것으로 꾸며서 假登記申請을 한 경우이다(第三者의 承諾이 必要한 경우인가 與否는 大部分 客觀的으로 判明

24) 昭4.10.7.民事第8689號,日本法務省民事局長回答(先例集上卷558面)도 同旨

될 것이므로 別問題가 안 될 것이다.). 이 때에는 登記公務員이 이를 審査할 수 없는 것은 分明하다. 實質的인 審査權이 없기 때문이다. 그러므로 이런 假登記가 行하여지는 것은 現行法上으로는 막을 길이 없고 그렇다고 이런 假登記를 無效라고 斷定할 수도 없을 것이므로, 例컨대 第三者의 承諾書 等을 具備치 못함을 理由로 하는 假登記 後 一定期間內에 그 書類를 具備하여 本登記申請을 하지 않으면 그 後에는 그 假登記에 基한 本登記는 할 수 없는 것으로 立法을 通해 解決할 수밖에 없지 않을까.

(二) 物權變動의 請求權이 아직 存在하지 않지만 將次 請求權이 發生하게 될 法律關係가 現在 存在하는 경우

法 第3條 後段에 依하면 이 경우에 屬하는 것으로서 다음 세 가지가 規定되어 있다.

(가) 請求權이 始期附일 때

例컨대 將來 一定期間의 到來를 기다려 契約이 效力을 發生할 것으로 當事者가 特約을 하여 賣買를 하는 경우이다. 特別히 說明할 것이 없다.

(나) 請求權이 停止條件附일 때

例컨대 債務不履行을 停止條件으로 하여 債務者所有의 特定不動産을 債權者에게 代物辨濟로서 移轉하기로 하는 契約을 한 때. 이 경우에도 더 說明할 것이 없다. 다만 法 第3條에는 請求權이 停止條件附일 때에 관하여만 規定하고 있는데 그렇다면 請求權이 解除條件附일 때에는 어떤가. 例컨대 甲이 乙에게 어떤 不動産을 贈與하면서 乙이 外國에 移民을 가면 그 贈與가 效力을 잃는 것으로 特約을 한 경우이다. 이 때 甲은 乙 名義로 所有權移轉登記를 할 때에 法 第43條에 따라 그 解除條件을 함께 登記할 수 있음은 勿論이지만 한편 甲이 將次 解除條件이 成就되어 갖게 될 所有權移轉請求權은 法 第3條 後段의 "請求權이 將來에 있어서 確定될 것인 때"에 該當한다고 보아 假登記를 할 수 있다고 생각된다.

㈐ 請求權이 其他 將來에 있어서 確定될 것일 때

여기서 將來에 있어서 確定될 請求權이라는 것은 단지 漠然히 將來 發生할 可能性이 있는 請求權이라고 하는 程度의 넓은 意味는 아니고 特定不動産에 關하여 請求權이 發生할 基本的인 法律關係가 存在하고 그 法律關係에 依하여 請求權이 發生될 경우를 말한다.[25)]

例컨대 賣買豫約이 締結될 경우 將次 그 豫約完結에 依해 發生될 所有權移轉請求權과 같은 것이 그것이다.[26)]

따라서 相續開始 前에 있어서는 被相續人이 贈與한 不動産에 關하여 第一順位의 推定相續人을 위한 將來 所有權移轉의 請求權을 發生시킬 法律關係는 存在하지 않고 將來에 있어서 減殺請求權을 發生시킬 法律關係도 存在하지 않으므로 推定相續人은 이 不動産에 대하여 減殺請求權을 保全키 위한 假登記를 할 수 없다고 한다.[27)]

㈑ 그러면 物權變動의 請求權이 現在 存在하면서도 假登記를

25) 幾代, 前揭書, 191面; 中川 等, 前揭書, 341面; 杉之原舜一, 「新版不動産登記法」, 266面 各 參照. 同旨의 判例로는 日大判大6.7.1.8.民錄23卷1161面

26) 日大判大4.4.5.民錄21卷426面 參照

27) 前註 26) 記載判例 參照

하기 위하여 마치 賣買豫約이 締結되었음에 不過한 것으로 꾸며서 假登記를 申請한 경우는 어떤가.

形式的 審査權밖에 없는 登記公務員이 이를 가려 낼 수 없음은 勿論이다. 이에 關하여는 뒤에 따로 檢討하기로 한다.[28)]

3. 假登記를 할 수 있는 權利의 種類

(一) 槪 說

假登記는 後日 이루어질 本登記의 登記上의 順位를 確保할 目的으로 이루어지는 것이므로 後日 本登記를 할 수 있는 權利에 關하여만 假登記가 許容될 것은 自明한 理致이다. 어떤 權利에 關하여 登記가 認定되는가는 法 第2條에 다음과 같이 規定되어 있다. 卽 所有權, 地上權, 地役權, 賃貸權, 抵當權, 賃借權의 여섯 가지 權利이다.[29)]

(二) 物權中에서 登記가 認定되지 않는 것은 質權, 留置權과 占有權의 셋인바, 이런 權利는 恒常 占有라는 形式的 事實이 隨伴되는 까닭에 登記로써 特히 公示할 必要가 없기 때문이다.

(三) 民法 第621條는 賃貸借에 關하여 登記를 하면 그 때부터 第三者에 대하여 效力이 생긴다고 規定하여 不動産賃借權에 關하여 登記를 한 때에는 物權과 같은 排他性을 갖게 했으므로 不動産登記法도 賃借權에 關하여 登記 및 假登記를 할 길을 마련한 것이다.

---

28) 이 論文 三. 2. (四) 및 五. 2. 參照

29) 日本의 경우는 이외에 永小作權, 先取特權, 質權, 採石權의 登記가 可能하다. 前註 6) 參照

(四) 還買權의 假登記

法 第2條에는 登記할 權利로서 列擧되어 있지 않으나 民法 第592條는 還買權의 登記를 認定하므로 그 假登記도 可能한 것인가가 문제된다.

還買權에 讓渡性이 있음은 學說[30]·判例[31]上으로 異論이 없는 바이고, 그 讓渡는 債權讓渡에 準하여 義務者의 承諾 또는 이에 대한 通知가 있어야만 對抗할 수 있는 것도 異論이 없다.[32] 그러나 還買權이 登記되어 있는 경우에는 그 移轉登記만으로써 對抗할 수 있는 것이고, 또 이 경우에는 登記를 하여야 還買權移轉의 效力이 發生함은 勿論이다.[33] 具體的으로 還買權의 移轉登記는 法 第43條, 第63條에 따라 移轉의 附記登記에 依하여 이를 한다. 다만 所有權移轉의 假登記를 할 경우 그 假登記原因에 還買의 特約이 있다면(例컨대 債務不履行이 있으면 債務者所有의 特定不動産을 債權者에게 移轉하되 履行期로부터 2年 以內에 債務者가 이를 還買할 수 있는 것으로 契約을 한 경우) 所有權移轉請求權保全의 假登記를 하면서 그 內容中에 위 還買의 特約을 함께 登記하면 될 것이므로 이런 경우는 還買權의 假登記라는 問題는 생기지 않는다.[34] 問題

30) 郭潤直, 「債權各論(上)」, 263面; 金曾漢, 「新債權各論(上)」, 273面 및 日本 註釋民法 14卷, 311面

31) 日大判明34.9.14. 參照

32) 前註 30) 引用書 參照

33) 前註 30) 引用書 參照

34) 日本에서는 昭和35年 不動産登記法을 改正하면서 還買의 登記는 所有權移轉登記와 別個의 附記登記로서 하도록 規定한 關係로(日本 不動産登記法 第59條의 2) 본문에 例를 든 경우에 所有權移轉의 假登記와 別個로 還買의 假登記를 附記登記로 하게 되어 우리나라와는 그 取扱에 差異가 있다. 詳細는 內海一, 前揭書, 30面 및 83面 參照

는 還買權의 讓渡는 있었으나 讓渡人이 印鑑證明을 해 주지 않는 等 그 登記節次에 協力을 하지 않거나 또는 還買權의 讓渡가 始期附, 停止條件附로 行해졌거나 還買權讓渡의 豫約을 한 경우 등이다. 이런 때에는 讓受人은 附記登記인 假登記로서 還買權의 移轉登記를 할 수 있다고 생각된다. 또한 還買의 性質을 再賣買의 豫約[35] 또는 解除權의 保留[36]라고 본다면, 還買의 登記를 하지 않고 一般賣買豫約 또는 解除權留保附賣買와 同一하게 將次 還買代金을 提供하면 取得하게 될 所有權移轉請求權을 假登記함으로써 自己의 權利를 保全할 수도 있지 않을까 생각된다.

4. 假登記를 할 수 있는 登記의 種類

(一) 概　說

假登記는 將來 一定한 本登記가 이루어질 可能性이 있는 것을 警告하는 作用을 하므로 假登記의 內容은 將來 이루어질 本登記의 그것과 一致되어야 한다. 換言하면 本登記를 할 수 없는 登記는 假登記를 할 수 없는 것이다. 法 第3條에 依하면 假登記를 할 수 있는 登記로는 設定登記, 移轉登記, 變更登記 및 抹消登記의 네 가지가 있다. 順次 檢討한다.

(二) 設定登記

抵當權設定登記를 위한 假登記, 卽 抵當權設定請求權保全의 假登記 같은 것으로 特別히 說明할 것은 없다.

35) 郭潤直, 「債權各論(上)」, 258面
36) 金曾漢, 「新債權各論(上)」, 268面

(三) 移轉登記

所有權移轉登記를 위한 假登記 같은 것이 그 典型的인 것이고 그 밖에 勿論 抵當權 其他 制限物權의 移轉登記를 위한 假登記도 可能하다. 다만 이 때에는 附記登記인 假登記가 될 것이다(法 第63條).

(四) 變更登記

一般的으로 變更登記라 할 때에는 權利變更의 登記(法 第63條)와 登記名義人의 變更登記(法 第65條)의 두 가지가 있을 수 있으나, 登記名義人의 變更登記는 登記名義人의 表示를 變更하는 登記이므로 이에 關하여는 이에 依하여 不利益을 받는 者 卽 登記義務者라는 것이 存在하지 않으므로 登記名義人이 單獨으로 이를 申請할 수 있는 것이고(法 第31條) 따라서 이에 關하여 順位保全의 假登記를 認定할 必要가 없음은 自明하다. 그러나 權利變更의 登記는 그렇지 않다. 우선 權利의 變更이라 함은 登記된 權利에 關해서 權利의 種類나 主體의 變更(所有權移轉, 制限物權設定 等) 및 權利의 客體의 變更을 除外한 權利內容의 實體的 變更을 말한다. 例컨대 權利의 存續期間의 伸縮, 地料나 借賃의 增減, 그 支給時期의 變更, 抵當權에 있어서 被擔保債務元本의 減少, 그 利率의 增減 같은 것이다(法 第136條, 第139條, 第140條 等 參照).[37]

權利變更登記의 申請은 登記權利者와 登記義務者의 共同申請에 依하여야 하고 登記上 利害關係 있는 第三者가 있는 경우에는 그 承諾書 또는 이에 對抗할 수 있는 裁判의 謄本을 添附하여야

37) 幾代, 前揭書, 161面 以下 參照

되며(法 第63條) 그 登記方法은 獨立登記(主登記)로도 이를 할 수 있으나 이 경우에는 變更登記의 時를 標準으로 하여 새로운 順位가 決定되므로(法 第5條) 變更登記 前에 이루어진 다른 登記에 依하여 優先當한다. 따라서 當該權利의 當事者로서는 變更登記를 附記登記에 依하여 함으로써 變更된 權利로 하여금 從前의 順位를 그대로 保全케 함이 有利하고(法 第6條 第1項), 이 때에 登記義務者가 協力을 하지 않던가 혹은 利害關係 있는 第三者의 同意를 얻지 못하는 경우에는 權利變更의 假登記인 附記登記를 함으로써 그 權利를 保全할 수 있게 된다. 例를 들면 建物賃借人이 賃借權의 登記 後에 그 存續期間을 1年에서 3年으로 延長하기로 合意했는데, 賃貸人이 그 變更登記節次에 協力하지 않으면서 새로이 抵當權을 設定하려고 하는 경우와 같은 때에 있어서는 賃借人은 權利變更의 假登記(附記登記인)를 해 둘 必要가 있다.[38]

(五) 抹消登記

抹消登記는 登記原因이 無效일 때 이를 하는 것으로서[39] 경우를 나누어 檢討할 必要가 있다.

(가) 登記原因의 無效를 善意의 第三者에게도 對抗할 수 있는 경우

이런 경우로는 處分權 없는 者의 處分, 無能力者의 處分行爲의 取消(民法 第5條 第2項) 等이다. 이 때에는 그 登記를 抹消하

---

38) 利害關係人의 同意가 없어도 變更登記의 假登記는 可能하다고 생각된다. 다만 內海一, 前揭書, 75面은 그 同意를 要한다고 한다.

39) 當事者의 合意에 依하여 抹消登記를 하는 것이 可能함은 勿論이나 이런 경우의 假登記에 關하여는 特別히 問題될 만한 것이 없다.

지 않아도 登記의 公信力이 없는 以上 그 登記는 當然無效이고 또 누구에게나 그 無效를 主張할 수 있는 것이므로 그 抹消登記 前에 특히 그 抹消請求權을 假登記에 依하여 保全할 必要는 없을 것이고 理論的으로도 이 경우의 登記抹消請求權은 物權的인 請求權이므로 債權的인 物權變動請求權의 保全을 위한 假登記는 許容될 수 없는 것이다(一. 2. 假登記制度의 目的 參照).[40] 第三者에 대한 警告는 豫告登記로서 充分할 것이다.

(나) 登記原因의 無效를 善意의 第三者에 對抗할 수 없는 경우

그 例로는 民法 第107條 第2項(非眞意意思表示), 第108條 第2項(虛僞表示), 第109條 第2項(錯誤), 第110條 第3項(詐欺, 强迫), 第548條 第1項 但書(解除) 等의 경우를 들 수 있다. 이 경우에 善意의 第三者의 範圍는 無效에 因한 抹消登記가 行하여지는 時期를 基準으로 하여 定해야 될 것이므로[41] 抹消의 登記를 하기 前에 善意의 第三者가 그 不動産에 관하여 所有權移轉登記를 하거나 制限物權設定의 登記를 하면 正當한 所有者는 그 所有權을 確定的으로 喪失하거나 또는 制限받게 될 것이므로 이 때에는 抹消의 本登記를 하기 前에 그 抹消請求權을 假登記하여 미리 順位를 保全할 實際上의 必要가 있음은 勿論이고 理論的으로도 이 경우의 抹消請求權이 비록 앞의 경우와 같이 物權的인 請求權이기는 하

---

40) 同旨로는 舟橋諄一, 「不動産登記法」, 185面; 三宅德業, 「增訂不動産登記法正解」, 76面 等. 假登記를 할 수 있다는 反對說로는 幾代, 前揭書, 205面. 幾代說은 第三者에 대한 警告는 豫告登記만으로는 不充分하다는 것을 그 根據로 하는 것같으나 順位保全의 效力을 그 主된 內容으로 하는 假登記를 順位保全과는 전혀 關係 없이 假登記의 副次的 效果인 第三者에 대한 警告만을 위하여 許容하는 것은 不當할 것이다.

41) 郭潤直, 「全訂版 物權法」, 127面 以下 및 大法院1975.12.23.宣告75다533判集23卷3輯民144面 參照

지만 第三者에게 對抗할 수 없는 경우가 있기 때문에 그 限度 內에서는 債權的인 請求權과 同一視할 수 있을 것이다. 따라서 이 때에는 假登記가 許容되어야 한다.[42)]

抹消의 假登記는 取消 또는 解除의 경우 그 意思表示를 한 뒤에만 可能한 것인가, 아니면 그런 事由가 있으면 實際 그 意思表示를 하기 前에도 할 수 있는 것인가. 그 意思表示 後에는 法 第3條 前段에 依하여, 그 前에는 同條 後段에 依하여 假登記가 可能하다고 생각한다.

(六) 回復登記

法 第3條에는 列擧되어 있지 아니하나 어떤 登記가 抹消된 경우 그 登記原因이 無效하거나 혹은 取消된 경우라면 前述한 抹消登記에 있어서와 같이 그 回復의 假登記도 이를 認定할 것이다.[43)]

(七) 更正登記·處分制限의 登記

이런 登記는 그 性質上 假登記를 할 수 없을 것이다.

---

42) 日本의 通說(幾代, 前揭書, 205面; 中川 等, 前揭書, 344面; 杉之原, 前揭書, 262面 等)·判例(日大決10.7.25.民錄27輯1399面)도 同旨이다. 다만 그 說明에 있어 "抹消의 假登記를 함에 의하여 以後의 第三者의 惡意를 推定시키는 實益이 있기" 때문에 假登記를 認定할 必要가 있다고 하나, 正當한 所有者의 抹消請求權이 保護되는 것은 假登記에 依하여 第三者의 惡意가 推定되기 때문이 아니라 그 善意, 惡意에 關係 없이 假登記의 順位保全의 效力에 基因하는 것임을 위 說明은 誤解하고 있는 것이다.

43) 幾代, 前揭書, 205面; 內海一, 前揭書, 77面; 中川 等, 前揭書, 344面 等 日本의 通說이다.

(八) 保存登記

끝으로 問題가 되는 것은 所有權保存登記의 假登記이다. 假登記를 認定하는 積極說과 이를 否定하는 消極說이 있다.

(가) 積 極 說

所有權保存登記의 假登記를 禁하는 規定이 없을 뿐만 아니라 去來界 實情을 보면 未登記建物을 賣買하고 買受人 스스로 保存登記를 하는 경우가 많은데(特히 建築業者의 경우는 대개 그러하다) 그런 경우에 買受人이 하는 保存登記는 實質上 移轉登記와 同一한 機能을 營爲하므로 保存登記에 關하여도 假登記를 認定할 實際上의 必要가 있다는 것이 積極說의 論據이며 日本의 從來 通說[44]과 判例[45]는 積極說을 擇하고 있었다.[46]

(나) 消 極 說

假登記는 後日 이루어질 本登記의 順位保全을 目的으로 하는 것이므로 恒常 假登記義務者의 權利에 關한 本登記의 存在를 必要로 하고 따라서 保存登記의 假登記는 있을 수 없다는 것이 消極說이다.[47]

(다) 私 見

積極說의 主張은 保存登記의 假登記를 認定할 實際上의 必要

44) 幾代, 前揭書, 203面; 舟橋, 前揭書, 185面; 內海一, 前揭書, 43面; 中川 等, 前揭書, 343面 等

45) 日大判大14.6.17.民集4卷599面

46) 積極說의 詳細는 內海一, 前揭書, 43面 參照

47) 日本 不動産登記法이 昭和35年에 改正되면서 登記簿와 臺帳의 一元化(臺帳이 登記簿에 吸收됨)가 이루어진 뒤에는 消極說이 오히려 通說인 것처럼 보인다. 詳細는 內海一, 前揭書, 48面 以下 參照

가 있다는 데에 있다. 卽 受給人이 自己의 費用과 資材로 建物을 新築한 경우 그 所有權은 原始的으로 受給人이 取得하는 것이지만,[48] 都給人名義로 建築許可를 받았다면 家屋臺帳上에는 都給人名義로 登載될 것이므로 受給人이 自己名義로 保存登記를 하려고 할 때에는 不可不 所有權確認의 判決을 받아 이에 基하여 保存登記를 할 수밖에 없고 이렇게 保存登記를 하기 前에 都給人이 먼저 保存登記(家屋臺帳上 自己 名義로 登載되어 있음을 利用하여)를 할 憂慮가 있을 때에는 受給人은 保存登記의 假登記를 함으로써 自己의 權利를 保全할 수 있다는 것이다. 그러나 筆者의 생각으로는 위와 같은 경우의 權利의 保全이라는 것은 事實上의 問題이고 假登記의 경우에 權利保全이라 함은 物權變動의 債權的 請求權의 順位를 保全하는 것을 말하는 것인바, 위에 든 경우의 受給人과 같이 所有權을 原始的으로 取得한 者는 保存登記를 않해도 所有權을 잃는 일이 없음은 勿論 物權變動의 債權的 請求權을 갖지 못하는 것이므로 假登記는 理論上 許容될 수 없다고 생각한다.

그러므로 消極說이 妥當하다고 생각한다.

㈑ 所有權保存登記가 없는 경우에 所有權 以外의 權利의 假登記 또는 所有權移轉의 假登記가 可能한가? 이런 假登記의 前提가 되는 保存登記는 代位申請 또는 囑託에 依하여 可能하므로 所有權保存登記 없이 바로 이런 假登記를 할 수는 없다고 解釋된다.[49]

---

48) 同旨: 大法院1973.1.30.宣告72다2204判決.判集21卷1輯民34面; 大法院1963.1.17.宣告62다743判決.判集11卷1輯民13面 等. 다만 이 경우의 所有權歸屬에 關한 學說의 論議는 郭潤直, 「債權各論(下)」, 56面 以下 參照

49) "未登記不動産에 關한 假登記假處分命令에 基하여 假登記의 囑託이 있을 경우에는 職權에 依하여 所有權의 保存登記를 하여야 한다."는 1940. 9.登記事務打合會決議(大法院例規集 登記編, 256面) 및 幾代, 前揭書, 204面; 中川 等, 前揭書, 344面 參照

5. 假登記에 基한 假登記

假登記된 權利를 基點으로 하는 權利變動을 假登記할 수 있는가 하는 問題로서 "假登記의 假登記" 또는 "假登記에 對한 假登記" 혹은 "假登記된 權利의 移轉"이라는 命題로 從來부터 크게 다투어진 問題이다.

(一) 日本의 判例

비록 오래된 것이기는 하지만 日本의 大審院判例는 이 問題를 否定한다.[50] 그 理由는 "假登記에 對한 假登記는 數回 重復하여 不動産上의 權利者의 地位를 假定하는 것이 되어 不動産登記法上 許容할 수 없는 것이다."[51] 혹은 "假登記의 前提가 되는 本登記가 없는 경우에는 假登記權利者는 後日 自己를 爲하여 本登記를 할 수 없고 따라서 本登記의 順位를 假登記의 順位에 依하는 것이 不可能하기 때문이다."[52]라고 說明한다.

(二) 日本의 實務

昭和35年 不動産登記法의 改正 前에는 大審院判例와 같이 假登記에 基한 假登記를 認定하지 않고 假登記에 對한 附記登記의 形式으로 假登記된 權利의 移轉을 登記에 反映시킨다는 것이 日本實務의 態度이었다.[53] 그러나 위 改正 以後에는 昭和36年12月

50) 이에 關한 日本 最高裁判所判例는 아직 찾아 볼 수 없다.

51) 日大決大4.5.29.民錄21卷865面

52) 日大判昭9.7.4.日新聞3726號8面

53) 大正6.6.8.民事甲第1043號法務局長回答 및 昭3.12.26.民事甲第12777號民事局長回答 等. 그러나 그 以前에는 假登記의 假登記를 認定한 先例도 있었다(大正2.12.29.民事1291號法務局長回答)

27日 民事甲第1600號 民事局長通達에 依하여 所謂 物權保全의 假登記가 된 權利의 移轉에 關한 登記는 主登記(獨立登記)인 假登記로 이를 한다고 先例變更을 하였다. 그러나 所謂 請求權保全의 假登記가 된 權利의 移轉은 如前히 附記登記로 하여야 한다는 것이 實務의 態度라고 한다.[54)]

(三) 日本의 學說

(가) 否 定 說

否定說의 理由를 整理해 보면 다음과 같다.

① 假登記의 假登記를 許容하면 不動産의 權利狀態에 關해 그 實狀을 알기 곤란한 경우가 종종 생기고 더욱이 登記制度를 紊亂케 할 憂慮가 있다.[55)]

② 假登記의 假登記는 登記簿上의 權利關係를 매우 複雜하게 만든다.[56)]

③ 假登記가 實際上 登錄稅免脫 其他의 目的으로 매우 濫用되는 實情으로 보아 假登記의 假登記까지 認定하여 假登記를 擴大할 必要가 없다.[57)]

(나) 肯 定 說

肯定說의 理由 中 重要한 것은 다음과 같다.

① 모든 財産權은 相續人에 移轉承繼됨이 原則이므로 假登記된 權利도 相續財産으로서 相續人에게 相續되는 것으로 解釋함이

54) 中川 等, 前揭書, 363面 參照
55) 橫田秀雄, 「假登記를 論함」(國家及國家學6卷4面)
56) 我妻 榮, 「假登記」(岩波法律學辭典 I, 286面)
57) 舟橋, 前揭書, 189面; 幾代, 「不動産登記法(舊版)」, 101面

正當하고, 相續을 登記原因으로 하는 경우의 假登記의 移轉을 是認하여야 하는 以上은 假登記權利者의 處分行爲에 依한 경우에도 이를 認定해야만 論理가 一貫된다.[58)]

② 甲所有 不動産이 停止條件의 成就에 依하여 當然히 乙에게 移轉되는 契約이 甲, 乙 사이에 締結되고 이것이 假登記된 경우에, 乙이 그 條件成否未定間에 있어서 그 權利를 丙에게 讓渡할 수 있음은 日本民法 第129條(우리 民法 第149條)의 規定上 明白하고 그 讓渡를 公示하는 方法으로서 假登記가 許容되어야 한다.[59)]

③ 日本 不動産登記法 第2條 2號의 假登記는 遡及效가 없으므로 그 假登記의 假登記를 認定해도 無妨하다.[60)]

近時에는 肯定說이 日本의 多數說이다.[61)] 그러나 肯定說 가운데도 그들의 이른바 物權保全의 假登記와 請求權保全의 假登記[62)] 모두에 이를 認定할 것인가 또는 어느 한쪽에만 認定할 것인가, 그리고 認定한다면 그 方法은 假登記로 할 것인가 附記登記로 할 것인가, 假登記로 하는 경우에도 獨立登記인 假登記로 할 것인가 또는 附記登記인 假登記로 할 것인가에 關하여는 論議가 區區한바 物權保全의 假登記와 請求權保全의 假登記를 따로 區別하지 않는 우리 不動産登記法과는 거리가 먼 論議이므로 詳細한 紹介는 그만 두기로 한다.[63)]

---

58) 稲森啓造, 「實例不動産登記法釋義」, 322面
59) 岡村玄治, 「假登記 및 本登記와 對抗의 問題」, 法曹會雜誌 12卷 4號, 50面
60) 中川, 「法學」 4卷 7號, 50面
61) 杉之原, 前揭書, 245面; 幾代, 前揭書, 195面; 石田文次郎, 「物權法論」, 213面 等
62) 이 論文 一.3. 및 前註 6) 參照
63) 詳細는 幾代, 前揭書, 197面 以下 및 內海一, 前揭書, 323面 以下 參照

(四) 우리나라의 判例·實務

이에 關한 우리의 實務取扱例는 찾아 볼 수 없다. 大法院判例로는 "假登記는 後日 本登記를 한 경우에 그 本登記의 效力을 遡及시켜 假登記를 한 때에 本登記를 한 것과 같은 順位를 確保케 하는데 그 目的이 있을 따름이고 假登記에 依하여 어떤 特別한 權利를 取得케 하는 것이라고는 볼 수 없으므로 假登記를 한 者가 아직 本登記를 하기 前에 그 假登記名義者를 登記義務者로 하여 다시 그 不動産에 關한 權利移轉의 登記는 할 수 없다고 解釋하는 것이 妥當할 것이다."라고 하면서 "假登記된 所有權移轉請求權을 그 本登記 前에 양수하였다 하여 그 讓受登記의 方法으로서 그 假登記에 附記登記를 한 것을 인용한 조치는 결국 法律解釋을 잘못한" 것이라고 判示하여[64] 消極說의 立場에 선 것으로 보인다.※

(五) 私 見

(가) 假登記된 權利의 處分可能性의 問題

假登記된 權利가 相續의 對象이 될 수 있음은 긴 說明의 必要가 없을 것이고, 그 밖에 假登記된 權利의 讓渡 等 任意的 處分을 禁할 法律上의 理由가 없으므로 假登記된 權利는 讓渡 等 處分이 可能한 것으로 解釋된다. 假登記의 假登記를 否定하는 見解도 實은 그것을 許容할 경우의 登記方法의 困難, 登記한 경우의

---

64) 大法院1972.6.2.字72마399決定判集20卷2輯民96面 및 朝高判1930.2.26.民法17卷189面

※ 後記: 위 대법원 판결은 이 논문의 발표 이후인 1998.11.19.선고98다24105 전원합의체판결로 변경되어 가등기된 권리를 부기등기의 방법으로 양도 가능하다는 것이 대법원의 현재 입장이다.

登記簿의 複雜性 等 때문에 이를 否定하는 것이지 假登記된 權利의 處分可能性 自體를 否定하는 것은 아니라고 보여진다. 筆者는 後述과 같이[65] 假登記된 權利를 條件附物權으로 把握하는 立場에 있는바, 條件附權利는 一般的으로는 "一般規定에 依하여 處分, 相續, 保存 또는 擔保로 할 수 있는" 것이므로(民法 第149條) 假登記된 權利는 當然히 處分할 수 있는 것이 된다고 할 것이다.

㈏ 假登記된 權利의 處分에 따르는 登記方法의 問題

假登記의 假登記를 肯定하는 日本의 學說이나 實務에 따르면, 假登記된 權利의 處分을 公示하는 方法은 至極히 複雜하고 區區하여 아예 假登記의 假登記를 否定해야 된다고 主張하는 것도 充分히 理解가 될 정도이다. 그러나 그 登記方法이 複雜하다 하여 이를 否定하는 것은 옳지 않을 것이다. 왜냐하면 公示의 方法이 없다고 하면 條件附權利도 保存할 수 있다고 規定한 法精神이 沒却되기 때문이다. 따라서 假登記된 權利가 條件附權利로서 處分이 可能하다면 마땅히 그 公示의 方法으로써 某種의 登記가 講求되어야 할 것이다. 筆者는 民法 第149條에서 "條件附權利는 一般規定에 依하여 處分, 相續(保存) 또는 擔保로 할 수 있다."라고 規定되어 있는데 條件附物權의 "保存" 方法으로 依用될 만한 一般規定을 찾아 볼 수 없으므로 法이 特別히 그 保存方法으로 마련한 것이 假登記制度라고 생각한다. 그러므로 條件附物權의 處分, 相續, 擔保에 關하여는 一般規定에 따라 卽 無條件의 物權에 關한 處分, 相續, 擔保의 方法으로 登記할 수 있다고 생각한다. 왜냐하면 民法 第149條의 "一般規定에 따라"라고 하는 것의 意味는 條件의 成

65) 이 論文 三. 3. (二) ㈒ ④ 參照

就에 依하여 確定的으로 效力을 發生하게 될 權利 卽 無條件의 權利에 關한 取扱과 同一한 方法으로 한다는 것을 말하는 것으로 解釋되기 때문이다.[66]

例를 들면 所有權移轉請求權保全의 假登記가 된 權利(筆者式으로 말하면 條件附所有權)의 移轉登記는 所有權移轉登記와 同一한 方法으로 移轉登記를 한다는 것이다. 다시 경우를 나누어 본다.

① 假登記된 權利가 確定的으로 處分될 경우

例컨대 假登記된 權利를 讓渡하거나 이를 擔保의 目的으로 삼은 때 等이다.

ⓐ 所有權移轉請求權保全의 假登記가 된 權利(卽 條件附所有權)의 移轉은 所有權移轉登記와 同一한 方法으로 登記한다. 卽 法 第2條 1號 및 第89條 以下에 따를 것이다. 例컨대 甲所有 不動産에 關하여 順位 二番으로 乙 名義의 所有權移轉請求權保全의 假登記가 經了되고 三番으로 丙 名義의 所有權移轉登記가 된 뒤에 乙이 그 假登記된 權利를 丁에 讓渡했다면, 丁은 第四番의 順位로 "二番 假登記의 移轉"(筆者가 任意로 붙인 題目임)이라는 題下에 丁 名義로 移轉登記를 할 것이다. 이 때에는 그 左側에 餘白은 둘 必要가 없다고 생각한다.[67] 이렇게 하는 것이 日本式으로 附記登記를 하거나 假登記에 對한 假登記를 하는 것보다 簡便할 뿐더러 附記登記나 假登記를 하는 경우의 不合理도 피할 수 있다고 본다. 附記登記로 하면 附記登記의 順位가 主登記의 順位로 遡及되어(法 第6條 第1項 前段)(前例에 依하면 丁이 附記登記를 하면 그 順位는 乙의 順位인 二番으로 된다) 不當하고, 假登記로 移轉을 公示하는 것

---

66) 日本 註釋民法 4卷, 346面 參照

67) 丁이 本登記를 할 때에는 乙名義의 假登記의 左側餘白에 하면 될 것이다.

은 그 移轉行爲, 例컨대 賣買 같은 것이 確定的으로 이루어진 것임에도 불구하고 마치 그것이 賣買豫約에 不過하거나 혹은 停止條件附賣買인 양 假登記를 하는 不合理가 있기 때문이다. 〈例示〉(一)

ⓑ 抵當權設定請求權保全의 假登記가 된 權利(條件附抵當權)의 移轉은 抵當權移轉의 경우와 同一하게 附記登記로(法 第153條) 이를 한다. 다른 條件附制限物權의 移轉도 마찬가지이다. 〈例示〉(二)

ⓒ 끝으로 條件附所有權 위에 抵當權을 設定코자 할 때에는 乙區欄에 順次대로 獨立된 順位를 賦與하고 第○番 假登記에 對한 抵當權設定이라는 題下에 一般 抵當權設定登記와 同一하게 登記하면 될 것이다.[68] 〈例　　示〉(三)

② 假登記된 權利가 假定的으로 處分될 경우

例컨대 條件附所有權에 關해 賣買豫約이 이루어지거나 停止條件附로 賣買가 行하여진 때 等이다. 위에서 든 例의 경우 ①의 ⓐ라면 四番의 順位로 "第二番 假登記의 假登記"라는 題下에 一般假登記節次에 따라 假登記를 하면 된다.[69] 〈例　　示〉(四)

다음 條件附制限物權의 賣買豫約이 있었다면 附記의 假登記를 하면 될 것이다. 〈例　　示〉(五)

---

68) 乙 名義로 所有權移轉請求權保全의 假登記가 된 權利 위에 丁이 抵當權設定登記를 한 경우에 乙의 假登記가 本登記로 高揚되면 別途의 節次 없이 丁은 乙의 所有權 위에 抵當權을 設定한 것으로 된다.

69) 左側에 餘白을 두어야 함은 勿論이다.

〈一〉 동 등기 제 호 ②~○

<table>
<tr><th colspan="4">갑 구 (소 유 권)</th></tr>
<tr><th>순위
번호</th><th>사 항 란</th><th>순위
번호</th><th>사 항 란</th></tr>
<tr><td>壹번</td><td>보 존
접수서기 壹九七 년 월 일
제 호
소유자 甲</td><td></td><td>취득자 丁</td></tr>
<tr><td>貳번</td><td>가 등 기
접수서기 壹九 년 월 일
제 호
원인서기 壹九六七년 五월 壹일
매매예약에인한 소유권 이전청구
권보전
권리자 乙</td><td rowspan="4"></td><td rowspan="4"></td></tr>
<tr><td></td><td>(餘 白)</td></tr>
<tr><td>參번</td><td>이 전
접수서기 壹九 년 월 일
제 호
원인서기 壹九七六년 六월 壹일
매 매
취득자 丙</td></tr>
<tr><td>四번</td><td>貳번가등기 이전
접수서기 壹九 년 월 일
제 호
원인서기 壹九七六년 八월 壹일
양 도</td></tr>
</table>

〈二〉 동 등기 제 호 ③~○

을 구 (소유권 이외의 권리)			
순위번호	사 항 란	순위번호	사 항 란
壹번부	가 등 기 접수서기 壹九 년 월 일 제 호 원인서기 壹九七六년 六월 壹일 저당권설정예약에 의한 청구권 보전 권리자 乙		취득자 丁
	(餘 白)		
貳번	저당권 설정 접수서기 壹九 년 월 일 제 호 원인서기 壹九七六년 七월 壹일 계 약 채권액금 원정 변제기 서기 壹九 년 월 일 이자지급시기 매월 일 저당권자 丙		
壹번부기壹호	가등기 이전 접수서기 壹九 년 월 일 제 호 원인서기 壹九七六년 八월 壹일 양 도		

〈三〉 동 등기 제 호 ②~○

<table>
<tr><th colspan="2">갑 구 (소유권)</th><th colspan="2">을 구 (소유권 이외의 권리)</th></tr>
<tr><th>순위
번호</th><th>사 항 란</th><th>순위
번호</th><th>사 항 란</th></tr>
<tr><td>壹번</td><td>보 존
접수서기 壹九七 년 월 일
제 호
소유자 甲</td><td rowspan="2">壹번</td><td rowspan="2">貳번가등기에 대한 저당권설정
접수서기 壹九 년 월 일
제 호
원인서기 壹九七六년 五월 十五일
계 약
채권액금 원정
변제기서기 壹九 년 월 일
이자지급시 매월 일
저당권자 丁</td></tr>
<tr><td rowspan="3">貳번</td><td rowspan="2">가 등 기
접수서기 壹九七六년 五월 壹일
제 호
원인서기 壹九七六년 五월 壹일
매매예약에 인한 소유권이전 청구권보전
권리자 乙</td></tr>
<tr><td rowspan="3"></td><td rowspan="3"></td></tr>
<tr><td>(餘 白)</td></tr>
<tr><td>參번</td><td>이 전
접수서기 壹九 년 월 일
제 호
원인서기 壹九七六년 六월 壹일
매 매
취득자 丙</td></tr>
</table>

〈四〉 동 등기 제 호 ②~○

<table>
<tr><th colspan="4">갑 구 (소 유 권)</th></tr>
<tr><th>순위
번호</th><th>사 항 란</th><th>순위
번호</th><th>사 항 란</th></tr>
<tr><td>壹번</td><td>보 존
접수번호서기 壹九 년 월 일
소유자 甲</td><td></td><td>취득자 丁</td></tr>
<tr><td rowspan="2">貳번</td><td>가 등 기
접수서기 壹九 년 월 일
제 호
원인서기 壹九七六년 五월 壹일
매매예약에 인한 소유권이전청구권보전
권리자 乙</td><td></td><td>(餘 白)</td></tr>
<tr><td>(餘 白)</td><td rowspan="3"></td><td rowspan="3"></td></tr>
<tr><td>參번</td><td>이 전
접수서기 壹九 년 월 일
제 호
원인서기 壹九七六년 六월 壹일
매 매
취득자 丙</td></tr>
<tr><td>四번</td><td>貳번가등기에 대한 가등기
접수서기 壹九 년 월 일
제 호
원인서기 壹九七六년 八월 壹일
가등기권리이전에 대한 청구권보전</td></tr>
</table>

〈五〉 동 등기 제 호 ③~○

을 구 (소유권 이외의 권리)			
순위번호	사 항 란	순위번호	사 항 란
壹번 부壹	가 등 기 접수번호 壹九 년 월 일 제 호 원인서기 壹九七六년 六월 壹일 저당권설정예약에 의한 청구권 보전 권리자 乙		(餘 白)
	(餘 白)		
貳번	저당권 설정 접수서기 壹九 년 월 일 제 호 원인서기 壹九七六년 七월 壹일 계 약 채권액금 원정 변제기 서기 壹九 년 월 일 이자지급시기 매월 일 저당권자 丙		
壹번 부기 壹호	壹번가등기에 대한 가등기 접수서기 壹九 년 월 일 제 호 원인서기 壹九七六년 八월 壹일 가등기권리이전에 대한 청구권 보전 권리자 丁		

(다) 餘 論

以上에서 檢討한 바에 依하면 筆者의 見解로는 假登記된 權利가 假定的으로 處分된 경우에는 그것이 所有權을 目的으로 한 것이라면 獨立登記인 假登記를 하게 되고, 制限物權을 目的으로 한 것이라면 附記登記인 假登記를 하게 되는 것으로 된다. 그러나 우리나라에서는 假登記된 權利의 處分이 別로 없는 實情인 데다가 大法院이 假登記된 權利의 處分可能性을 排除하는 立場이므로 이 問題는 別로 實質的인 意義를 갖지는 못할 것이다. 그러나 理論的으로는 相當히 흥미 있는 問題가 아닐 수 없다.70)

三. 假登記의 效力

1. 概 說

假登記가 本登記로 高揚되면 順位保存의 效力이 있게 된다. 이것이 假登記의 效力 中 가장 重要한 것임은 勿論이다. 그리고 假登記도 不動産登記法上의 登記의 一種으로서 비록 本登記로 高揚되기 前에 있어서도 여러 가지 效力이 있게 된다. 假登記 自體의 效力이라는 問題이다. 이 章에서는 위와 같은 順位保全의 效力과 假登記 自體의 效力을 檢討하고, 그에 앞서 假登記의 有效要件에 關한 問題를 우선 간단히 檢討해 보기로 한다.

70) 假登記의 假登記方法에 關한 日本學說에 關하여는 幾代, 前揭書, 195面 以下 參照

2. 假登記의 有效要件

(一) 假登記原因이 有效할 것

假登記는 假登記를 經了할 實體的 事由가 있어야 하고, 그 事由가 實體的으로 無效일 때에는 假登記로서의 效力이 생기지 않는다. 例컨대 賣買豫約에 因한 所有權移轉請求權保全의 假登記가 경료된 경우에도 그 豫約이 虛僞表示로서 無效인 때에는 그 假登記도 無效이고 따라서 그 假登記에 基한 本登記의 順位는 假登記의 順位에 依할 수 없다.[71]

假登記原因인 代物辨濟豫約이 取消되어 無效로 된 경우도 마찬가지이다.[72] 또한 債務不履行을 停止條件으로 하는 所有權移轉請求權保全의 假登記를 한 뒤에 債務의 辨濟 其他로 所有權을 取得할 수 없게 된 경우에는 本登記를 請求할 수 없게 된다.[73] 이 경우에도 假登記 그 自體가 效力을 잃는다고 볼 수 있을 것이다.[74]

(二) 假登記의 表示가 實體的인 權利關係와 多少 틀린 點이 있을 때

例컨대 假登記된 權利의 存續期間 等에 있어 事實과 多少 相違가 있는 경우에도 그런 一部의 欠缺을 理由로 假登記를 抹消시

71) 同旨 : 日大判昭16.12.23.日新聞4751號8面 및 朝高判1933.6.30.民集20卷283面
72) 同旨 : 日大判昭11.11.21.民集2052面
73) 同旨 : 日大判大9.6.2.民錄839面 ── 建物을 賣渡擔保로 하여 假登記를 하였어도 그 後 債務辨濟하면 假登記權利者는 本登記를 請求할 수 없다는 趣旨
74) 我妻 榮,「判例コンメンタ-ル物權法」, 114面 參照. 그러나 疑問이 없지 않다.

킬 것은 아니고 更正登記를 한 뒤 本登記를 함이 可能하다.[75] 따라서 그런 假登記도 假登記로서의 效力을 갖는 것이다.

(三) 法 第3條 前段의 假登記를 할 경우에 同條 後段의 假登記를 한 경우

例컨대 賣買契約이 이루어졌으나 第三者의 同意를 받아야 本登記를 할 수 있는 경우에 그 同意를 얻지 못하여 本登記를 할 수 없을 때에는 法 第3條 前段의 假登記를 하여야 할 것인데 賣買豫約이 있는 것으로 假登記原因을 적어 同條 後段의 假登記를 한 경우 等이다. 所有權移轉請求權保全의 假登記는 將次 이루어질 所有權移轉의 本登記의 順位를 保存함을 目的으로 하는 것이고 假登記原因인 權利關係 自體의 公示에 그 目的이 있는 것은 아니므로 假登記된 權利關係와 實質上의 權利關係와의 사이에 若干의 相違가 있어도 當該 假登記가 特定不動產의 所有權移轉請求權을 保存하기 爲한 假登記로서 同一性이 認定되는 限 이를 無效라고 할 것은 아니라 할 것이다.[76]

75) 日大判明35.11.21.民錄114面—地上權設定의 假登記가 이루어졌으나 그 存續期間이 不確定的이고 地料支給日이 事實과 相違하기 때문에 原審에서는 假登記 全部의 抹消를 命한 것을 大審院이 破棄하고 本文과 같이 判示하였다. 同旨로 日大判明36.4.15.民錄417面 等

76) 日本에서는 條件附物權(例컨대 停止條件附賣買가 이루어진 경우)의 假登記는 日本 不動產登記法 第2條 1號의 假登記로 하여야 된다 함이 그 判例이지만 이 경우 同法 同條 2號의 假登記를 하여도 無效가 아니라는 判例가 있다. ——日最判昭37.7.6.民錄7卷1452面

(四) 바로 所有權移轉 等의 本登記를 할 수 있는 경우에 假登記를 한 경우

例컨대 甲所有 不動産을 乙이 買受하여 바로 所有權移轉登記를 함에 아무런 障碍가 없는 데도 乙이 登錄稅의 免脫을 爲하여[77] 所有權移轉의 本登記를 하지 않고 마치 甲, 乙 사이에 賣買豫約이 있었음에 不過한 것으로 假裝하여 假登記를 하는 경우는 實際로 매우 許多하다(特히 讓渡擔保의 경우에 그러하다). 이런 假登記는 無效로서 順位保全의 效力이 없는 것인가. 設例와 같은 경우에 乙이 假登記를 할 수 없음은 이미 위에서 檢討한 바와 같다.[78] 그러나 登記公務員에게 實質的 審査權이 없는 不動産登記法下에서는 이런 假登記가 行해짐을 막을 수가 없다. 그렇다고 하여 이를 모두 無效라고 한다면 큰 混亂을 피할 수 없게 된다. 그러므로 이런 假登記가 行해지는 것은 歡迎할 만한 일은 못되지만 法律上 이를 有效로 할 수밖에 없지 않을까 생각된다.[79]

3. 順位保全의 效力

(一) 意 義

法 第6條 第2項은 "假登記를 한 경우에는 本登記의 順位는 假登記의 順位에 依한다."라고 規定하여 假登記에는 後日 經了되

77) 登錄稅法 第2條 第1項 8號 參照

78) 이 論文 二. 2. (一) ㈏ ⑦ 參照

79) 이 경우 日本에서는 한때 假登記를 無效라고 判示하였으나(日大判大9.3.12. 民錄308面), 근래에는 이를 有效라고 判示하는 것으로 보인다(日最判昭32.6.7. 民集6卷936面).

는 本登記를 爲하여 順位를 保全하는 效力이 있다고 認定되고 普通 이를 順位保全의 效力 또는 順位保存의 效力이라고 부른다. 假登記는 後述과 같이[80)] 그 自體로서는 物權變動을 일으키는 效力은 勿論 假登記義務者의 處分權을 制限하는 效力을 갖는 것이 아니므로, 例컨대 甲所有의 不動産에 乙名義로 所有權移轉請求權保全의 假登記가 되어 있다 하여도 甲은 第三者인 丙에게 所有權을 讓渡하거나 丙을 爲하여 抵當權 等 制限物權을 設定하는 等의 處分行爲를 할 수 있고 또 그와 같은 處分行爲에 따른 登記를 할 수도 있다. 그러나 甲이 그런 處分行爲를 하고 登記(本登記)를 하였다 하더라도 乙이 그 以前의 假登記에 基하여 本登記를 하면 假登記의 順位保全의 效力에 依하여, 換言하면 乙의 本登記는 假登記時에 이루어진 것으로서의 順位를 갖는 結果로 乙의 本登記는 丙의 登記에 優先함으로써 丙의 所有權取得 또는 制限物權의 取得은 乙에 對한 關係에 있어서 그 效力을 喪失하거나 後順位로 된다.[81)] 또한 甲所有 不動産 위에 乙名義로 抵當權設定請求權保全의 假登記가 된 뒤에 丙名義의 抵當權設定登記가 經了된 경우 乙이 本登記를 하면 乙의 本登記는 丙의 登記보다 優先하는 關係로 丙의 抵當權은 乙의 抵當權보다 後順位가 된다. 이와 같이 假登記에 基하여 本登記가 이루어지면 本登記를 한 權利는 假登記 後 그 本登記 前에 이루어진 다른 一切의 權利에 優先하는 結果 中間處分 卽 假登記 後 그 本登記 前의 處分에 依하여 생긴 權利中 本登記된 權利와 抵觸되는 것은 모두 그 效力을 喪失하고 本登記된 權利와 併存이 可能한 것은 모두 그 後順位로 된다. 이런 結論

80) 이 論文 三. 4. (二) 參照

81) 同旨 : 日大判大9.7.10.民錄26卷1060面

에는 전혀 異論이 없다.[82]

注意할 點은 다음과 같다.

(가) 法 第3條 前段의 假登記와 그 後段의 假登記 모두 위 順位保全의 效力이 있다. 差異를 둘 理由가 없기 때문이다.

(나) 中間處分에 優越할 수 있는 것은 假登記에 基하여 本登記가 이루어진 경우에 限한다. 偶然히 假登記權利者와 義務者 사이에 別個의 原因에 基하여 本登記가 이루어져도 그 登記의 順位는 먼저의 假登記順位에 依할 수 없다.[83] 다만 假登記를 한 者가 그에 基한 本登記 없이 別個의 本登記에 依하여 同一不動産에 同一한 權利(例컨대 所有權)를 取得한 경우, 먼저의 假登記된 權利는 消滅하는가 與否는 假登記 後 위 別個의 本登記 前에 登記上 利害關係를 가진 第三者와의 關係에 있어서 解釋上 問題가 될 것이다.

(다) 中間處分의 無效는 絶對的 無效(absolute Nichtigkeit)가 아니라 假登記에 依하여 保護되는 債權者 卽 假登記權利者에 對하여만 相對的으로 無效인 것이다(relative Nichtigkeit). 다른 사람들, 例컨대 假登記義務者나 그 밖의 사람들에 對하여는 有效한 것이고 따라서 다른 사람들은 그 無效를 主張할 수 없다.[84]

中間處分이 언제부터 失效되느냐는 뒤에 檢討한다.

(二) 順位保全의 效力의 理論的 根據

위와 같은 假登記의 順位保全的 效力은 "本登記를 하기까지에

82) 中間處分의 效力이 全面的으로 無效가 되는 경우를 特히 "權利保全的 效力"이라고 부르고, 그렇지 않은 경우만을 順位保全的 效力이라고 부르는 見解도 있다. 吉野 衛, 「登記先例解説集」, 9卷 6號, 42面 參照

83) 日大判昭8.3.28.民集12卷376面

84) Lent-Schwab, 前揭書, 58面; 金曾漢, 「物權法(上)」, 277面 參照

多少의 時日을 要하는 경우에 있어서 臨時로 登記를 함으로써 優先的 順位를 取得하는 便利를 目的으로 하여" 만들어진 假登記制度의 立法趣旨[85]로 보아도 明白한 것이기는 하지만, "本登記의 順位가 假登記의 順位에 依한다."는 것이 어떤 理論的 根據에서 可能한 것인지, 換言하면 順位保全的 效力의 實質的 內容이 무엇인지 하는 點은 不動産登記法 第6條 第2項의 規定만으로는 반드시 明白하다고는 할 수 없는 까닭에 從來 이 點에 關하여 議論이 區區하였다.

(가) 日本의 判例

먼저 日本의 判例를 살펴본다. 初期의 日本判例中 比較的 多數는 假登記가 本登記를 爲하여 順位保全의 效力을 갖는 結果 假登記에 基한 本登記가 이루어지면 그 本登記의 效力 卽 物權變動의 對抗力[86]은 "假登記當時에 遡及하여" 發生한다고 說明하고 所謂 中間處分이 本登記에 抵觸되는 範圍에 있어서 그 效力을 喪失하는 것은 本登記가 이루어지면 그 權利가 假登記當時부터 第三者에 對抗할 수 있었던 것으로 되기 때문이라고 하고 이러한 理致는 日本 不動産登記法 第2條 第1號의 假登記에 있어서나 同條 第2號의 假登記에 있어서나 마찬가지라고 하였다.[87] 그 뒤 昭和8年3月28日의 大審院判決은 그 登記法 第2條 第1號의 假登記(物權保全의 假登記)와 第2號의 假登記(請求權保全의 假登記)를 區別하여 1號 假登記의 경우에는 本登記가 假登記當時에 이루어진 것과 完全히 同一한 것으로 看做되어 "本登記의 效力 卽 物權變動

85) 日本 法典調査會, 「不動産登記法案理由書」 參照. 그리고 이 論文 一.2. 參照
86) 日本民法 第177조 參照
87) 日大判大3.12.10.民錄20卷1066面; 日大判大11.6.23.日新聞2030號19面

의 對抗力은 假登記當時로 遡及하여 생기는 까닭에 假登記와 本登記의 中間에서 第三者와의 사이에 行하여진 中間處分은 위 對抗力이 미치는 範圍에서는 存在할 餘地가 없어진다."고 하고 2號 假登記의 경우에는 "當事者間에 物權變動이 생기는 것은 빨라도 請求權이 實現되는 때(卽 義務履行期)이므로 그 以前에 遡及하여 對抗力만이 홀로 생긴다고 말할 수는 없는" 까닭에 假登記當時 아직 履行期가 到來하지 않았을 때에는 本登記의 效力은 假登記當時까지는 遡及되지 않고 履行期까지만 遡及할 뿐이며 따라서 履行期 後 本登記 前에 이루어진 中間處分은 1號의 경우와 같은 理由 卽 對抗力遡及의 結果로 效力을 잃지만, 假登記 後 履行期 前에 이루어진 中間處分의 失效는 이와는 달리 "假登記에 依한 請求權保全의 效力" 때문이라고 하여 對抗力이 遡及하되 어느 時期까지 遡及하는가에 關하여 物權保全의 假登記와 請求權保全의 假登記를 區別하였고[88] 以後 대부분의 判例가 위 判例의 理論을 踏襲하고 있다.[89] 最近의 最高裁判所判例는 本登記의 對抗力이 遡及한다는 表現을 避하고 있는 것처럼 보이지만 內容的으로는 亦是 對抗力遡及說을 取하는 것으로 보인다.[90]

⑷ 日本의 學說

初期의 判例와 같이 本登記의 對抗力이 恒常 假登記當時까지 遡及한다는 說,[91] 또는 後期의 判例와 같이 物權保全의 假登記의

88) 詳細는 我妻, 前揭「コンメンタ-ル」, 118面 및 川島一郎,「總合判例研究叢書 民法 6, 假登記의 效力」, 10面. 그러나 形式主義의 우리 民法 下에서는 假登記 後 本登記 前에 따로 物權變動이 생기는 始期라는 것이 있을 수 없다.

89) 日大判昭12.2.26.民集16卷184面 等; 川島, 前揭書, 13面 參照

90) 日最判昭36.6.29.民集15卷1764面; 日最判昭38.10.8.民集17卷1182面 等. 그리고 註釋 民法 6卷, 353面 및 幾代, 前揭書, 393面

91) 末弘嚴太郎,「物權法(上)」, 137面; 田島,「物權法」, 85面

경우에는 對抗力이 假登記當時까지 遡及하나 請求權保全의 假登記의 경우에는 物權變動이 發生한 時期(또는 義務履行期)까지만 對抗力이 遡及한다는 說[92]도 있으나 多數說은 對抗力이 遡及한다는 判例에 反對한다. 卽 "本登記의 順位가 假登記의 順位에 依한다."는 것은 本登記의 對抗力이 假登記當時로 遡及하여 發生한다는 意味는 아니고 단지 本登記의 順位만이 假登記의 順位로 遡及한다는 意味라고 解釋하는 것이다. 卽 假登記의 順位보다 늦은 다른 登記는 그 假登記에 基하여 이루어진 本登記보다 먼저 經了된 것일지라도 本登記가 經了되면 그 本登記보다 後順位로 된다는 것이다. 換言하면 本登記가 된 物權變動의 對抗力은 一般의 原則에 따라 本登記時부터 發生하고 다만 그 對抗力은 當該 物權變動이 假登記當時에 本登記가 된 것과 同一한 內容을 가짐에 不過하다고 한다. 따라서 假登記 後 本登記까지의 사이에 假登記義務者가 本登記를 할 假登記權利者의 物權變動에 抵觸되는 다른 處分行爲를 하였을 경우 假登記權利者는 그 本登記를 한 物權變動이 마치 假登記當時에 된 것처럼 됨으로써 第三者에 對抗할 수 있게 되는 結果 假登記義務者의 위와 같은 處分行爲는 처음부터 效力이 없었던 것으로 取扱하게 된다고 한다. 그러나 假登記權利者가 本登記를 한 物權變動의 對抗力은 假登記當時까지는 遡及되지 않고 本登記時에 비로소 發生하기 때문에 假登記義務者의 위와 같은 處分行爲의 本登記 前에 있어서의 實質上 效力은 本登記가 이루어짐에 依하여 아무런 영향도 받지 않는다고 한다.[93]

---

92) 石田文次郎, 「物權法論」, 204面; 中川, 「法學」 4卷 7號, 819面; 柚木, 「判例物權法叢論」, 221面

93) 末川, "條件附所有權의 假登記의 效力," 民商法雜誌 5卷 3號, 586面; 杉文原, 前揭書, 121面; 我妻, 「物權法」, 107面; 幾代, 前揭書, 392面 等

㈐ 우리나라의 判例

우리 大法院의 判例 가운데는 이 문제가 正面으로 論議된 것은 아직 없는 것같다. 그러나 大法院判例 가운데는 "假登記는 後日 本登記를 한 경우에 그 本登記의 效力을 遡及시켜"라는 表現을 쓴 것이 있고,[94] 또는 "假登記 後에 本登記를 한 第三者는 假登記權者의 本登記取得으로 登記順位와 物權의 排他性에 依하여 實質的으로 登記의 效力을 喪失할 것임으로…"라는 表現을 쓴 것도 있는바,[95] 굳이 말하자면 前者는 對抗力遡及說을 擇한 것으로, 後者는 不遡及說을 擇한 것으로 推測되기도 한다.

㈑ 우리나라의 學說

우리나라의 通說은 "本登記의 順位가 假登記에 依한다."는 뜻은 本登記의 物權變動을 일으키는 效力이 假登記當時로 遡及된다는 것은 아니고 단지 本登記의 順位만이 假登記의 順位로 遡及된다는 意味라고 解釋한다.[96]

㈒ 條件附物權說

① 以上에서 살펴본 學說・判例의 見解는 結局 假登記에 基한 本登記가 이루어지면 本登記의 效力 卽 物權變動의 效力(日本에서는 對抗力, 以下 마찬가지임)이 假登記當時로 遡及한다는 見解(便宜上 物權變動遡及說이라 부른다)와 物權變動의 效力은 遡及되지 않고 本登記의 順位만이 假登記當時로 遡及한다는 見解(便宜上 順位

94) 前註 64) 記載 大法院判例 參照

95) 大法院1963.7.25.宣告63다53.判總7卷496面 및 後註 175) 判例 參照

96) 郭潤直, 前揭「物權法」175面; 金曾漢,「物權法(上)」, 277面; 方順元,「新物權法」, 44面; 金顯泰,「物權法(上)」, 101面. 다만 崔 栻,「新物權・擔保物權法」, 97面은 物權變動의 效力이 遡及한다고 한다.

遡及說 또는 物權變動不遡及說이라 부른다)의 둘로 나눌 수 있다.

② 物權變動遡及說은 다음과 같은 難點이 있다. 첫째로 이 說을 支持할 만한 實定法的인 根據를 찾아 볼 수 없다. 不動産登記法 第6條 第2項은 "本登記의 順位는 假登記의 順位에 依한다." 고 規定할 뿐이어서 그 文理만으로 볼 때에는 物權變動의 效力 卽 本登記의 效力이 遡及되는 것으로 解釋하기 어려운 바이고 그 밖에 달리 本登記의 效力이 遡及한다고 볼 만한 아무런 法規定이 없기 때문이다. 둘째로 物權變動의 效力이 遡及한다고 하면 假登記 後 그 本登記 前에 假登記義務者가 第三者와의 사이에 한 中間處分은 假登記에 基한 本登記가 經了될 때에는 그 物權變動의 效力이 假登記當時로 遡及하므로 假登記義務者는 處分權을 잃게 되고 그 結果로 위 中間處分은 處分權 없이 이루어진 當然無效의 行爲가 되고 마는바 이것은 假登記의 存在가 假登記義務者의 權限行使를 制限하지 않는다고 하는 것과 矛盾되어 不當하다. 셋째로 例컨대 甲所有 不動産에 乙이 所有權移轉請求權保全의 假登記를 한 뒤 丙이 所有權移轉登記를 하고 이를 丁에게 賃貸中에 乙이 假登記에 基한 本登記를 하였다고 하는 경우에 이 說에 依하면 乙은 假登記當時 이미 所有權을 取得한 것으로 丙에게 主張할 수 있는 結果, 丙은 乙의 本登記 前에 있어서도 實質上 無權利者인 것으로 되므로 乙의 本登記 前에 丙이 丁으로부터 取得한 借賃을 實質上의 所有者인 乙에게 不當利得으로서 返還하지 않으면 안 된다. 이것은 假登記에 그 制度 本來의 目的을 벗어난 過大한 效力을 認定하는 것으로 不當한 것임은 말할 것도 없다.[97]

97) 이 說의 立場에 있는 日本判例에도 本登記의 效力이 遡及된다고 하면서도 이런 경우에는 不當利得返還請求를 다른 理由를 붙여 認定하지 않고 있음이 注目된다. 例컨대 前註 87) 記載判例 等

③ 順位遡及說은 어떤가. 甲所有 不動産에 乙이 所有權移轉請求權保全의 假登記를 하고 이어 乙이 그 本登記를 하기 前에 丙이 所有權移轉登記를 하였고 그 뒤에 乙이 本登記를 하였다면, 乙은 本登記를 한 때부터 所有權을 取得하는 것이고 乙의 所有權取得 卽 物權變動은 決코 假登記當時로 遡及되는 것은 아니며 다만 이렇게 되면 同一不動産 위에 서로 兩立할 수 없는 乙과 丙의 所有權 두 개가 存在하게 되는바 그 優劣을 論함에 있어서는 登記簿上의 順位만으로 보아서는 丙의 登記가 先順位이므로 丙의 所有權이 優先하는 것이 原則일 것이나 위와 같이 乙의 所有權移轉登記가 假登記에 基한 것일 때에는 그 假登記의 順位를 가지고 本登記의 順位를 삼게 되어 乙의 本登記順位가 丙의 그것보다 先順位로 되어 丙은 物權의 排他性에 依해 所有權을 잃는다는 것이 順位遡及說의 內容이다. 이렇게 되면 丙은 乙이 所有權移轉登記를 한 때부터 所有權을 잃게 되고 그 以前에까지 遡及하여 所有權을 잃는 일이 없게 되어 物權變動遡及說의 위에 본 缺點은 이를 避할 수 있다. 그러나 이 說에 依하면 登記의 效力發生時期와 登記의 順位가 乖離되는 現象이 생기게 되고 나아가 假登記 後 本登記 前에 權利를 取得한 者가 假登記에 基하여 本登記를 한 權利에 抵觸되는 範圍內에서 그 權利를 喪失하는 것은 그 權利의 實質的 內容에 따른 論理的 結果라고 하기보다는 法의 技術的인 順位造作에 依하여(위에 例를 든 경우에서 보면 形式上으로는 乙의 本登記의 順位가 假登記時로 遡及하여 乙의 本登記가 丙의 登記보다 先順位로 되는 것처럼 보이나 그렇다고 하여 乙의 本登記의 效力 또한 遡及되는 것은 아니므로 實際로는 丙의 登記順位가 乙의 本登記順位보다 뒤로 밀려나는 셈이다) 權利의 失效를 强要하는 結果가 되어 理論的 基

礎에 있어 空虛함을 免할 수 없다 하겠다. 日本判例가 몇 가지 難點이 있음에도 不拘하고 始終 本登記의 對抗力이 遡及한다는 理論構成을 取한 背後에는 위에서 指摘한 바와 같은 理論的 空白을 메우기 爲한 努力이 있었던 것으로 짐작이 된다.

④ **私 見** — 條件附物權說

筆者는 위와 같은 假登記의 順位保全的 效力을 假登記된 權利의 實體法的 內容의 面에서 把握하는 것이 혹시 可能하지 않을까 생각한 나머지 假登記된 權利를 本登記經了를 停止條件으로 하는 條件附物權(賃借權의 경우는 그것이 登記되면 第三者에 對抗할 수 있다는 點에서 일단 物權에 準해서 생각한다)이라고 보면 假登記의 順位保全效力을 實體法的으로 說明할 수 있지 않나 생각한다. 例컨대 甲所有 不動產을 乙이 買受한 경우 乙의 權利는 債權에 不過하고 乙이 所有權移轉登記를 經了하면 乙의 權利는 物權이 된다. 이 때에는 登記는 乙을 爲한 物權變動의 效力發生要件이므로 이를 民法上의 條件(Bedingung)이라고는 勿論 볼 수 없다.[98] 乙이 登記를 하기 前에도 乙은 將次 登記를 하면 物權을 取得하게 된다는 期待 내지 希望을 가지게 됨은 勿論이나 이런 期待 내지 希望은 어디까지나 事實上의 것이고 乙의 權利는 債權에 不過하다. 따라서 甲이 丙에게 同一不動產을 二重으로 賣渡할 수 있고 丙이 그 登記를 마치면 確定的으로 所有權을 取得하고 乙은 自己의 債權만으로는 이를 沮止할 수 없다. 乙은 債務者인 甲에 對하여 損害賠償을 請求할 수 있음은 勿論이나 乙의 事實上의 期待, 卽 將次 登記를 經了하면 所有權을 取得하게 될 可能性의 侵害에 對하

98) 條件의 意義에 關하여는 郭潤直, 「全訂版 民法總則」, 474面 以下; 金曾漢, 「民法總則」, 419面 以下

여는 法的 救濟가 不可能한 것이다. 이 경우에 乙이 所有權移轉請求權을 假登記한 경우는 어떤가. 甲이 二重으로 丙에게 賣渡하여 丙이 所有權移轉登記를 하여도 乙은 假登記에 基한 本登記를 하여 所有權을 取得할 수 있는 것이므로 乙은 甲에 對하여 債務不履行을 理由로 하는 損害賠償은 請求할 수 없음은 當然하다. 結果的으로 乙의 債權(所有權移轉請求權)은 假登記를 하기 前에는 債權으로서 保護되던 것이 假登記를 한 뒤에는 亦是 債權이면서도 債權으로서의 法的 保護(勿論 侵害에 對한)를 받을 必要가 없게 되고 또 받을 수도 없게 된다. 한편 방향을 바꾸어 보면 乙이 假登記에 基한 本登記를 하면 이와 抵觸되는 甲의 旣往의 處分行爲는 效力을 잃게 되는바 이런 效力은 債權으로서는 가질 수 없는 것이다. 兩立할 수 없는 다른 處分行爲를 無效로 하는 排他性은 物權만이 갖기 때문이다. 例를 바꾸어 보면 이런 差異는 明白하여진다. 卽 甲所有 不動産을 乙이 買受하여 本登記는 勿論 假登記도 하지 않은 경우 丙이 그 不動産을 賃借 또는 擔保로 取得하여 丙名義의 賃借權 또는 抵當權設定登記가 된 뒤에 乙이 所有權移轉의 本登記를 하면 丙의 賃借權이나 抵當權은 效力을 잃는 일이 없다. 그러나 乙이 假登記를 한 뒤에 丙이 賃借權 等의 設定登記를 했다면, 뒤에 乙이 本登記를 하면 旣往의 丙名義로 登記된 賃借權 等이 모두 效力을 喪失한다. 이처럼 債權이 假登記를 거치면 그 假登記後 本登記 前의 다른 處分行爲를 失效시키는 物權的 效力이 있게 된다. 그러나 이런 物權的인 效力은 假登記된 自體만으로는 發生되지 않고 뒤에 本登記를 經了하여야만 비로소 갖게 되는 點에서 假登記된 權利가 바로 物權이 되는 것이 아님은 明白하다. 以上에서 본 바를 要約하면 本來 債權的이던 物權變動請求權이 假登記

를 거치면 債權으로서는 保護를 받지 못하게 되는 反面 一定한 條件下에, 卽 將次 本登記經了를 條件으로 하여 物權的인 保護를 받게 되고 이것을 假登記된 權利라는 側面에서 볼 때에는 그 權利는 債權보다는 强하고 物權보다는 弱한 屬性을 갖는 것이 된다. 따라서 物權變動請求權을 假登記하면 假登記債權者는 將次 本登記를 經了하면 物權을 取得한다는 期待를 갖게 되고 이러한 期待는 單純한 事實上의 期待가 아니라 將次 그 期待가 實現될 때에는 그 期待를 侵害한 다른 處分行爲를 無效로 한다는 强한 實定法的인 法律的 保護를 받게 되는 點에서 이를 期待權(Anwartschaften, Anwartschaftsrecht)(또는 希望權)이라고 할 수 있으며 이 期待權은 그 期待하는 權利가 物權이고 그 期待가 本登記經了에 依하여 實現되는 點에서 停止條件附物權이라고 觀念할 수 있지 않는가 생각한다. 假登記된 權利의 內容을 이렇게 條件附物權이라는 實體法的 見地에서 把握하면 假登記의 順位保全의 效力은 條件附權利의 效力으로서 簡單히 說明될 수 있다. 卽 民法 第148條에 依하면 條件附權利의 當事者는 條件의 成否가 未定인 동안에 條件의 成就로 因하여 생길 相對方의 利益을 害하지 못한다고 規定하고 있고 그 解釋上 條件附權利의 義務者는 條件成否 未定의 동안에도 條件附權利를 侵害할 다른 處分行爲를 해서는 안 되는 義務가 있지만 그 義務에 違背하여 다른 處分行爲를 한 경우에는 그 處分行爲는 有效하고 다만 條件이 成就되었을 때에는 그 處分行爲는 條件附權利者에 對한 關係에서만 卽 相對的으로 無效이고 그 無效로 되는 것은 條件成就의 效力이 原則的으로 遡及되지 않는다는 點에서 將來에 對하여만 無效라고 하는 것이므로[99] 假登記義務者

99) 條件附權利 一般에 關하여는 郭潤直, 「全訂版 民法總則」, 481面 以下 및 金

가 假登記權利者의 權利와 相容되지 않는 處分行爲를 한 경우에도 그것은 일단 有效하지만 그것은 假登記權利者의 權利에 對한 侵害로서 後日 本登記가 經了되면 假登記權利者에 對한 關係에 있어서 將次 그 效力을 잃는 것으로 된다.[100] 假登記된 權利를 條件附物權으로 보는 것은 假登記의 假登記問題를 解決하는 데도 實益이 있음은 이미 檢討한 바와 같다.[101]

끝으로 한 가지 더 보탠다면 우리 民法 上으로는 條件附物權이라는 것이 假登記의 경우 以外에는 있을 수 없지 않는가 하는 點이다. 日本의 경우라면 例컨대 甲所有 不動産을 乙이 停止條件附로 買受한 경우에 乙은 條件附物權을 取得한다고 말할 수 있으나[102] 形式主義의 우리 民法에서는 그렇게 말할 수 없음은 明白한 것이고 그렇다고 하여 乙이 所有權移轉登記를 하면서 登記의 效力이 一定한 條件의 成就를 기다려 發生한다는 特約 等을 함께 登記하는 것도 우리 民法이나 不動産登記法의 解釋上 困難하다고 보여지며(法 第43條 參照) 또한 甲所有 不動産을 乙이 解除條件附

曾漢, 「民法總則」, 427面 以下 그리고 日本 註釋民法 4卷, 334面 以下 參照

100) 日本學者 가운데는 假登記의 順位保全의 效力을 이런 觀點에서 假登記의 "相對的 處分禁止의 效力"이라고 부르는 경우도 있다. 詳細는 幾代, 前揭書, 398面

101) 이 論文 二. 5. (五) 參照

102) 條件附權利와 假登記에 關聯하여 日本判例는 "甲은 乙에게 金員을 貸與하고, 同時에 乙所有의 不動産을 乙의 履行遲滯를 停止條件으로 하여 甲에게 移轉한다는 趣旨의 代物辨濟契約을 하였다. 甲은 이에 基하여 請求權保存의 假登記를 하였으나 그 後 丙은 이 不動産에 關하여 賃借權을 設定하고 登記를 하였다. 甲은 위 條件의 成就 後 假登記에 基한 本登記를 하고 丙의 賃借權登記의 抹消를 請求한 事案에서, 條件이 成就되어 本登記를 하면 條件附所有權은 假登記當時에 遡及하여 第三者에 對抗할 수 있는 結果, 假登記 後 本登記까지의 사이에 相對方이 한 處分行爲로서 條件附所有權을 侵害하는 것은 비록 條件成否 未定의 동안에 이루어진 것이라도 權利者에 依해 그 無效를 主張함이 可能하다."고 判示하였다(日大判昭11.8.4.民集15卷1616面).

로 買受하여 乙이 그 移轉登記를 經了한 경우 그 特約의 登記與否에 關係 없이 그 解除條件이 成就되었다 하여 甲으로의 移轉登記나 乙名義의 移轉登記의 抹消 없이 바로 所有權이 甲에게 復歸한다고 解釋할 수 없기 때문에 甲이 解除條件附로 物權을 갖는다고 말하기도 어려울 것이다. 따라서 우리 民法 下에서는 民法 第148條 또는 第149條의 條件附權利 가운데 條件附物權은 오직 假登記된 權利를 條件附物權으로 파악할 때에만 이를 認定할 수 있는 것이 아닌가 생각한다.[103)]

(三) 中間處分의 失效

假登記가 順位保全의 效力을 갖는 結果로 假登記에 基한 本登記가 經了되면 假登記 後 本登記 前의 中間處分은 本登記된 權利와 相違하는 範圍內에서 效力을 喪失한다. 다만 그 效力喪失이 假登記 當時로 遡及되느냐에 關하여는 見解가 갈린다. 本登記의 物權變動을 일으키는 效力이 假登記 當時로 遡及된다는 見解를 따르면 中間處分의 失效도 假登記當時로 遡及된다고 할 것이나 이에 反對하는 通說의 見解에 따르면 中間處分의 失效도 假登記에 基한 本登記가 이루어진 때부터 將來를 向하여만 그 效力을 喪失한다고 하게 된다. 이런 中間處分으로서는 所有權讓渡, 抵當權設定 等 私法 上의 處分뿐만 아니라 假押留, 處分禁止假處分, 競賣開始決定, 滯納處分에 依한 公賣處分 等 公法 上의 處分이 包含된다. 다만 第三者에 對한 對抗要件을 具備치 않은 것은 中間處分으로서 特히 問題삼을 價値가 없음은 勿論이다. 具體的 事例들

103) 金曾漢, 「物權法(上)」, 32面은 假登記된 權利는 債權과 物權의 中間的 性格을 가진 것으로 物權으로서의 一面을 갖추고 있으나 그 請求權 自體는 債權이라 한다.

을 살펴본다.

(가) 甲所有의 不動産에 乙이 所有權移轉請求權保全의 假登記를 한 뒤에 丙이 이를 讓受하여 所有權移轉登記를 하고 그 뒤에 乙이 本登記를 하면 乙은 丙에 對하여 그 所有權을 主張할 수 있음은 勿論이다.[104] 問題는 이런 경우 丙이 乙의 本登記 前에 그 不動産을 丁에게 賃貸하고 借賃을 받은 경우인데 乙이 本登記를 하면 그 物權變動의 效力이 假登記當時로 遡及한다고 하면 丙은 그 取得한 借賃을 乙에게 不當利得으로 返還해야 될 것이나 物權變動의 效力이 遡及하지 않는다는 見解를 取하면 乙이 本登記를 하여도 그 本登記前에 있어서의 丙의 所有權取得에는 아무런 영향이 없기 때문에 借賃을 返還할 必要가 없게 된다.[105]

(나) 甲이 그 所有不動産에 關하여 乙을 爲한 所有權移轉請求權保存의 假登記를 하고 다시 이를 丙에 賃貸하여 丙이 이를 占有하고 있는 경우 乙이 本登記를 하고 物權變動의 效力이 遡及한다고 하여 丙의 占有를 不法占有로 보아 損害賠償의 請求를 할 수 있는가. 이런 請求를 認定하는 趣旨의 日本判例가 있으나[106] 한편 不法行爲의 成立 與否는 行爲當時의 狀態에 依하여 判斷하여야 하므로 丙의 占有가 當時 有效한 賃貸借에 基한 適法한 占有인 以上 丙은 不法行爲責任을 질 수 없다는 反對의 見解도 있다.[107] 그러나 物權變動의 效力이 遡及하지 않는다는 說에 依하면 丙의 占有는 無權原占有가 아니므로 不法行爲의 問題가 생길 餘地가 없다.

---

104) 日大判大4.4.5.民錄21卷427面 參照

105) 前註 97) 參照

106) 日最判昭36.6.29.民集15卷6輯1764面

107) 川添利起, 「最高裁判所判例解說 79事件」, 法曹時報13卷8號, 120面

(다) 甲이 建物과 그 垈地를 所有하고 있다가 建物에 對하여 乙을 爲하여 所有權移轉請求權保全의 假登記를 한 뒤에 甲으로부터 丙에게 所有權移轉登記가 되고 한편 垈地에 關하여는 乙의 假登記 前에 設定登記된 抵當權이 乙의 假登記 後 實行되어 丁이 그 垈地를 競落하고 建物所有者 丙을 爲하여 法定地上權이 發生된 경우[108] 乙이 假登記에 基한 本登記를 하였다고 하면 丁은 그 때까지의 地料를 全部 乙에게 請求할 수 있는가. 物權變動遡及說에 의할 때에는 丙의 建物所有權取得은 乙의 本登記에 依하여 처음부터 無效로 되므로 乙은 法定地上權發生 以後의 地料 全部를 丁에게 支拂하여야 될 것이나[109] 反對說을 따르면 乙의 本登記前까지는 丙이 建物의 所有者이므로 그간의 地料支拂義務는 丙이 負擔하게 된다.

(라) 所有權移轉請求權保存의 假登記가 된 土地의 換地豫定地 위에 있는 그 土地所有者 所有의 建物에 關하여 抵當權이 設定된 경우에는 이 建物의 競落人이 取得한 法定地上權은 위 假登記에 基한 本登記를 한 者에 對하여 對抗할 수 없게 된다.[110]

(마) 建物所有를 目的으로 하는 賃借權設定 後 地上建物의 保存登記 前에 그 土地에 關하여 所有權移轉請求權保全의 假登記가 經了된 경우 賃借權者는 위 假登記에 基한 本登記를 한 者에 對하여 그 賃借權을 對抗할 수 없게 된다.[111]

(바) 所有權移轉請求權保全의 假登記와 그 本登記의 中間에 抵

108) 이런 경우에 法定地上權이 成立됨에 關하여는 郭潤直, 「全訂版 物權法」, 596面 및 金曾漢, 「物權法(下)」, 227面
109) 同旨 : 日大判昭14.11.25.民集18卷1461面
110) 同旨 : 日最判昭41.1.21.民集卷1號42面
111) 同旨 : 日最判昭42.8.24.民集21卷9號1689面

當權設定登記 또는 그 實行을 爲한 競賣開始決定이 있었다 하여도 本登記 後에는 抵當權設定登記는 無效가 되고 競賣節次는 續行될 수 없으며 競賣開始決定도 取消를 免할 수 없다.[112)]

(사) 所有權移轉請求權保全의 假登記와 그 本登記 사이에 强制競賣開始決定이 있었던 경우도 위 (바)와 마찬가지이다.[113)]

(아) 所有權移轉請求權保全의 假登記와 그 本登記 사이에 假押留가 있었던 경우 本登記 後에는 假押留는 效力을 잃고 强制競賣를 할 수가 없게 된다.[114)]

(자) 所有權移轉請求權保全의 假登記 後 그 本登記 前에 處分禁止假處分이 된 경우 그 假處分은 本登記의 經了를 妨害하지 못하며[115)] 本登記가 되면 그 所有權取得을 假處分權利者에 對抗할 수 있다.

(차) 所有權移轉請求權保全의 假登記와 그 本登記 사이에 目的不動産이 破産財團에 屬하게 된 경우 元來 破産宣告 後의 登記 또는 假登記는 原則으로 破産債權者에 對抗할 수 없는 것이나(破

112) 同旨 : 日大決昭8.7.22.法律新報337號15面

113) 同旨 : 日大判大3.12.10.民錄20卷1064面

114) 大法院1962.1.31.宣告4294民上664面; 郭潤直, 「判例敎材 物權法」, 147面 및 判總 7卷, 501-6-1面

115) 同旨 : 日大判大6.7.5.民錄23卷1096面("…萬一 本登記經了가 妨害받는 것이라면 假登記를 하는 것은 전혀 無用으로 되어 法律이 特히 假登記를 許容하는 精神에 反하게 된다.…").

또한 假處分登記經了 後 그 以前에 이미 經了된 假登記에 基한 本登記를 함에 있어서는 假處分登記名義者의 承諾書를 添附할 必要가 없다는 大法院判例(1973.2.26.宣告71다1832.新聞1036號)의 趣旨도 同一한 것으로 理解된다. 아울러 "假登記에 基한 本登記禁止의 假處分은 不動産登記法 第一條(우리法 第2條)의 處分의 制限에 해당하지 않는다."는 日本最高裁判所判決(昭38.12.3.民集17卷12輯1577面)과 "假登記에 基한 本登記를 禁止하는 趣旨의 假處分의 登記의 囑託은 受理하지 않는 것이 相當하다."는 昭和30年8月25日字日本民事局長通達을 參照

또한「學說・判例 註釋强制執行法」, 887面 參照

產法 第46條 第1項) 破産宣告 前에 假登記가 된 경우에는 그 宣告後에 本登記를 하여도 그 順位가 遡及하는 結果 이로써 破産債務者에게 對抗할 수 있다.[116)]

(카) 所有權移轉請求權保全의 假登記 後 假登記義務者가 死亡하고 相續人이 限定承認을 한 경우 假登記權利者는 本登記 後 그 所有權의 取得을 相續債權者에게 對抗할 수 있다.[117)]

(타) 所有權移轉請求權保全의 假登記 前에 設定登記된 抵當權의 實行에 依하여 不動產이 競落된 경우에 競落人이 完全히 所有權을 取得함은 勿論이다.[118)]

(四) 順位保存의 效力이 없는 경우

假登記의 順位保全의 效力이 例外的으로 否定되는 경우가 있다.

(가) 所有權移轉請求權保全의 假登記 後 그 土地에 關하여 收用處分이 있었던 경우

日本判例[119)]는 甲所有의 土地를 乙이 買受하고 假登記를 한 뒤에 한편 起業者인 丙이 甲을 登記簿上 所有者로 하여 收用節次를 取하고 收用委員會의 裁決을 거쳐 土地補償金을 甲에게 支給하였는데 그 이듬해에 乙이 假登記에 基한 本登記를 하고 丙을

116) 同旨: 日大判大15.6.29.民集5卷607面
117) 同旨: 日最判昭31.6.20.民集10卷6號754面
118) 日大判昭2.11.11.民集6卷638面("登記를 한 抵當權者의 權利는 그 後에 이르러 第三者를 위하여 經了된 所有權取得의 假登記에 依하여 何等 그 效力을 制限받지 아니하므로 抵當權者의 申請에 依하여 그 競賣가 이루어져 競落許可決定이 確定된 경우에 있어서는 그 競賣가 民事訴訟法에 依한 競賣이든, 競賣法에 依한 競賣이든 위 第三者는 競落人에 對하여 自己의 假登記에 關係된 所有權을 主張하여 그 競落에 因한 所有權取得登記의 抹消를 請求할 수 없고 競落人은 完全히 그 所有權을 取得하는 것으로 解釋함이 相當하다").
119) 日大判昭10.3.5.民集14卷539面

相對로 不當利得返還請求를 한 事案에 關하여 公益上 收用制度를 認定하는 法意에 비추어 볼 때 假登記가 가진 "關係的 處分禁止의 效力"은 發生될 수 없고 따라서 收用은 完全히 效力을 發生하며 그 假登記에 基한 本登記는 效力을 잃는다고 判示하였다. 學說도 大體로 이를 支持한다.[120] 收用은 所有者가 누구인가에 關係없이 效力을 發生하는 것으로 보아야 하므로 위 結論은 正當하다 할 것이고 그렇다면 假登記의 順位保全의 效力에 對한 重大한 例外가 되므로 注意를 要한다. 다만 收用節次에 있어서 假登記權利者를 關係人에 包含시킬 것인가, 혹은 假登記權利者는 收用節次의 어느 段階까지 有效하게 本登記를 할 수 있는가 하는 點들은 問題가 될 것이다.

㈏ 이 밖에 國稅의 滯納處分과 假登記의 優劣에 關하여 日本國稅徵收法 第23條 第1項은 法定納期限 以後에 納稅者를 登記義務者로 하여 債務不履行을 停止條件으로 하는 代物辨濟豫約에 基한 權利移轉請求權保全의 假登記 其他 이에 類似한 擔保目的의 假登記가 되어 있는 財産을 押留한 경우에는 그 押留處分 後에 그 假登記에 基한 本登記가 이루어져도 滯納處分에 依한 押留의 效力은 喪失되지 않는다고 規定함으로써 假登記의 順位保全效力에 重大한 例外를 이루고 있는바 納稅者의 滯納處分免脫行爲를 防止하려는 위 規定의 立法趣旨는 充分히 首肯할 수 있으나 이는 不動産登記法이 規定하고 있는 假登記의 順位保全의 效力에 對한 重大한 例外가 될 것이므로 그와 같은 明文의 規定이 없는 우리 國稅徵收法上으로는 이런 경우에도 亦是 一般의 例에 따라 滯納

120) 日本 註釋民法 6卷, 356面 參照

處分은 效力을 잃는다고 解釋하여야 할 것이다.[121]

㈐ 假登記權利者가 本登記請求의 訴에서 敗訴한 경우

假登記權利者가 그에 基한 本登記를 하기 爲하여 本登記請求의 訴를 提起하여 敗訴한 때에는 假登記는 效力을 잃고 따라서 抹消되지 않아도 無效인 것으로 되며 그 結果 重復하여 訴을 提起하여 勝訴하여도 그에 基한 本登記는 벌써 假登記의 順位에 依하는 것이 不可能하다고 主張하는 見解가 있다.[122] 또 日本判例는[123] 이미 物權變動이 생겼다 하여 日本 不動産登記法 第2條 1號의 物權保全의 假登記를 한 뒤에 本登記請求의 訴를 提起하였다가 物權變動이 생기지 않았다는 理由로 敗訴確定된 때에는 뒤에 새로이 物權變動이 생겼음을 理由로 本登記請求의 訴를 提起하여 勝訴判決을 얻어도 먼저 이루어진 假登記는 아무 效力이 없고 새로운 判決에 따른 本登記는 假登記의 順位에 依하는 것이 不可能하고 이에 反하여 同法 第2條 2號의 請求權保全의 假登記의 경우에 있어서는 本登記를 할 條件이 아직 成就되지 않았음을 理由로 일단 敗訴하여도 뒤에 다시 訴를 提起하여 條件이 成就된 것으로 認定되어 勝訴하고 이에 따라 本登記를 하면 먼저의 假登記는 依然히 效力이 있고 本登記의 效力은 假登記의 時에 遡及한다고 判示한 바 있다. 그러나 위에 본 見解들은 理論的으로 正確한 것이 되지 못한다고 筆者는 생각한다. 우선 첫째로 假登記原因이 처음부터 無效이거나 또는 뒤에 이르러 取消되거나 解除 또는 解止되어 無效가 된 때에는 그 假登記는 本登記請求의 訴에서 敗

121) 國稅徵收法 第5條 第2項 3號 參照
122) 我妻,「判例コンメンタ～ル物權法」, 119面
123) 日大判昭8.3.28.民集12卷375面

訴되거나 또는 그 假登記의 抹消를 기다릴 것도 없이 當然히 無效이고[124] 따라서 順位保全의 效力도 없는 것이 當然하다. 둘째로 假登記原因은 有效한데 다만 다른 理由로 本登記請求의 訴에서 敗訴確定된 때 例컨대 債權者 甲이 債務者 乙의 債務不履行을 停止條件으로 하는 代物辨濟契約에 基하여 乙所有 不動産에 所有權移轉請求權保全의 假登記를 한 뒤에 甲이 乙의 債務不履行을 理由로 本登記節次履行의 訴를 提起하였으나 甲, 乙間에 辨濟期猶豫가 있었던 것으로 認定되어 敗訴確定되었다면 위 敗訴判決에 不拘하고 假登記는 有效하고 따라서 甲은 辨濟期到來 後 다시 訴를 提起할 수 있고 勝訴하여 本登記를 마치면 그 順位는 假登記의 順位에 依하게 된다. 셋째로 甲所有 不動産에 乙名義로 所有權移轉請求權保全의 假登記가 되어 있으나 그것이 無效일 때에 그 뒤 그 不動産에 所有權移轉登記를 經了한 丙이 있는 경우에 甲, 乙間의 合意로 위 假登記에 基한 本登記를 經了하면 乙의 本登記는 丙의 登記에 優先할 수 있는가. 假登記의 流用이라는 말로 問題삼을 수 있는 것이기는 하지만 이 때의 假登記는 順位保全의 效力이 없다고 하여야 될 것은 긴 說明이 必要없을 것이다.

---

124) 不動産의 所有權의 讓渡人이 讓受人의 處分行爲를 禁止하고 讓受人이 이를 처분하였을 때에 그 第三取得者로부터 이를 回收할 目的下에 미리 虛無의 賣買를 原因으로 하여 假登記를 하여 두는 것과 같은 것은 假登記에 關한 法規를 利用하여 法律上 認定할 수 없는 處分禁止의 內容을 얻어 不當하게 第三者의 權利를 侵害하고자 하는 것에 不過하고 正當한 登記原因이 存在하지 않는 것이라면 그 登記는 當然히 無效인 것이다."라는 判決 參照(朝高判 1933.6.30.民集20卷283面)

4. 假登記 自體의 效力

(一) 本登記와 같은 效力의 有無

假登記는 終局登記와 같은 效力 特히 物權變動을 일으키는 效力을 갖지 못함은 假登記의 目的, 性質로 보아 當然하다 할 것이며 이 點에 關하여 學說·判例는 異論이 없다.[125] 登記가 物權變動의 對抗要件인 日本의 경우 判例는 一時 假登記도 權利變動의 對抗力이 있다고 하였으나[126] 바로 見解를 바꾸어 現在는 假登記에 本登記와 같은 對抗力이 없다는 點에 關하여 學說·判例에 異論이 없다.[127]

假登記에 物權變動을 일으키는 效力이 없다는 것은 具體的으로 어떤 意味를 갖는가. 判例에 나타난 몇 가지 事例를 적어 보면 다음과 같다.

(가) 假登記權利者는 假登記만으로서는 自己의 物權取得의 效力을 主張할 수 없으며 따라서 假登記 後에 所有權取得의 本登記를 한 名義人에 對하여 그 所有權을 否定할 수 없다.[128]

(나) 1945. 8. 9. 以前에 日本人으로부터 不動産을 買受하여 假登記만을 하고 本登記를 하지 않은 財産은 軍政法令 第33號에 따라

125) 鄭潤直, 前揭 「物權法」, 117面; 金曾漢, 前揭 「物權法(上)」, 278面; 大法院 1966.5.24.宣告66다485判決.判総7卷496-1面 等

126) 日大判明33.10.29.民錄9卷97面; 日大判明37.4.20.民錄10卷490面; 日大判明42.3.31.民錄15卷292面 等

127) 幾代, 前揭書, 394面 參照. 다만 日本 不動産登記法 第105條(昭和35年 改正에 의한)가 利害關係者에 對한 本登記承諾請求를 規定한 것은 第三者에 對한 一種의 對抗力을 假登記에 認定한 것이 아닌가 하는 疑問이 提起되고 있음이 注目된다(詳細는 幾代, 前揭書, 397面 參照).

128) 大法院1970.3.10.宣告69다1669判決.判總7卷496-3面; 大法院1966.6.21.宣告66다699,700判決.判総7卷496-1面

一應 美軍政廳所有로 된다.[129)]

㈐ 地上權의 假登記를 한 者는 아직 第三者에게 地上權의 取得을 主張할 수 없고 所有權의 假登記를 한 者는 本登記를 하지 않는 限 第三者에 對하여 所有權確認을 請求할 수 없다.[130)]

㈑ 假登記權利者(所有權의)는 그 假登記 後 所有權을 取得한 第三者의 建物明渡請求를 拒否할 수 없으며,[131)] 反對로 建物에 對하여 所有權移轉請求權保全의 假登記를 한 者는 假登記만으로 建物을 讓受한 者 혹은 賃借占有中인 者에 對하여 明渡를 請求할 수 없다.[132)] 다만 所有權移轉請求權保全의 假登記權利者가 假登記義務者에 對한 本登記節次履行請求의 訴와 第三者(例컨대 賃借人)에 對한 明渡請求의 訴를 共同訴訟으로 提起하는 경우라든지 또는 本登記經了를 條件으로 하는 將來履行의 訴로서 明渡請求를 하면 어떤가. 現在履行의 訴의 形態를 取하는 假登記權利者의 明渡請求는 비록 本登記節次履行의 訴와 共同訴訟일지라도 假登記自體에 物權變動의 效力 내지 對抗力을 認定하는 것이 되어 不當하고, 將來履行의 訴의 形式을 取하는 것은 理論上 可能할 것이다.[133)]

(二) 處分禁止의 效力의 有無

㈎ 概　　說

假登記義務者는 假登記만으로는 自己의 物權을 喪失하거나 制限

129) 大法院1971.4.30.宣告71다502判決.判集19卷1集民415面
130) 日最判昭32.6.18.民集6卷1081面
131) 大法院1970.3.10.宣告69다1669判決.判集18卷1輯民196面
132) 日最判昭38.10.8.民集17卷1182面
133) 民事訴訟法 第229條 參照. 그리고 前註 132)의 日最判도 이를 是認한다.

받지 않으므로 假登記義務者는 假登記權利者의 權利와 抵觸되는 處分을 할 수 있고 또한 이를 公示하는 登記를 할 수도 있다. 假登記義務者는 物權을 가짐에 反하여 假登記權利者는 債權을 가짐에 不過하기 때문이다. 따라서 登記公務員은 그런 登記(中間處分의 登記)의 申請을 却下할 수 없고 假登記權利者는 이런 處分이나 登記의 禁止를 求할 權利는 없는 것이다. 그러므로 이미 假登記가 되어 있는 不動産에 關하여 二重, 三重으로 假登記를 할 수 있음은 勿論이다. 그러나 假登記에 基하여 一旦 本登記가 終了되면 이와 抵觸되는 中間處分은 모두 效力을 잃거나 後順位로 되는 것이므로 結果的으로 假登記는 假登記權利者에 對한 關係에서 假登記義務者의 處分을 制限하는 效力이 있는 것과 同一하게 된다. 이런 效力을 理論的으로는 어떻게 說明할 것인가에 對하여는 이미 앞에서 說明한 바 있으므로 省略하기로 한다.[134]

(나) 民事訴訟法上의 處分禁止假處分과의 比較

假登記 後 그 本登記終了 前에 假登記義務者가 假登記權利者의 權利에 抵觸되는 中間處分을 하여도 그 處分은 完全히 有效하지만 後에 本登記가 終了되면 그 中間處分이 假登記權利者에 對한 關係에서 相對的으로 無效가 되는 것은 마치 그 不動産에 處分禁止假處分이 되어 있었던 경우와 全的으로 同一하다. 이런 觀點에서 바로 假登記에 處分禁止의 效力이 있다고 主張하는 見解도 있는 것이다. 卽 “假登記는 흡사히도 不動産에 對하여 그 移轉 또는 引渡를 求하는 執行의 保全으로서 行하여지는 假處分의 最少限度가, 그 不動産의 處分을 禁止하고 不動産登記簿에 그 假處

134) 이 論文 三. 3. (二) (마) 參照

分에 따른 處分禁止의 登記를 囑託함에 있는 것과 一般이다. 이와 같이 請求權保全의 假登記에 依해 그 請求權의 實現을 妨害하거나 또는 헛되게 하는 處分의 禁止를 發生시키는 것으로 解釋하는 경우에는 그 處分禁止가 假登記를 한 者의 利益을 爲하여 認定되는 것임은 勿論이므로 (A) 債務者가 그 處分禁止에 違反하여 한 處分行爲 其他 行爲는 不動産物權의 變動을 求하는 請求權의 實現을 妨害하는 範圍에 있어서는 假登記를 한 者에 對하여는 無效이고(相對的 無效) 또한 (B) 假登記 後에 債務者의 處分行爲의 相對方이 되거나 혹은 그 處分에 依해 利益을 얻은 第三者는 그 善意를 主張할 수 없는 것으로 解釋하는 것은 押留, 假押留 또는 假處分에 依하여 생기는 處分禁止에 있어서와 一般일 것이다."라고 한다.[135] 이것을 假登記의 相對的 處分禁止의 效力이라고 부르는 見解도 있음은 이미 言及한 바이다.[136]

이런 現象은 假登記가 假登記假處分에 依해 이루어진 경우에 특히 두드러진다. 假登記假處分은 性質上 非訟事件에 屬하는 것이지만[137] 實質的으로는 民事訴訟法上의 處分禁止假處分과 同一한 效果를 갖고[138] 이런 意味에서 假登記權利者의 不動産上의 權利에 關하여 暫定的 保護를 加하는 特殊保全制度로서의 機能을 갖게 된다.[139] 따라서 假登記權利者는 事案의 具體的 狀況에 依하여 假登記假處分의 方法을 擇하던가 또는 民事訴訟法上의 假處分에 依하여 權利를 保全하던가 任意로 選擇할 수 있다. 다만 假登記假

135) 雉本朗造, 民事訴訟判例批評(25), 京都法學會雜誌 11卷 8號, 105面 以下
136) 前註 100) 參照
137) 前註 12) 記載 大法院判例 參照
138) 同旨 : 柳川眞佐夫, 「新訂保全訴訟」, 87面
139) 中川, 前揭書, 366面

處分과 一般假處分과는 그 要件을 달리 하므로 事案에 따라서는 그 어느 한 가지 方法에는 依할 수 없는 경우도 있을 것이다.[140)]

㈐ 結 語

그렇다면 假登記 自體에 處分禁止의 效力이 있는 것인가. 생각컨대 그런 效力이 있다는 見解와 그런 效力은 없고 다만 假登記의 順位保全의 效力의 間接的 作用으로 그런 結果가 되는 것일 뿐이라는 見解로 나눌 수 있을 것이다.

筆者는 處分禁止假處分은 그 決定自體에 債務者의 處分을 禁止하는 法院의 命令이 宣明되는 것이므로 處分禁止의 效力이 있는 것은 그 性質上 當然하다 하겠으나 假登記는 그 自體로서는 後日 經了될 本登記의 順位를 確保해 두는 것일 뿐 여기에 處分禁止의 效力이 맞바로 있는 것이라고 하기는 어렵다고 생각한다. 다만 順位保全의 間接的 作用으로 結果에 있어 處分이 禁止되는 것과 同一한 作用을 할 뿐이라고 說明하는 것이 一應은 穩當할 것이다. 勿論 앞에서 假登記된 權利를 條件附物權으로 把握할 수 있지 않을까라고 한 筆者의 私見에 따른다면 假登記의 위와 같은 處分禁止의 作用은 條件附權利의 內容으로서 쉽사리 把握할 수 있지 않을까 생각한다. 卽 條件附權利의 當事者는 條件의 成否가 未定한 동안에 條件의 成就로 因하여 생길 相對方의 利益을 害하지 못하고(民法 第148條) 이에 違反하여 條件附權利를 侵害하는 處分行爲를 한 때에는 뒤에 條件이 成就될 때에 條件附權利者에 對한 關係에서 그 處分行爲가 相對的으로 無效가 되기 때문이다.[141)]

---

140) 假登記假處分과 一般假處分과의 더 以上의 比較考察은 中川, 前揭書, 365面 以下 參照

141) 이 論文 三. 3. (二) ㈒ 參照

獨逸民法은 明文으로 條件附權利의 이러한 處分禁止의 效力을 規定하고 있으나(獨逸民法 第161條 第1項) 이런 明文의 規定이 없는 우리 民法에 있어서도 解釋上 同一한 結論을 내릴 수 있을 것이다.[142)]

(三) 推定力의 有無

假登記에도 本登記와 같은 推定力이 있는가. 大法院1963.4.18. 宣告63다114判決은 "所有權移轉請求權의 保全을 爲한 假登記가 있었다 하여 반드시 金錢債務에 關한 擔保契約이나 代物辨濟豫約이 있었다고 斷定할 수 없다."고 하여 假登記의 推定力을 否定하였다.[143)] 日本判例는 "假登記權利者一方만의 申請에 依하여 이루어진 假登記에는 事實關係의 推定力이 없다."고 判示한 것이라든지,[144)] "不動産에 關하여 贈與를 原因으로 하는 所有權移轉假登記가 이루어졌음에 不過한 때에는 假登記權利者가 當該 不動産의 所有權을 取得하였다는 點은 勿論이고 當該 不動産을 贈與받았다는 事實에 關하여도 假登記의 存在만에 依하여 이를 推定할 수는 없다."라고 判示[145)]한 것으로 보아 假登記의 推定力을 否認하는 것 같다. 日本의 學說은 肯定說[146)]과 否定說[147)]로 나뉘는바 假登記는 假登記原因이 되는 權利關係 自體의 公示에 그 目的이 있는 것이 아니라는 點과 假登記의 一時的 假定的 性格으로 보아 假登記에

142) 郭潤直, 「全訂版 民法總則」, 482面; 金曾漢, 「民法總則」, 428面; 方順元, 「新民法總則」, 302面; 李英燮, 「新民法總則講義」, 404面 等 參照

143) 判總 7卷, 496面

144) 內海一, 前揭書, 149面 所載(日大判大9.10.6.)

145) 日最判昭49.2.7.民集28卷1號52面

146) 我妻, 前揭「コンメタ～ル」, 125面. 다만 肯定하는 理由에 對하여는 說明이 없다.

147) 吉野衛, 「註釋不動産登記法總論」, 203面

推定力을 認定하는 것은 假登記의 效力을 지나치게 크게 하는 것으로 不當하다고 생각한다.

(四) 登記一般으로서의 效力

假登記에 物權變動의 效力이 없다고 하는 것은 결코 假登記라고 하여 아무런 效力이 없다고 하는 意味는 아닐 것이다. 假登記名義人은 將來 本登記를 할지도 모른다 — 따라서 本登記를 하면 그 順位는 現在 假登記가 가진 順位에 依한다 — 고 하는 地位에 있음을 意味하므로 假登記는 그와 같은 것을 社會一般에 警告하여 公示하는 一種의 登記로서의 效力 내지 效果를 現在에 保有하는 것이다. 이것을 假登記의 警告的 效果라고 부르는 수도 있다.[148] 따라서 例컨대 假登記가 不法으로 抹消된 경우에는 假登記名義人은 그 回復(假登記로서의)을 請求할 수 있고 그러기 위해서는 登記上의 利害關係人에 對하여 回復登記節次에 關한 承諾을 請求함이 可能한 것은 本登記가 不法으로 抹消된 경우와 전혀 다를 바가 없다.[149]

(五) 假登記와 第三者異議의 訴

㈎ 主로 日本에서 論議되는 것으로서 假登記權利者는 本登記를 하지 않고서도 第三者異議의 訴를 提起할 수 있는 것인가 하는 問題이다. 그 論議의 背景을 簡單히 살펴보면 다음과 같다. 假登記權利者가 假登記名義人이라는 立場만으로 第三者異議의 訴를 提起할 수 있다고 하면 假登記 自體에 第三者에 對한 對抗力을 認定하는 것이 되어 不當하다. 그러나 日本 不動産登記法이 昭和

148) 川島, 前揭書, 28面 等
149) 幾代, 前揭書, 397面

35年에 改正되면서 그 第105條에서 假登記義務者가 本登記를 經了하려면 登記上 利害關係를 가진 第三者의 承諾을 받도록 規定함으로써, 例컨대 甲所有不動産에 乙名義로 所有權移轉의 假登記가 되어 있는데 다시 丙이 强制競賣를 申請하여 丙名義로 强制競賣開始決定의 記入登記가 이루어진 경우라면 乙은 丙의 承諾을 얻어야 本登記를 할 수 있게 되었고 따라서 丙이 任意로 承諾을 하지 않을 때에는 乙은 丙을 相對로 本登記承諾請求의 訴를 提起하여야 되고 그 訴訟途中 競賣가 完結되면 乙은 다시 競落人이나 그 承繼人을 相對로 새로이 本登記承諾請求의 訴를 提起하여야 되므로 假登記權利者의 本登記節次가 매우 困難하고 複雜하게 된다. 그러므로 어떤 理論과 方法에 依하든 假登記名義人의 第三者異議의 訴를 可能한 것으로 하고 그 訴訟節次에서 競賣節次停止의 假處分을 얻을 수 있도록 하여야 된다는 主張이 有力하게 되었고 實際로 日本의 下級審判決 가운데는 이를 認定하는 判例[150]까지 나오게 되었다.[151]

(나) 그러나 假登記만으로 第三者異議의 訴를 提起할 수 있다고 하면 假登記에 本登記와 同一한 效力을 認定하는 것이 되어 困難할 뿐만 아니라 우리 大法院判例에 依하면 日本과는 달리 假登記權利者가 本登記를 經了함에 있어 登記上 利害關係 있는 第三者가 있더라도 그 同意나 承諾을 받을 必要가 없는 것이고 一旦 假登記義務者만을 相對로 本登記를 完了하면 이와 抵觸되는 第三者의 登記는, 위에서 例로 든 第三者의 强制競賣開始決定의

150) 大阪高判昭40.9.30.判決 및 東京地判昭43.7.16.判決 等(判例タイムズ社刊, 「民事法의 諸問題」, 366面 및 375面에서 引用)

151) 學說의 論議에 關하여는 前註 150) 「民事法의 諸問題」 中 "假登記權利者와 第三者異議의 訴," 361面 以下 參照

記入登記도 勿論으로, 모두 職權으로 抹消하도록 되어 있으므로 日本에서 論議되는 바와 같은 問題는 생길 餘地가 없는 것이다. 그러므로 우리 立場에서는 假登記名義人은 第三者異議의 訴를 提起할 수 없다고 함이 相當할 것이다.

(六) 假登記와 競賣節次

㈎ 假登記權利者는 競賣法 第30條 第3項의 利害關係人 또는 民事訴訟法 第607條의 利害關係人에 該當하는가. 우리 大法院判例는 始終 이를 否定한다. 卽 1965.2.3.자64마958號 大法院決定은 "假登記는 後日에 할 本登記의 順位를 保全하는 效力을 가질 뿐으로 아직 本登記를 하지 아니한 第三取得者는 그 權利의 取得을 抵當權者에게 對抗할 수는 없다고 할 것이고, 따라서 競賣節次에 있어서의 利害關係人이라고는 할 수 없다."고 하여 假登記權利者의 競落許可決定에 對한 抗告를 不適法한 것으로 認定하였고(다만 競落許可決定에 對한 抗告期間內에 그 假登記에 基한 本登記를 하면 그 때부터 利害關係人에 該當하여 抗告를 할 수 있다고 한다),[152] 또 1965.9.30.자65마811號 大法院決定은 "假登記는 本登記의 順位를 保全하는 效力을 가지고 있을 뿐이므로 不動産에 對하여 假登記를 한 者는 競賣法 第30條 第2號의 所有者는 아니고 同 第3號의 이른바 登記簿에 登記한 不動産 위의 權利者도 아니며 同 第4號의 이른바 不動産 위의 權利者로서 그 權利를 證明한 者에도 該當되지 않으므로 利害關係人이 아니다."라고 하였다.[153] 이 點에 關하여 日本判例는 當初에는 "假登記 自體로서는 그 權利를 第三者에게 對抗

152) 判總 競賣法, 768面

153) 前註 152) 同一書의 同一面. 그 밖의 大法院判例로는 1974.10.23.宣告74마402判決 等 多數

할 수 없으므로" 利害關係人이 아니라고 하였으나[154] 뒤에는 利害關係人에 包含된다고 하였다.[155] 생각컨대 假登記에는 本登記와 같은 物權的 效力은 없다고 하는 基本的 立場에서 出發할 때에는 假登記權利者는 利害關係人이 아니라고 할 것이지만[156] 한편 假登記權利者는 現在로서는 不動産 위에 權利를 가진 者는 아니나 將來 이를 取得할 者이고 더욱 그런 地位 내지 順位를 他에 對抗할 수 있는 點에서 不動産 위의 權利者에 準하여 取扱함이 妥當하다고 볼 餘地도 있다. 例컨대 抵當權設定登記 以前의 假登記 또는 押留債權者에 優先하는 假登記의 경우에 競落人은 假登記의 負擔을 引受하지 않으면 안 되는바(民事訴訟法 第661條 參照) 이것이 最低競賣價格의 決定에 영향을 미침은 明白하고 假登記權利者 亦是 競賣實施에 의해 權利를 잃는 것은 아니지만 自己가 本登記의 承諾請求를 할(日本 不動産登記法 第105條 參照) 相對方이 競賣實施의 結果에 依하여 確定되는 까닭에 直接 權利上의 利害關係를 갖지 않는다고는 말할 수가 없고 또한 任意競賣에 있어 抵當權設定登記 後의 假登記權利者에 關하여 보면 이런 者는 競賣實施의 結果 自己의 權利를 喪失하기 때문에(民事訴訟法 第661條에 依하여 假登記의 抹消登記囑託이 있게 된다) 抵當權設定登記 後의 所有權取得者와 마찬가지로 假登記權利者에게도 不法한 競賣에 依하여 입게 될 損失을 防禦할 機會를 줄 必要가 있다는 것이다.[157] 筆者는 假登記가 第三者에 對한 對抗力이 있느냐의 與否와 이 問題와는

154) 任意競賣에 關한 것으로 日大決大4.1.15.; 日大決大12.4.28. 等. 强制競賣에 關한 것으로 日大決大4.2.4. 等

155) 任意競賣에 關한 것으로 日大決大14.6.16. 等

156) 同旨: 斉藤, 「競賣法」, 146面

157) 兼子 一, 「增補强制執行法」, 231面

直接的인 關聯이 없다고 생각한다. 競賣節次의 利害關係人에 該當되느냐 與否는 競賣法이나 强制執行法 獨自의 立場에서 判斷할 問題이다. 卽 여기서 利害關係人이라 함은 當該不動産에 關하여 權利를 가진 者로서 競賣節次의 進行 및 그 結果에 依하여 法律上 그 權利에 영향을 받기 때문에 違法한 競賣節次에 依하여 損害를 받는 일이 없도록 競賣節次에 對한 異議나 抗告할 權利를 認定해 줄 必要가 있는 자를 말할 것이고 그렇다면 假登記權利者가 競賣에 依하여 法律上 영향을 받는 일이 있음은 說明의 必要가 없고(特히 抵當權設定登記 後에 假登記를 한 者는 더욱 그렇다) 나아가 假登記權利者의 權利는 "登記簿에 登記한"(競賣法 第30條 第3項 第3號 및 民事訴訟法 第607條 第3號 參照) 客觀的으로 公示한 權利이므로 이를 利害關係人으로 認定함이 妥當할 것 같다.[158)]

(나) 抵當權設定請求權保全의 假登記를 한 者는 그 本登記 前에 그 目的不動産이 競賣된 경우에 競賣代金으로부터 優先配當을 받을 수 있는가.

日本判例는 競賣代金 中 假登記權利者가 萬一 本登記를 하였다면 이에 辨濟할 金額을 日本 民事訴訟法 第630條 第3項[159)]의 規定을 類推하여 假登記權利者를 爲하여 供託하고 後日 本登記를 함에 必要한 條件이 具備되었을 때에 이를 假登記權利者에 交付하여야 한다고 하였고[160)] 日本學說도 大體로 이에 同調한다.[161)] 다만 競落에 依하여 假登記가 抹消되므로 假登記權利者는 以後 本登記를 할 수 없게 되고 따라서 假登記權利者는 어떤 方法으로

158) 「註釋强制執行法」, 489面 參照

159) 우리 民事訴訟法 第589條 第3項에 該當

160) 日大判昭2.5.26.民集6卷291面

161) 中川, 前揭書, 351面 및 加藤, 「判民昭和6年度 48事件評釋」 等

供託金의 交付를 받을 수 있는가 하는 것이 疑問視되지만 日本民事訴訟法 第591條 第3項[162]의 規定趣旨에 準하여 假登記權利者가 本登記를 할 수 있는 實質的 權利가 있는 경우에 그 趣旨의 債務者의 認諾書 또는 이에 갈음할 判決을 얻어 供託金의 交付를 請求할 수 있다고 解釋할 수밖에 없는 것이 아닌가라고 主張한다.[163]

(七) 假登記와 不動産登記法 第171條

不動産登記法 第171條에 依하면 登記의 抹消를 申請하는 경우에 그 抹消에 關하여 登記上 利害關係가 있는 第三者가 있는 때에는 申請書에 그 承諾書 또는 이에 對抗할 수 있는 裁判의 謄本을 添付하도록 되어 있는바 假登記權利者도 假登記義務者의 登記가 抹消의 對象인 경우에 그 抹消에 關하여 利害關係를 가진 第三者에 該當한다고 할 것이다.[164]

(八) 假登記權利者와 補助參加

假登記權利者는 第三者가 假登記義務者를 相對로 原因無效로 因한 所有權移轉登記 抹消請求의 訴를 提起한 경우 等에 있어서 그 訴訟의 結果에 關하여 法律上 利害關係가 있다 할 것이므로 補助參加를 할 수 있다 할 것이다.

162) 우리 民事訴訟法 第554條 第3項에 該當
163) 前註 161) 參照
164) 大法院1967.12.19.자67마1100決定.判集15卷3輯民403面

(九) 假登記權利者와 第三取得者의 抵當權消滅請求權

民法 第364條에 依하면 抵當不動産에 對하여 所有權, 地上權 또는 傳貰權을 取得한 第三者는 抵當權者에게 그 不動産으로 擔保된 債權을 辨濟하고 抵當權의 消滅을 請求할 수 있다고 되어 있다.[165] 그러면 抵當不動産에 對하여 所有權移轉請求權保全의 假登記(地上權, 傳貰權 設定請求權保全의 假登記도 同一)를 한 者가 그 本登記 前에도 被擔保債務를 辨濟하고 抵當權의 消滅을 請求할 수 있는가. 假登記權利者는 假登記만으로는 第三者에 對하여 自己의 權利를 主張할 수 없다는 原則에서 볼 때에는 이를 否定하여야 될 것이다. 明文으로 보아도 所有權 等을 "取得"한 者라고 되어 있으므로 假登記權利者는 假登記만으로는 所有權 等을 取得하는 것이 아닌 만큼 當然한 理致일 것이다. 그러나 假登記權利者가 假登記義務者를 相對로 本登記請求의 訴를 提起하면서 이와 併合하여 被擔保債務를 供託했음을 理由로 抵當權者를 相對로 抵當權設定登記抹消請求의 訴를 提起하면 어떤가. 後者가 將來履行의 訴로서 要件을 갖춘 경우에는 可能할 것으로 생각된다.

---

165) 通說은 이 경우에 第三取得者는 民法 第360條가 定하는 範圍의 金額만을 辨濟하면 되고, 그렇게 하면 抵當權은 當然히 消滅하는 것으로 解釋한다(郭潤直, 「全訂版 物權法」, 600面 및 金曾漢, 「物權法(下)」, 234面). 그러나 被擔保債務의 遲延利子가 1年分을 超過할 때에 第三取得者가 元本과 一年分만의 遲延利子를 支給하면 民法 第479條(費用, 利子, 元本에 對한 充當順序)의 適用이 排除된다는 明文의 規定이나 合理的인 理由가 없는 以上 被擔保債務 中 一年分을 超過하는 遲延利子相當의 元本이 殘存하게 되고 그렇게 되면 抵當權의 不可分性에 따라 抵當權은 위 殘存部分을 爲하여 繼續 存續하는 것이고 따라서 이 때에 特別히 第三取得者에게 抵當權의 消滅을 請求할 權利를 認定한 것이 民法 第364條의 趣旨인 것은 아닐까.

四. 假登記를 本登記로 고치는 節次

1. 問題의 說明

甲所有의 不動産에 關하여 乙 名義로 所有權移轉請求保全의 假登記가 이루어진 뒤에 甲으로부터 丙에게 所有權移轉登記가 이루어졌을 때에 乙이 그 不動産을 完全히 自己所有로 하기 爲하여는 그 假登記에 基한 本登記를 經了함은 勿論, 甲으로부터 丙으로의 所有權移轉登記를 抹消하지 않으면 안 되는데 이런 경우 위 兩者中 어느 것을 먼저 하여야 하는가가 問題된다. 그 理由는 우선 不動産登記法의 原則에 따르면 乙의 本登記는 登記權利者인 乙과 登記義務者인 甲의 共同申請에 依하여 하여야 할 것이나 登記義務者인 甲은 이미 그 不動産의 所有名義를 喪失하였기 때문에 만일 甲을 登記義務者로 하여 本登記를 申請하면 그 申請은 一應 "申請書에 揭記한 登記義務者의 表示가 登記簿와 符合하지 아니한 때"에 該當하여 不動産登記法 第55條 第6號에 따라 却下되는 것으로 생각되고 따라서 위와 같은 本登記를 申請하기 위하여는 먼저 丙의 所有權移轉登記를 抹消하여 그 不動産의 所有名義를 甲으로 還元시키지 않으면 안 될 것이나 한편 이렇게 되면 乙은 아직 本登記를 하지 않고 있기 때문에 그 所有權의 取得을 第三者인 丙에게 對抗할 수 없다는 假登記의 本來의 效力과 矛盾되게 된다. 따라서 丙이 任意로 그 所有權移轉登記의 抹消에 協力하지 않는 限 乙은 결국 假登記를 本登記로 고칠 수 없게 되고 이것은 假登記를 전혀 無意味한 것으로 만들게 되어 法律이 假登

記制度를 認定한 趣旨에 反하게 될 뿐만 아니라 假登記의 效力이 認定되는 다른 경우와 均衡이 맞지 않게 된다. 卽 甲으로부터 乙에게 所有權移轉請求權保全의 假登記가 된 後에 丙名義의 地上權 또는 抵當權設定登記가 이루어진 경우 甲은 아직 그 所有名義를 상실하지 않았으므로 乙은 甲과의 共同申請에 依하여 假登記를 本登記로 고치고 本登記의 順位가 假登記의 당시로 소급되는 效果로 丙의 地上權 또는 抵當權設定登記의 抹消를 請求할 수 있기 때문이다. 그렇다면 어떤 方法으로 위와 같은 경우에 假登記를 本登記로 고치도록 할 것인가. 이에 關하여 日本判例는 當初 假登記權利者는 假登記 그 自體로서 第三取得者에 對하여 그 登記抹消를 請求할 수 있다고 하여 假登記에 本登記와 같은 效力 내지는 特殊한 效力이 認定된다고 함으로써 以後 假登記의 效力에 關한 問題의 하나로 크게 다루어지게 되었다.

2. 甲 所有의 不動産에 乙 名義의 所有權移轉請求權保全의 假登記가 된 後 甲으로부터 丙에게 所有權移轉登記가 된 경우 乙의 本登記節次

이에 關하여 우리나라 不動産登記法은 아무런 規定이 없고 日本不動産登記法 역시 昭和35年의 改正 前까지는 아무런 規定이 없었기 때문에 兩者 共히 判例의 變遷이 甚하였다. 먼저 判例의 態度를 考察하여 본다.

(一) 昭和35年의 不動産登記法 改正 前의 日本判例의 變遷

(가) 日本判例는 最初 甲은 登記簿上 所有名義를 喪失하였기 때문에 먼저 丙의 所有權移轉登記를 抹消하고 登記簿上 所有權名義를 甲에게 回復시킨 뒤가 아니면 乙은 本登記를 할 수 없다는 前提下에 乙은 假登記自體로서 丙에 對하여 登記抹消를 請求할 수 있다고 하여 假登記에 一種의 對抗的 效力을 認定하였다. 이런 觀點으로부터 判例는 假登記는 "그 本登記를 經由하는 權利를 確保하는 效力"을 가진다던가,[166] 假登記權利者는 假登記의 效力으로서 "後日 登記를 함에 際하여 그 障碍가 되는 行爲를 登記簿上에 한 第三者에 對하여 그 徹廢를 求할 수 있다."[167]고 說明하고 그 結果 乙은 假登記 自體로서 丙의 登記를 抹消할 것을 請求할 수 있다고 하였다.[168]

(나) 그 뒤 日本判例는 乙은 甲에 對하여 本登記를 請求함과 同時에 丙에 對하여 登記의 抹消를 請求함도 無妨하다고 하였는바 그 趣旨는 乙은 먼저 本登記를 하고 그 後에 丙에 對하여 登記의 抹消를 請求함이 原則이나 甲이 本登記節次에 協力하지 않는 경우에는 甲에 對한 本登記請求의 訴를 提起함과 同時에 丙에 對하여 抹消請求를 하는 것도 無妨하다는 것으로 보인다.[169]

(다) 그 뒤 昭和8.2.17.의 大審院判決은 丙의 所有權移轉登記抹消 前에도 乙은 適法하게 本登記를 할 수 있으며 假登記에는 一切의 對抗的 效力이 없다는 前提下에 乙은 먼저 本登記를 한 뒤

166) 日大判大4.5.14.民錄22卷757面
167) 日大判大6.9.20.民錄23卷1445面
168) 日大判大10.10.27.民錄27卷2040面
169) 日大判昭3.7.28. 同旨: 日大判昭6.5.23.; 日大決昭7.8.5.

가 아니면 丙에 對하여 登記의 抹消를 請求할 수 없다고 하여 最初의 日本判例의 態度로부터 180度의 轉回를 하기에 이르렀다.

㈑ 그러나 그 後 日本判例의 態度는 一定하지가 않아서 혹은 乙은 本登記를 한 뒤에 丙의 登記抹消를 請求하여도 되고 假登記自體만으로도 抹消請求를 하여도 된다고 하는 것이 있는가 하면[170] 最初의 判例와 같이 丙에 對하여 먼저 抹消請求를 하여야 된다는 것도 있다.[171] 大體로 近時의 最高裁判所判例는 乙은 먼저 本登記를 함이 原則이나 甲에 對한 本登記請求와 同時에 丙에 對한 登記抹消를 請求함도 無妨하다는 態度인 것으로 보인다.[172]

㈒ 日本 不動登記法 第105條

昭和35年 日本은 不動産登記法 第105條를 新設하여 이를 立法으로 解決하였다. 卽 所有權에 關한 假登記에 基하여 本登記를 申請하는 경우에는 假登記義務者를 相對로 이를 申請하되 다만 登記上 利害關係를 가진 第三者가 있을 때에는 그 第三者의 承諾書 또는 이에 對抗할 수 있는 裁判의 謄本(原則으로 第三者에 對하여 承諾의 意思表示를 命하는 裁判을 말한다)을 本登記申請書에 添附하여 提出하여야 되고 登記公務員은 이런 申請에 依하여 本登記가 되면 職權으로 第三者의 登記를 抹消하도록 그 第105條에 規定하였다.

(二) 우리나라의 判例

朝鮮高等法院時代의 判決 및 初期의 大法院判決은 初期의 日

170) 日大判昭10.4.9.日新聞3835號17面
171) 日大判昭17.9.15.法律評論31卷民504面
172) 日最判昭32.6.7.民集6卷936面

本大審院判例와 같은 見解를 取하였다. 卽 朝鮮高等法院1921.8.26.判決은 "所有權移轉의 假登記가 있은 後 假登記義務者인 登記名義人이 第三者에 對하여 所有權移轉의 登記를 하였을 때에는 登記簿上의 登記名義人에 變更이 생김으로써 假登記權利者가 假登記에 基한 本登記를 하고자 함에는 所有權移轉의 本登記를 한 第三者에 對하여 그 本登記의 抹消를 求하고, 登記簿上의 名義人을 假登記義務者의 名義로 回復시키고 然後 假登記義務者로부터 所有權移轉의 本登記를 받아야 하는 것으로써 第三者의 所有權移轉의 本登記가 있음에도 不拘하고 假登記權利者가 假登記義務者로부터 直接 所有權移轉의 本登記를 받음은 現在 登記簿上 登記簿名義者가 아닌 者로부터 所有權移轉의 登記를 받는 것으로 되어 明白히 登記法 第49條 6號(舊法)의 경우에 該當해야 하는 것이라면 이러한 登記의 申請은 同條에 依하여 却下하지 아니하면 안된다."고 하였고[173] 大法院1962.12.24.자4294民再抗675號決定이 있기까지의 大法院判決도 위 朝鮮高等法院判決의 見解를 그대로 따르고 있었다.[174] 그 後 大法院은 위 1962.12.24.자4294民再抗675號決定(全員合議部決定)[175]에서 假登記權利者는 먼저 假登記義務者를 相對로 하여 本登記를 하여야 되고 그와 같은 本登記를 함이 없이 假登記權利者가 直接 假登記 後 本登記 前에 權利를 取得하여 登記한 第三者를 相對로 그 登記의 抹消를 請求할 수는 없으며 이와 같이 假登記權利者가 本登記를 하면 第三取得者의 登記는

173) 判總 7卷, 489面

174) 例컨대 大法院1949.4.2.자4281民上314,315決定; 大法院1957.11.18.자4290民上289決定(以上 判總7卷491面); 大法院1961.12.14.자4294民上253決定(判總7卷 496-5面) 等

175) 判總7卷492面

法 第55條 2號의 "事件이 登記할 것이 아닌 때"에 해당하므로 登記公務員이 法 第175條 第1項에 依하여 職權으로 이를 抹消하여야 한다고 判示하기에 이르렀다.[176)]

(三) 學 說

初期의 日本 大審院判決과 같이 丙의 登記를 抹消하여야 한다는 說,[177)] 乙은 먼저 甲을 相對로 本登記를 하여야 되고 그 後 丙에 對한 登記抹消를 請求할 수 있다는 說,[178)] 甲에 對한 本登記請求와 丙에 對한 登記抹消의 請求를 同時에 하여야 한다는 說[179)] 等이 있다.

(四) 判例·學說에 對한 檢討

以上 檢討한 學說·判例의 見解는 大體로 다음 다섯 가지로 나누어 볼 수 있다.

第一說: 乙이 直接 甲에 對하여 本登記를 請求할 수는 없고 먼저 丙에 對하여 그 登記의 抹消를 請求하여 所有名義를 元來의 甲에게 回復시킨 뒤에 甲에 對하여 本登記를 請求할 수 있다는 說.

第二說: 乙은 甲과의 사이에 먼저 本登記를 한 뒤 丙에 對하여 登記의 抹消를 請求함이 原則이나 甲이 本登記申請에 協力하지 않는 경우에는 甲에 對한 本登記請求의 訴와 同時에 丙에 對

176) 同旨의 大法院判決로는 大法院1963.7.25.宣告63다53判決; 大法院1965.3.31.字65마97決定; 大法院1966.6.21.宣告66다699,700判決 等

177) 石田, 前揭書, 303面; 末川, 「物權法」, 178面; 柚木, 「判例物權法總論」, 234面

178) 舟橋, 前揭書, 191面; 幾代, 前揭書, 211面

179) 郭潤直, 前揭 「物權法」, 178面; 我妻, 「假登記」 法律學辭典 I, 287面; 杉之原, 前揭書(舊版), 230面

한 登記의 抹消請求를 하여도 無妨하다는 說.

第三說: 乙은 먼저 本登記를 한 뒤가 아니면 丙에 對하여 登記의 抹消를 請求할 수 없다는 說.

第四說: 甲에 對한 本登記의 請求와 丙에 對한 登記抹消의 請求를 반드시 同時에 하여야 한다는 說.

第五說: 乙은 丙의 登記를 抹消함이 없이 바로 本登記를 할 수 있고 本登記를 하면 그와 抵觸되는 丙의 登記는 登記公務員이 職權으로 抹消한다는 說.

이 가운데 第一說, 第二說은 모두 假登記 自體에 一種의 物權的 效力을 認定하게 되는 點에서 共通되고 그 나머지는 假登記 自體에 그런 物權的 效力을 認定하지 않는 點에서 共通된다.

㈎ 第一說, 第二說에 對한 檢討

第一說, 第二說은 假登記에 一種의 物權的 效力을 認定하는 것이나 첫째로 豫備登記에 不過한 假登記에 그런 物權的 效力을 認定하는 根據를 說明하기가 어렵다. 둘째로 實體法的으로 考察할 때에 丙의 登記는 原因無效의 登記라고는 할 수 없는데 假登記가 되어 있다는 事由만으로 이것이 抹消되어야 한다는 것은 亦是 困難하고, 셋째로 乙이 丙의 登記를 抹消하기만 하고 自己의 本登記를 함이 없이 그대로 放置하는 弊端이 생길 餘地가 있다. 끝으로 이 見解에 依하면 丙의 登記가 制限物權設定의 登記인 경우에도 丙의 登記를 먼저 抹消하여야 된다고 할 것이나 그것이 不當함은 說明할 必要도 없을 것이다.[180)]

---

180) 日本 註釋民法 6卷, 358面; 川島, 「總合判例研究叢書」, 民法 6卷, 52面; 幾代, 前揭書, 211面

㈏ 第三說에 對한 檢討

第三說은 乙이 먼저 本登記를 한 뒤에 비로소 丙의 登記抹消를 請求할 수 있다는 見解로서 이에 對하여는 다음과 같은 批判이 있다. 첫째로 本登記의 申請은 乙(登記權利者)과 甲(登記義務者)이 共同으로 申請하여야 하는데 甲은 이미 登記簿上의 所有名義를 喪失하였으므로 本登記를 申請할 資格이 없다는 것이다(法 第28條 및 第55條 6號 參照).

이에 對하여 假登記의 左側에 餘白을 남겨 두고 여기에 本登記를 하도록 되어 있는 點 또는 甲이 "登記義務者인 權利關係가 登記簿 上 이미 確立되어 있는" 點 等을 理由로 甲은 本登記申請의 資格을 잃지 않는다는 反論이 行하여진다.[181] 둘째로 乙의 本登記 後에도 丙의 登記가 抹消되기까지는 乙의 本登記와 兩立할 수 없는 丙의 登記가 登記簿上 殘存하여 公示에 混亂을 招來하고 그 後의 處置가 困難하여진다는 것이다. 이에 對하여는 注意해서 登記를 살펴보면 어느 것이 優先하는가를 判別할 수 있으므로 問題가 안 된다는 反論이 있으나[182] 制度的으로 公示의 混亂을 避할 수 없음은 틀림없는 일일 것이다. 셋째로 甲이 本登記를 拒否하고 丙이 登記抹消를 拒否하는 경우 同時에 訴訟을 할 수 없어 訴訟經濟에 反한다는 것이다.

㈐ 第四說에 對한 檢討

以上 세 見解의 觀點을 避하는 方法으로서 案出된 것이 第四說 卽 甲에 對한 本登記請求와 丙에 對한 登記抹消의 請求를 同

---

181) 이 點은 다음 ㈑에서 다시 檢討한다.

182) 幾代, 前揭書, 211面

時에 하여야 한다는 것인바 이에 따르면 우선 위에서 檢討한 다른 見解들의 難點은 避할 수 있을 것으로 보여진다. 그러나 첫째로 丙에 對한 登記抹消請求가 現在履行의 訴라면 假登記 自體에 第三者에 對한 對抗力을 認定하는 것이 되고 둘째로 丙에 對한 請求가 將來履行의 訴 또는 條件附請求라고 하여도 甲에 對한 請求와 丙에 對한 請求를 반드시 同時에 하여야 한다는, 換言하면 兩者가 必要的 共同訴訟의 關係에 있는 것이라고 할 訴訟法的 根據를 찾기가 어려울 것이며, 셋째로 甲은 本登記를 拒否하지 않으나 丙이 登記抹消를 拒否하는 경우에도 甲을 相對로 訴訟을 提起해야 되는 不合理가 있게 되고, 넷째로 不動産登記法은 登記의 申請에 關하여 一件主義를 原則으로 하고 있으며(法 第51條, 第52條 參照) 어떤 登記의 申請이 다른 登記의 申請과 同時에 行하여져야 한다고 하는 規定은 찾아 볼 수 없으므로 두 개의 請求를 同時에 하지 않으면 안 된다는 節次法上의 根據가 없는 것으로 생각된다.

㈑ 第五說에 對한 檢討

第五說은 우리 大法院判例의 見解이다. 먼저 위 大法院判例가 乙은 丙의 登記를 抹消함이 없이 本登記를 할 수 있고 乙이 本登記를 하면 丙의 登記는 職權으로 抹消된다고 結論을 내림에 있어 거친 理由의 經路는 다음과 같다. 卽 (i) 民法 第186條에 이른바 登記는 不動産登記法上의 本登記를 가리킨 것이고 假登記는 여기에 包含되지 아니하므로 假登記權利者 乙은 假登記 後에 所有權移轉의 本登記를 한 丙에게 自己의 物權取得의 效力을 主張할 수 없고 따라서 丙에 對하여 그 登記의 抹消를 請求할 수 없으며 萬一 그와 같은 抹消請求를 許容한다면 物權變動에 關한 形式主義

를 採擇한 民法의 大原則에 違背된다. (ii) 法 第61條, 第62條에 依하면 假登記는 登記用紙中 該當區 事項欄에 이를 記載하고 그 左側에 餘白을 두어야 하고 假登記 後 本登記申請이 있으면 假登記 左側의 餘白에 그 記載를 하도록 規定하고 있는바 그 法意로 미루어 볼 때에 假登記權利者 乙은 假登記義務者인 甲을 本登記義務者로 하여 本登記請求權行使를 할 수 있다. (iii) 乙이 本登記를 하면 同一不動産 위에 所有權者가 二人 競合되는 形式이 되나 丙의 登記는 乙이 本登記를 함으로써 登記順位와 物權의 排他性에 依하여 實質的으로 登記의 效力을 喪失할 것이므로 登記公務員은 法 第175條 第1項 및 第55條 第2號에 依하여 丙의 登記를 職權抹消하여 所有權者의 形式上 重複을 避할 수 있다는 것이다.

생각컨대 첫째로 假登記에 物權變動을 일으키는 效力이 없으므로 假登記權利者인 乙이 直接 第三取得者인 丙을 相對로 그 登記의 抹消를 請求할 수 없다 함은 이미 다른 見解에 對한 檢討에서 言及한 바와 같이 假登記에 一種의 特殊한 對抗的 效力 또는 物權的 效力을 認定할 수 없다는 것을 前提로 하는 것으로써 正當하다 할 것이다. 둘째로 假登記義務者인 甲을 本登記義務者로 하는 것은 이미 言及한 바와 같이 "申請書에 揭記한 登記義務者의 表示가 登記簿와 符合하지 아니한 때"(法 第55條 第6號)에 該當되어 困難한 것이 아닌가 하는 疑問이 있을 수 있다. 그러나 登記法上 登記義務者를 共同申請人으로 하고 있는 것은(法 第28條) 登記의 眞正을 保障하기 爲한 것이다. 바꾸어 말하면 登記公務員에게는 實質的 審査權이 없고 形式的 審査權만이 있으므로 登記의 眞正을 形式的이나마 保障하기 爲해서는 登記의 起點이 되는 登記義務者의 權利關係가 登記簿上 確立되어 있다는 것이 必要하기 때문이다. 그러므로 여기서 말하는 登記義務者가 되기 爲하여는 甲의 權利關係가 登記簿에 確立되어 있고 또한 행하여질 登記의 起點으로 되어 있다는 것이 必要한 것이지 그것이 現在 登記上의 所有名義를 가지고 있느냐의 여부는 이를 묻지 않는 것이다. 따라서 假登記義務者가 現在 登記簿上 所有名義를 갖고 있지 않다는 것은 假登記義務者를 本登記義務者로 하는 데 支障이 되지 않을 것이다.[183] 그러므로 法 第61條가 假登記의 左側에 餘白을 남겨 두도록 하고 法 第62條에서 假登記에 基한 本登記는 위 餘白에 記載하도록 規定한 것은 假登記에 基한 本登記에 있어서는 恒常 假登記義務者가 그 登記義務者가 됨을 밝혀 法 第55條 6號에 對한 例外를 規定한 것으로 解釋되어야 할 것이다. 그 밖에 不動産의 所有權移轉請求權을 被保全權利로 하는 處分禁止假處分이 된 경우에 비록 그 不動産의 所有權이 第三者에게 移轉되어 債務者가 登記簿上 所有名義를 喪失한 경우에도 恒常 債務者가 그 登記義務者가 되는 것을 보아도(비록 그 根據는 다를지언정) 現在의 登記名義人만을 登記義務者가 되는 것이라고 고집할 理由는 없을 것이다. 셋째로 乙이 本登記를 하면 丙의 登記는 法 第55條 2號에 該當하여 登記公務員이 職權으로 抹消한다고 하는 點은 어떤가. 丙의 登記를 職權으로 抹消하면 登記의 重複과 公示의 混亂을 간단히 막을 수 있어 매우 便利할 것은 틀림없지만 위 判例가 法 第55條 第2號를 根據로 함은 相當한 問題가 있다. 왜냐하면 거기서 이른바 "事件이 登記할 것이 아닌 때"라 함은 登記申請當時를 基準으로 하여 "申請이 그 趣旨 自體로 보아 이미 法律上 許容할 수 없음이 明白한 경우"를 말하는 것으로서 登記法 自體로 보아

183) 이 部分은 郭潤直, 前揭「物權法」, 177面에서 轉載引用하였다.

許容할 수 없는 것, 例컨대 二重의 保存登記라든지,[184] 또는 實體法上 登記가 許容되지 않는 것, 例컨대 利子制限法의 限度를 超過하는 利子의 約定이 있는 抵當權設定登記 같은 것[185]을 意味하는 것이므로 假登記가 되어 있는 不動產에 關하여 適法하게 所有權을 取得하고 그 登記를 經了한 것을 가지고 登記가 完了된 事後에 "事件이 登記할 것이 아닌 때"에 該當한다고 함은 일단 不當한 것으로 보여진다.[186] 그리고 이렇게 되면 한편으로는 登記公務員에게 一種의 事後審查權까지 주는 것이 아닌가 하는 疑問이 있다.[187] 그러나 이런 批判에 對하여는 判例를 支持하는 立場에서 다음과 같은 反論이 可能하지 않을까 한다. 事件이 登記할 것이 아닌 때라 함은 勿論 登記申請當時를 基準으로 하여야 할 것이나 假登記에 基한 本登記가 이루어지면 그 本登記의 順位는 假登記의 順位로 遡及되지만 그 本登記의 效力自體는 遡及되는 것이 아니므로 結果에 있어서는 第三者인 丙의 登記가 假登記權利者인 乙의 本登記보다 뒤로 밀려나는 셈이고,[188] 바꾸어 말하면 實際로는 乙이 登記한 뒤에 丙이 登記를 申請한 것과 마찬가지여서 乙이 本登記를 한 時點에서 丙의 登記를 審查하는 것은 形式的으로는 事後에 審查하는 것으로 보이지만 實際로는 丙의 申請當時에 이를 審查하는 것과 同一한 것이라고 말할 수 있지 않을까 생각된다.[189] 넷째로 위

184) 日大決大7.5.30.民錄10959面

185) 日最判昭30.7.15.民集9卷1058面

186) 同旨 : 郭潤直, 前揭「物權法」, 177面 및 幾代, 前揭書, 142面

187) 前註 175) 引用判例中 反對意見 參照

188) 이 論文 三. 3. (二) ㈒ (4) 參照

189) 不動產의 處分禁止假處分에 있어서 假處分債權者가 本案에서의 勝訴確定判決에 基하여 移轉登記를 하면 假處分에 反한 第三者의 登記는 假處分債權者의 申請(同時이든 別個이든)에 依하여 그 第三者의 同意나 承諾 없이 그대로 抹消된다고 하는 日本의 判例(最判昭35.7.14.民集14卷9號1755面) 및 實務의

判例의 見解대로 하면 例컨대 丙이 土地收用에 依하여 所有權을 取得하고 그 登記를 한 경우에 乙이 本登記를 하면 丙의 登記도 職權으로 抹消되게 되어 不當하다는 批判이 있을 수 있다.[190] 그러나 이것은 假登記가 例外的으로 順位保全의 效力을 갖지 못함으로써 생기는 結果에 不過하므로 一般的인 問題가 되지 못하며 이런 경우에는 假登記權利者의 本登記申請을 받아들이지 않는 特別措置를 制度的으로 請求하면 될 것이다.[191]

(五) 結　　論

以上 檢討한 바에 依하면 筆者의 見解로는 大法院判例의 立場이 가장 無難할 것으로 생각된다. 그러나 이런 모든 問題는 우리 不動産登記法이 假登記를 할 수 있음을 規定하였을 뿐 그 假登記에 基한 本登記의 節次에 關하여 전혀 規定을 缺한 立法的 不備에서 생긴 問題인 까닭에 立法으로 이를 明白히 할 必要가 있음은 勿論이다.

立法의 方向으로는 일응 日本 不動産登記法 第105條와 같이 利害關係 있는 第三者의 承諾書 또는 이에 對抗할 수 있는 裁判의 謄本을 申請書에 添附케 하고 이에 따라 本登記가 經了되면 그와 同時에 職權으로 第三者의 登記를 抹消하도록 하는 方法이 생각될 수 있다. 이것은 法 第171條와 비슷한 發想으로서 例컨대 甲所有 不動産에 關하여 原因無效의 移轉登記가 乙, 丙名義로 順次 經了된 경우에 甲은 乙을 相對로 登記抹消의 訴를 提起하여 勝訴確定되어도 利害關係人인 丙의 承諾書나 이에 對抗할 수 있

態度는 이 問題에 관하여도 어떤 示唆를 하는 것은 아닐지.

190) 이 論文 三. 3. (四) ㈎ 參照

191) 이 경우에 丙이 抹消登記回復의 請求를 할 수 있음은 勿論이다.

는 裁判의 謄本을 添附하지 못하면 그 目的을 達할 수 없으므로 丙이 任意로 抹消에 同意하지 않을 때에는 丙을 相對로 그 承諾을 訴求할 수 있고 그 承諾을 求하는 權原은 理論上 所有權에 基한 妨害除去請求權(民法 第214條)이라고 理解할 수 있지만 假登記의 경우에 있어서는 假登記權利者와 第三者 사이에는 아무런 法律關係가 存在하지 않기 때문에 第三者가 任意로 그 登記의 抹消에 協力하지 않을 때에 그에 對하여 承諾을 强制할 무슨 實體法上의 請求權이 假登記權利者에게 있는 것이 아니다.

實際問題로서도 第三者가 故意로 假登記權利者의 本登記節次를 遲延시키는 것으로 因한 假登記權利者의 損害를 고려하지 않을 수 없다. 그러므로 筆者의 생각으로는 이런 方法보다는 우리 大法院判例의 立場을 明文化하는 方向으로 立法을 함이 더 妥當하지 않나 생각된다.[192)]

3. 甲 所有의 不動産에 乙이 所有權移轉請求權保全의 假登記를 한 뒤 丙이 制限物權設定의 登記를 한 경우 乙의 本登記節次

當初 日本判例는 乙이 假登記 自體로 丙에 對하여 登記抹消를 請求함을 認容하였으나[193)] 그 뒤 그런 抹消請求는 乙이 本登記를 한 뒤에 하거나 혹은 甲에 對한 本登記請求와 同時에 하거나 모두 無妨하다고 하였다.[194)] 學說로서는 **2.**의 경우와 같은 여

192) 第三者의 登記가 不法으로 抹消된 경우라면 第三者는 언제든지 그 回復의 訴를 提起할 수 있음은 勿論이다(例컨대 假登記權利者의 本登記가 無效일 경우).

193) 日大判明42.3.31.民錄15卷292面

194) 日大判大9.7.10.民錄26卷1060面

러 見解가 있으나 이 경우에는 甲은 아직 登記簿上 所有名義를 상실하지 아니하였으므로 乙은 먼저 甲을 登記義務者로 하여 本登記를 마친 뒤에 丙의 制限物權設定登記의 抹消를 請求함이 原則이고 다만 甲이 本登記를 拒否하고 丙도 登記抹消를 拒否하는 경우에는 甲에 對한 本登記請求와 同時에 將來履行의 訴로서 丙에 對한 登記抹消를 請求하여도 無妨하다고 생각한다. 그렇게 하여야만 假登記의 本質的 效力에도 符合되고 訴訟經濟의 理想에도 適合하기 때문이다.

4. 甲 所有의 不動産에 乙 名義의 制限物權設定請求權保全의 假登記 後 甲으로부터 丙에게 所有權移轉登記가 이루어진 경우 乙의 本登記節次

日本大審院은 일관하여 甲의 乙에 對한 本登記義務는 丙에 계승되기 때문에 乙은 丙에 對하여 本登記를 請求하여야 한다고 하였다.[195] 最高裁判所도 처음에는 위 見解를 따랐으나[196] 뒤에 態度를 바꾸어 乙은 甲, 丙 어느 쪽을 相對로 하여도 無妨하다고 하였고[197] 다시 最近에는 甲만을 登記義務者로 하여야 한다고 하였다.[198] 이에 관한 大法院判例는 아직 없는 것 같고 다만 朝鮮高等法院判決로는 地上權設定請求權의 假登記權利者인 乙은 元來의 所有者 甲으로부터 所有權移轉登記를 받은 現在의 所有者인 丙을

195) 日大判大4.5.14.; 日大判昭6.4.18.; 日大判昭11.11.11.
196) 日最判昭35.7.27.民集14卷1926面
197) 日最判昭37.5.25.民集16卷1184面
198) 日最判昭44.10.16.民集23卷1759面

相對로 地上權設定의 本登記請求를 하여야 한다고 한 것이 있다.[199] 學說로는 (i) 假登記에 一切의 對抗力을 認定하지 않는 立場으로부터 乙은 甲에 對하여만 本登記를 請求할 수 있다는 說,[200] (ii) 日本 大審院判例를 支持하는 說,[201] (iii) 所有權에 關한 假登記에 基한 本登記申請에 關한 日本 不動産登記法 第105條가 이런 경우에도 準用된다는 立場으로부터 乙은 甲에 對하여 本登記를 請求하고 丙에 對하여는 그 승낙을 求하고 이 兩者를 基礎로 하여서만 本登記를 할 수 있다는 說[202] 等이 있다. 앞서 **2.**에서 본 바와 같은 이유로 甲을 登記義務者로 하는 (i)說이 타당하다고 생각한다.

5. 甲 所有 不動産에 乙名義로 共有持分移轉請求權保全의 假登記가 된 뒤에 丙名義로 所有權全部의 移轉登記가 된 경우의 乙의 本登記節次

이에 關한 우리나라의 大法院判例는 아직 없는 것 같다. 日本의 大審院判決은[203] "一個의 不動産 위에 共有持分權을 가진 者가 그 不動産에 關하여 單獨所有權取得의 登記를 한 第三者에 對하여 그 持分權을 對抗할 수 있는 경우에 있어서[204] 所有權取得

199) 朝高判1930.10.24.判總7卷490面

200) 現在의 多數說이다. 舟橋, 「物權法」, 207面; 幾代, 前揭書, 217面; 杉之原, 前揭書新版, 217面

201) 石田文次郎, 前揭書, 210面

202) 郭潤直, 前揭 「物權法」, 179面; 我妻, 前揭 「假登記」, 287面

203) 日大判大10.11.27.民錄27卷2040面

204) 이 당시의 日本 大審院判決은 假登記權利者가 그 假登記만으로 第三者의 登記抹消를 請求할 수 있다는 것이었음을 留意

의 抹消에 의하여 第三取得者의 正當히 取得할 수 있는 權利를 喪失시킬 우려가 있을 때에는 登記의 抹消를 許容할 것이 아니고 登記更正의 節次에 依하여 共有名義의 登記로 고치는 것이 相當하다."고 判示하여 먼저 登記更正에 依하여 登記를 原所有者 甲과 丙의 共有로 고친 뒤에 甲을 相對로 乙이 共有持分移轉의 本登記를 하여야 한다고 한 것이 있다. 그렇게 하는 理由는 乙의 持分을 除外한 나머지 持分에 關한 丙의 權利는 비록 乙이 本登記(持分移轉의)를 하여도 效力을 잃는 것이 아니므로 이것까지 抹消시킴은 가혹하다는 데 있는 것 같다.[205)]

그러나 乙의 假登記가 所有權 全部에 關한 것일 때의 앞서 본 우리 大法院判例의 見解를 여기에 適用한다면 乙이 甲을 相對로 共有持分權移轉의 本登記를 하고 이와 同時에 登記公務員이 丙의 登記中 乙의 權利에 抵觸되는 것을 一部抹消하는 方法으로 解決될 것이다. 다만 이렇게 되면 登記公務員이 丙의 登記를 職權으로 更正하는 結果가 되는바 法 第72條, 第71條에 依하면 登記公務員이 職權으로 登記를 更正할 수 있는 것은 登記를 完了한 뒤 登記公務員 自身의 錯誤로 말미암아 그 登記에 錯誤 또는 遺漏가 생겼음이 發見된 때에 限한다는 것과 어긋나게 된다. 앞으로 研究될 問題일 것이다. 結局은 立法에 依하여 解決할 수밖에는 없는 것이 아닌가 생각된다.

205) 我妻 榮, "假登記의 效力에 關하여,"「民法研究 III(物權)」, 107面 以下 參照

五. 餘 論

1. 假登記制度의 實狀과 法規定의 實際

오늘날 假登記制度는 그 本來의 目的인 請求權保全이라는 目的을 넘어서 一種의 特殊한 保全制度로서[206] 또 特殊한 擔保制度[207]로서 널리 活用되어 實로 莫强한 機能을 發揮하고 있다. 이에 反하여 假登記에 對한 法規定은 아주 簡單할 따름이다. 法規定上으로는 마치 本登記에 對한 庶子와 같은 取扱을 받고 있는 셈이다. 이와 같은 假登記의 去來上 實情과 法規定의 簡略 사이에서 한편으로는 假登記가 濫用되는 것이 아닌가 하는 問題가 생기고 한편으로는 假登記에 對한 適切한 法規定이 未備되어 있지 않는가 하는 疑問이 생기는 것이다.

2. 假登記濫用의 問題

假登記의 濫用이라고 普通 생각되는 것은 다음 세 가지 경우이다.

(一) 바로 本登記를 할 수 있는데도 不拘하고 假登記를 하는 경우

例컨대 甲으로부터 그 所有不動産을 買受한 乙이 바로 所有

206) 이 論文 三. 4. (二) ㈏ 參照
207) 所謂 假登記擔保의 問題이다.

權移轉登記를 할 수 있는데도 이를 하지 않고 마치 甲과의 사이에 賣買豫約을 締結한 것처럼 꾸며서 假登記를 하는 경우이다. 이것은 本登記를 하는 경우보다 假登記를 하는 경우의 登錄稅가 顯著하게 低廉하므로 그 差額을 免脫하기 爲한 것이고,[208] 한편으로는 中間省略登記에 依하여 이를 轉買하는 경우에 그 讓渡所得稅를 免脫할 可能性이 있기 때문이다. 이런 濫用은 登記公務員에게 實質的 審査權이 없다는 點과 비록 이런 假登記를 하여도 이를 無效라고 解釋할 수는 없다는 데서 비롯되는 것이다.

(二) 執行保全을 爲하여 處分禁止假處分制度를 利用하지 않고 假登記 特히 假登記假處分을 利用하는 경우

이런 경우의 濫用可能性은 假登記假處分의 경우에 있어서는 保證金을 供託할 必要가 없다는 데서, 그리고 假登記假處分에 對한 不服은 通常의 訴訟節次에 依할 수밖에 없다는 데서 더욱 顯著하여진다.

(三) 假登記가 擔保의 目的으로 利用되는 경우

例컨대 代物辨濟의 目的으로 또는 讓渡擔保의 目的으로 혹은 流抵當의 目的으로 債務者所有 不動産에 所有權移轉請求權保全의 假登記를 하는 경우 等이다.

위에 본 세 가지 경우는 事實은 이를 假登記의 濫用이라 하여 排斥할 必要가 있는 것인지 또는 自由롭고 多樣한 去來現狀의 하나로 보아 許容할 性質의 것인지 自體가 根本的으로 檢討되어야 할 問題일 것이다. 여기서는 다만 이런 것들이 假登記 本來의

208) 登錄稅法 第2條 第1項 第8號에 依하면 假登記의 登錄稅는 一件當 金600원

目的을 벗어나는 것으로 一應 이를 忌避하여야 할 것이라는 前提下에서 그 解決策을 생각해 보면 法 第3條 後段의 경우를 削除함이 어떨까 생각한다. 卽 現在 物權變動의 請求權이 있는 것은 아니고 將來 이런 請求權이 發生할 法律關係가 成立되어 있을 뿐인 경우(例컨대 賣買豫約)에도 이를 假登記함으로써 現行法과 같은 莫强한 效力을 줄 必要가 있을런지 根本的으로 疑心스러울 뿐더러 假登記가 濫用된다고 하는 것은 그 大部分이 法 第3條 後段의 假登記가 可能한 데서 비롯되기 때문이다. 法 第3條 前段의 경우에만 假登記를 許容한다면 그 範圍가 顯著히 줄어들음은 勿論[209] 假登記를 하는 過程에서 法院이나(假登記假處分의 경우) 登記公務員이(登記原因에 關하여 第三者의 承諾 等을 얻지 못한 경우) 適切히 審査하는 것이 可能하기 때문이다.

3. 假登記된 權利의 處分에 關한 問題

假登記權利者가 死亡할 경우에 相續人이 本登記를 한다면 그 本登記의 順位도 假登記의 順位에 依해야 할 것인데, 이를 登記簿上 어떻게 反映시킬 것인가. 假登記의 移轉으로서 問題가 되지 않을 수 없다. 또한 假登記權利者가 自己의 權利를 讓渡한 경우에 이를 他人의 權利賣買라던지 혹은 所有權移轉請求權이라는 債權讓渡라고만 把握하는 것은 適切치 못할 것이다. 그러므로 大法院判

209) 法 第三條 前段의 경우에 假登記를 할 수 있는 경우는 實際로는 登記義務者가 登記申請書나 委任狀에 署名捺印을 않거나 印鑑을 交付해 주지 않는 경우(모두 假登記假處分에 依할 수밖에 없다)와 登記原因에 關한 第三者의 承諾書 等을 갖추지 못한 경우뿐이다. 詳細는 이 論文 二. 2. (一) ㈏ 參照

例와 같이[210] 無條件 假登記의 移轉을 忌避할 것이 아니라 이를 어떤 範圍에서 認定하고 어떤 方法으로 이를 簡便하게 登記할 것인지에 對하여 將次 理論과 實務 兩面에서 檢討되어야 할 것이다.

4. 假登記의 效力에 關한 問題

假登記에 關한 論議의 中心이 될 問題로서 從來부터 크게 硏究된 問題이다. 그러나 從來의 論議를 檢討하여 보면 그 大部分이 實體法과의 關係를 떠나서 假登記의 效力을 究明하려 한 것이 아닌가 하는 느낌을 받는다. 假登記된 權利의 實體法的 本質을 究明하는 것이 假登記의 重要性에 비추어 앞으로의 硏究課題가 아닐까 생각된다.

5. 假登記를 本登記로 고치는 問題

이 問題에 關하여는 從來의 論議를 마무리짓는 意味에서 適切한 立法이 要望된다. 아울러 立法의 機會가 있다면 假登記와 競賣節次에 關하여도, 또 假登記와 國稅의 調整問題에 關하여도 相當한 配慮가 必要할 것이다.

210) 이 論文 二. 5. (四) 및 前註 64) 参照

主要參考文獻

1. 國內書(가・나・다 順)

郭潤直, 「民法總則(全訂版)」(1973年 初版), 博英社
「物權法(全訂版)」(1975年 初版), 博英社
「債權各論(上)」(1968年版), 法文社
「債券各論(下)」(1971年版), 法文社
「判例教材 物權法」(1973年版), 法文社
金曾漢, 「民法總則」(1972年版), 眞一社
「物權法(上)」(1976年 改正再版), 眞一社
「物權法(下)」(1976年版), 眞一社
「新債權各論(上)」(1963年版), 博英社
金顯泰, 「新物權法(上)」(1963年版)
方順元, 「新物權法(全)」(1960年版)
李英燮, 「學說・判例註釋 强制執行法」(1974年版)
崔 栻, 「新物權・擔保物權法」(1960年版)

2. 外 國 書

内海一, 「假登記の理論と實務」(昭和45年 第3版)
Lent-Schwab, 「Sachenrecht」(1968年版)
中川善之助・兼子一, 「登記(不動産法大系 Ⅳ)」(昭和46年版)
幾代 通, 「不動産登記法(新版)」(昭和47年版) 및 同書舊版
「註釋民法」 4卷, 6卷, 14卷(有斐閣)
舟橋諄一, 「不動産登記法」(新法院全集)(昭和12年版)
「物權法」(昭和48年版)

川島一郎,「總合判例研究叢書 民法(6) 假登記の效力」(昭和45年版)
杉之原舜一,「新版不動產登記法」(昭和45年版)
我妻 榮, 法律學辭典Ⅰ中 假登記
「判例コンメンタール物權法」(1964年版)
石田文次郎,「物權法論(全訂改版)」(昭和20年版)

Die Vormerkung und deren Wirkung

1. Einleitung

Anspruch auf dingliche Rechtsänderung wird in Korea nur als Recht der Schuldverhältnisse behandelt. Daraus ergibt sich, daß es dem Berechtigten unmöglich wird, den Verpflichteten davon zu hindern, eine vertragswidrige, aber dennoch wirksame Verfügung über das Crundstück zugunsten eines Dritten Vorzunehmen und die Erfüllung des Rechtsgeschäfts zu vereiteln. In dem Fall macht er sich allerdings wegen schuldhafter Vertragsverletzung dem Berechtigten schadenserstzpflichtig, aber diese schuldrechtlichen Rechtsbehelfe reichen somit für einen wirksamen Schutz des Berechtigten nicht aus. Er muß sich gegen eine etwaige Vertragsuntreue des Verpflichteten etwa "dinglich" absichern. Diese Sicherung eines obligatorischen Anspruchs auf eine dingliche Rechtsänderung am Grundstuck erfolgt durch Eintragung einer Vormerkung im Grundbuch.

2. In Welchem Fall wird vorgemerkt?

Gegenstand der Vormerkung Können das Eigentumsrecht,

das Erbbaurecht, die Grunddienstbarkeit, Hypothek, Miete und Pacht werden, (3 der koreanischen Grundbuchordnung) mit Ausnahme von Besitz, dem Faustpfandrecht, dem gesetzlichen Pfandrecht, und zwar zur Absicherung der Ansprüche zur Bestellung, übereignung, Berichtigung oder Löschung solcher Rechte. Die Eintragung einer Vormerkung ist auch zur Sicherung eines Künftigen, zeit bestimmten oder bedingten Anspruchs zulässig. Zur Eintragung der Vormerkung im Grundbuch ist nicht erforderlich, daβ eine Gefährdung des zu sichernden Anspruchs glaubhaft gemacht wird. Dies folgt daraus, daβ die Gefährdung offenkundig ist, denn der Verpflichtete(z. B. der Grundstücksverkäufer) kann trotz des obligatorischen Ventrages als Eigentümer mit Grundstück nach Belieben verfahren. Eine Vormerkung wird im Grundbuch in der Abteilung eingetragen, in der auch das endgültige Recht vermerkt wird.

3. Wirkung der Vormerkung

Die Vormerkung ist nur eine worläufige Maβnahme und kann deshalb an sich keine dingliche Rechtsänderung herbeiführen. Aber dieses Sicherungsmittel prophezeit und bereitet eine Rechtsänderung vor, und hat in diesem Sinne gewisse dingliche Wirkung, denn alle Verfügungen, die nach der Eintragung der Vormerkung getroffen werden, sind ungültig, soweit sie dem vorgemerkten Anspruch im Wege stehen. Die den Anspruch vereitelnde oder beeinträchtigende Verfügung ist also "relatiy" unwirksam. Damit verschafft die Vormerkung dem künftigen dinglichen Rechtsverhaltnis bereits Wirksamkeit gegen Dritte und bestimmt auch die Rangordnung gemaβ Abs. 2, 6 der koreanischen GBO. Hat eine Eintragung, die auf Grund von einer Vormerkung vorgenommen worden ist, eine rückwirkende Kraft? Die japanische höchstrichterliche Rechtsprechung bejaht es. Aber die herrschenden Meinungen sind dagegen. Sie behaupten, daβ die Sicherung der Ram-gordnung nicht mit dieser Rückwirkung verwechselt werden soll. Der Verfasser ist der Meinung, daβ der Anspruch auf dingliche Rechtsänderung durch Vormerkung sich zu einem bedingten dinglichen Recht wandelt und alle Verfügungen, die nach der Eintragung der Vormerkung getroffen werden und im Wege dieses Rechts stehen, erst mit dem Eintritt der Bedingung unwirksam werden. Die Wirkung der Rangordnung könne theoretisch am besten als der Inhalt dieses bedingten dinglichen Rechts erklärt werden.

4. Über das Verfahren zur endgültigen Eintragung auf Grund der Eintragung der Vormerkung fehlt die gesetzliche Regelung, was die Meinumgsver schiedenheiten in den Rechtsprechungen und Theorien veranlaβt hat. Das Beschluβ vom 24.12.1962 des Koreanischen Obersten Gerichtshofs(KOGH) hat aber diese

Auseinandersetzungen zum gewissen Ende gabracht, in dem der KOGH erklärte, der Vormerkungsberechtigte brauche nur vom vormerkungsbetroffenen bewilligt zu werden, um die endgültige Eintragung der Rechtsänderung erreichen zu können, und nach der endgültigen Eintragung musse der Grundbuchbeamte von amts wegen solche Eintragungen löschen, die nach der Eintragung der Vormerkung getroffen worden sind.

5. Schlußwort

Die Eintragungen der Vormerkung werden im alltäglichen Rechtsleben sehr häufig benutzt, aber die gesetzlichen Bestimmungen sind nur allzu gering, um die sich daraus veranlassenden Probleme regeln zu können. Die Eintragung der Vormerkung spielt in der heutigen Gesellschaft oft die Rolle der gerichtlichen einstweiligen Verfügungen und in gewissen Fällen wird als ein Ersatz des Pfanderechts mißbraucht. Es wünscht sich, daß dieses System in naher Zukunft durch Gesetzesänderung passend geregelt wird.

第2編　假登記된 權利의 法律的 性質

一. 머 리 말

假登記가 物權確保의 手段으로서 또는 事實上의 擔保制度로서 莫强한 機能을 遂行하여 온 것은 결코 어제 오늘의 일이 아니었다.

그럼에도 不拘하고 어떤 경우에 假登記를 할 수 있는 것인지와 같은 基礎的인 問題에 관하여서조차 國內學界의 體系的인 檢討가 얼마 전까지만 해도 거의 없었던 狀態였고, 假登記의 效力이라는 問題에 이르러서는 物權變動의 對抗力 또는 效力이 假登記當時로 遡及되는가 하는 日本學界의 陳腐한 論議를 再論하는 것일 뿐 假登記의 이른바 順位保全의 效力의 本體 내지 그 實體法的 根據를 糾明하는 問題에 관하여는 이에 관한 日本學界의 論議가 없었던 탓인지, 전혀 擧論조차 되지 않았다고 할 程度로 假登記는 意外로 學界의 體系的인 檢討對象이 되지 못하였다.

이런 狀況下에서 近來에는 變則擔保와 關聯하여 所謂 假登記擔保權이라는 것까지도 論議하지 않으면 안 될 處地에 이르고 말았다.

假登記擔保가 論議되기에 이른 這間의 事情은 새삼 言及할 必要가 없는 것이거니와 그 論議의 意義 또한 贅言을 要하지 않는 바

* 이 論文은 1982년 7월 法院行政處에서 주관한 "變則擔保·行政訴訟 實務上의 諸問題"라는 심포지엄에서 발표한 논문으로 「裁判資料(13)」에 收錄된 바 있다.

이므로 그 論議의 內實을 기하기 위하여는 假登記에 관한 基本的인 問題들을 一般論的 立場에서 다시 한번 짚고 넘어가는 作業 또한 必要하다고 할 것이다.

이런 見地에서 著者는 假登記에 관한 一般的 問題中 代物辨濟의 豫約 및 賣買豫約 等의 變則擔保와 關聯이 있지 않을까라고 一旦은 여겨지는 몇 개 事項에 관하여 一般論을 檢討하고 이런 一般論이 變則擔保로서의 代物辨濟豫約 等의 特殊問題에는 어떤 모습으로 展開될 수 있는 것인지를 檢討하고자 한다.

二. 假登記原因으로서의 變則擔保契約

1. 一 般 論

假登記는 現在 存在하는 物權(登記된 賃借權도 便宜上 이에 包含시켜 같이 取扱한다) 變動의 請求權(不動産登記法 第3條 前段) 또는 將來 確定될(成立은 되었으나 아직 效力이 發生하지 않은 경우를 包含) 物權變動의 請求權을 保全하기 위하여 이를 할 수 있다. 日本不動産登記法은 그 民法이 物權變動에 관하여 對抗要件主義(意思主義)를 取하고 있는 것과 關聯하여 두 가지의 假登記를 認定하고 있다. 하나는 物權變動이 當事者間에는 이미 發生하였으나 그 本登記를 經了하기 위한 節次的 要件이 完備되지 못하여 本登記를 아직 할 수 없는 경우에 그 物權을 保全하기 위한 假登記(日本 不動産登記法 第2條 1號 — 普通 物權保全의 假登記 또는 1號 假登記라고 부른다)이고 다른 하나는 當事者間에서도 아직 物權變動의 效力은

發生하지 아니하였으나 다만 將次 物權變動을 일으킬 수 있는 어떤 法律關係(例컨대 賣買豫約)가 成立되어 있을 때 그 法律關係를 保全하기 위한 假登記(日本 不動産登記法 第2條 第2號—普通 請求權保全의 假登記 또는 2號 假登記라고 부른다)이다.

그러나 우리 不動産登記法은 日本과 같은 物權保全의 假登記는 認定하지 않고 위에서 본 것처럼 請求權保全의 假登記만을 認定하고 있다.[1)]

不動産物權變動을 目的으로 하는 債權的 請求權을 보다 確實히 保護하기 위하여 不動産登記簿에 그 債權的 請求權의 存在를 登記시키고 그 登記에 順位保存의 效力을 賦與함으로써 債權的 請求權을 物權的으로 保護하려는 것이 假登記制度의 目的인 것이므로[2)] 不動産登記法 第3條의 "請求權" 即 "假登記에 의하여 保全되는 請求權"은 債權的인 請求權에 限한다고 解釋된다.[3)]

假登記를 할 수 있는 法律關係를 나누어서 檢討한다.

가. 物權變動의 請求權이 現在 存在하는 경우(不動産登記法 第3條 前段)

例컨대 賣買契約이 締結되어 買受人이 所有權移轉請求權을

---

1) 日本 不動産登記法 第2條는 다음과 같다.
"第2條: 假登記는 다음 경우에 이를 한다.
1. 登記의 申請에 必要한 節次上의 條件이 具備되지 아니한 때. 2. 前條에 揭記한 權利의 設定, 移轉, 變更 또는 消滅의 請求權을 保全하려고 할 때, 위의 請求權이 始期附 또는 停止條件附인 때 其他 將來에 있어서 確定될 것인 때에도 또한 같다."

2) 拙稿, 假登記를 할 수 있는 경우 및 假登記의 效力, p. 6.

3) 郭潤直, "假登記制度"(서울大學校 法學 第22卷 1號), p. 23; 郭潤直, 「不動産登記法」(1979年), p. 220; 鄭址炯, "假登記"(「不動産去來의 諸問題」, 1979年), p. 264 및 前揭 拙稿, p. 6.

갖는 경우라든지 抵當權設定契約이 締結되어 債權者가 抵當權設定請求權을 갖는 경우 等이 이에 屬한다.

이 경우 다른 特別한 事情이 없는 한 買受人은 바로 所有權移轉의 本登記를 할 수 있고 債權者는 바로 抵當權設定의 本登記를 할 수 있음은 勿論이다.

그렇다면 物權變動의 請求權을 가진 者가 바로 本登記를 할 수 있는 경우에도 本登記를 하지 않고 假登記를 하는 것이 許容되는가. 換言하면 物權變動의 請求權이 있으면 언제나 假登記를 할 수 있는 것인가.

結論부터 말하면 이를 否定하여야 될 것이고 그 理由로는 다음 몇 가지를 들 수 있다.

첫째, 不動産登記法 第3條를 보면 "假登記는 前條에 揭記한 權利의 設定, 移轉, 變更 또는 消滅의 請求權을 保全하려 할 때에 이를 한다."라고 規定되어 있는데, 여기에 "保全하려 할 때에"라고 함은 "保全의 必要가 있을 때"를 말하는 것으로 보이고 保全의 必要가 있을 때라 함은 物權變動을 目的으로 하는 請求權이 現在 存在하기는 하지만 이에 基하여 바로 그 本登記를 할 수 없는 事情이 있어서 當分間 請求權 自體로 이를 保全할 必要가 있을 때를 말하는 것으로 解釋함이 相當하기 때문이다. 둘째로 假登記制度의 目的으로부터 볼 때에 請求權에 基하여 바로 本登記를 할 수 있는 경우에까지도 假登記를 許容함은 制度의 目的에 反하기 때문이다. 셋째로 比較法的으로 考察할 때에 不動産登記法 第3條 前段의 경우 卽 例컨대 賣買契約의 締結로 買受人이 所有權移轉請求權을 갖는 경우에 日本民法에 의하면 買受人은 바로 所有權을 取得하게 되어 日本 不動産登記法 第2條 第1號의 이른바 物

權保全의 假登記를 할 수 있는바 이 때에 어떤 경우에나 假登記가 許容되는 것은 아니고 本登記를 하기 위한 節次的 要件의 不備로 本登記가 不能인 경우에만 假登記를 할 수 있는 것으로 規定하고 있는 점으로 보아도 그렇고[4] 넷째, 바로 本登記가 可能한 경우에도 假登記를 許容한다면 假登記가 登記稅, 讓渡所得稅 또는 取得稅 等의 免脫方法으로 濫用될 憂慮가 있으며 다섯째, 바로 本登記를 할 수 있는 경우에도 假登記를 許容한다면 當事者는 假登記만으로도 結果的으로 自己의 權利를 充分히 保護할 수 있기 때문에 登記(本登記)를 物權變動의 效力發生要件으로 삼아서 登記를 勵行시키고 不動產의 權利關係를 登記簿에 明瞭하게 公示코자 하는 民法 第186條의 趣旨에도 反하게 된다. 끝으로, 不動產登記法 第 3 條 前段과 그 後段과를 對比할 때에 그 後段은 請求權이 아직 存在하지 않고 將次 그것이 發生케 될 어떤 法律關係가 存在할 따름인 경우로서 換言하면 아직 請求權이 없기 때문에 本登記를 할 수 없는 경우인바 이와의 均衡上 그 前段의 경우에도 비록 請求權이 存在하더라도 아직은 本登記를 할 수 없는 그런 경우에 한하여 假登記가 許容된다고 解釋함이 옳을 것이다.[5]

그러나 物權變動의 請求權이 現存하고 本登記를 함에 아무 障碍가 없는데도 脫稅의 目的 等等으로 마치 賣買豫約이 締結되

---

4) 日本 不動產登記法 第 2 條에 관하여는 前註 1) 參照. 또한 日本 法務省民事局長의 回答通達 等에 의하면 日本 實務上 所謂 物權保全의 假登記가 認定되는 경우는 다음 세 가지이다. ① 登記義務者가 登記(本登記) 申請에 協力하지 않을 때, ② 登記原因에 관하여 第 3 者의 許可, 同意, 承諾을 要하는 경우에 그 許可 等을 證明하는 書面을 提出할 수 없는 때, ③ 登記義務者의 權利에 관한 登記濟證을 提出할 수 없는 때. 詳細는 中川善之助・兼子一, 「登記」(昭和46年), p. 340.

5) 이 部分은 前揭 拙稿, p. 7 以下에서 引用함. 이 問題에 관한 다른 분의 論議는 아직 없는 듯하다.

었음에 不過한 것으로 꾸며 假登記를 한 경우에 그런 假登記가 元來 許容될 性質의 것이 아니라는 理由만으로 이를 無效라고 할 수는 없을 것이다. 不動産登記法 第3條 前段의 假登記와 그 後段의 假登記 間에 效力의 差異가 없을 뿐더러 登記公務員에게 實質的 審査權이 없어 이런 假登記가 行하여짐을 막을 수 없는 現行法下에서 이를 無效로 한다면 큰 混亂이 생길 것이기 때문이다.[6)]

그러면 請求權이 存在하면서도 本登記를 할 수 없는 事由에는 어떤 것이 있는가? 實體法的인 事由와 節次法的인 事由의 둘로 나누어 보기로 한다.

(1) 實體法上의 本登記 障碍事由

例컨대 不動産을 買受하였으나 아직 代金支給期日이 到來하지 아니하였거나 代金支給期日은 到來하였지만 代金支給을 못한 때에 賣渡人이 그 不動産을 他에 二重으로 賣渡할 憂慮가 있다면 買受人은 假登記를 하여 그 權利를 保全함이 許容되어야 할 것이다(다만 이 때에는 假登記假處分의 方法에 의함이 普通일 것이다).

(2) 節次法上의 本登記 障碍事由

不動産登記法上의 節次的 要件 不備로 本登記를 할 수 없기 때문에 假登記가 許容되어야 할 경우는 다음 세 가지이다.

첫째, 登記義務者가 登記申請書에 署名捺印을 하지 않거나 代理申請을 위한 委任狀에 署名捺印을 하지 않는 경우(不動産登記法 第

6) 物權保全의 假登記와 請求權保全의 假登記 間에 效力의 差異가 있는 것으로 論議되던 日本에서는 한때 이런 假登記를 無效라고 判示하였으나(日大判大 9.3.12.民錄p. 308), 近來에는 이를 有效로 判示하는 것으로 보인다(日最判昭 32.6.7.民集6卷p. 936).

28條, 第41條).

둘째, 登記原因에 관한 第3者의 許可, 同意 또는 承諾을 證明하는 書面을 提出할 수 없는 경우(不動産登記法 第40條 第1項 第4號).[7)]

셋째, 登記名義人의 印鑑을 提出할 수 없는 경우(不動産登記法施行規則 第50條, 第51條).[8)]

위에 든 세 가지 경우 이외의 경우에는 모두 本登記가 可能하므로 假登記는 許容될 수 없다고 할 것이다.[9)]

請求權의 存在를 前提로 하는 假登記는 할 수 없다. 그러나 그런 許可를 停止條件으로 하여 契約이 締結되고 그 契約이 有效한 것으로 인정되는 경우라면 假登記가 可能할 것이다.

나. 物權變動의 請求權이 將來 確定될 경우(不動産登記法 第3條 後段)

이 경우에 屬하는 것으로서 假登記를 할 수 있는 것은 다음

7) 다만 第3者의 許可 等이 登記原因의 發生要件 또는 權利變動의 成立要件일 때에는 그와 같은 許可가 없으면 請求權이 發生할 수 없는 것이므로 請求權의 存在를 前提로 하는 假登記는 할 수 없다. 그러나 그런 許可를 停止條件으로 하여 契約이 締結되고 그 契約이 有效한 것으로 認定되는 경우라면 假登記가 可能할 것이다.

8) 日本에서는 이 경우 假登記를 許容하지 않는다(昭和29.10.5. 民事甲第2022號 民事局長通達, 日本 不動産登記先例集下卷 p. 2243). 그 理由는 假登記 自體의 申請에도 登記義務者의 印鑑이 添附되어야 하고 不然이면 假登記申請이 却下될 것임을 根據로 한다. 그러나 筆者는 이 때에는 假登記假處分에 의한 假登記가 可能하다고 생각한다.

9) 登錄稅不納의 경우(不動産登記法 第55條 第9號)는 本登記를 할 수 없지만 登錄稅 調達不能을 理由로 하는 假登記를 許容하면 假登記가 脫稅의 方便으로 濫用될 우려가 있으므로 이런 때에는 假登記를 할 수 없다고 함이 相當할 것이다. 昭和4.10.7. 民事第8689號 民事局長回答(日本 不動産登記先例集上卷 p. 558)도 同旨. 그 밖의 節次未備에 관한 詳細한 檢討는 前揭 拙稿, p. 11 以下 參照

세 가지이다.

(1) 請求權이 始期附일 때

(2) 請求權이 停止條件附일 때

例컨대 債務不履行이 있으면 債務者所有의 特定不動産을 債權者에게 代物辨濟로서 移轉하기로 合意한 때와 같은 경우이다. 不動産登記法 第3條에는 規定이 없지만 請求權이 解除條件附인 때는 어떤가. 例컨대 甲이 乙에게 不動産을 贈與하면서 乙이 移民을 가면 그 贈與가 效力을 잃는 것으로 特約을 한 경우이다. 이 때 甲은 乙名義로 所有權移轉登記를 하면서 不動産登記法 第43條에 의하여 그 解除條件을 함께 登記할 수 있음은 勿論이지만 한편 甲이 將次 解除條件이 成就되어 갖게 될 所有權移轉請求權[10)]은 不動産登記法 第3條 後段의 "請求權이 將來에 있어서 確定될 것인 때"에 該當한다고 보이므로 이를 假登記할 수도 있다고 생각한다.

(3) 請求權이 其他 將來에 있어서 確定될 것인 때

여기서 將來에 있어서 確定될 請求權이라고 하는 것은 莫然히 將來 發生할 可能性이 있는 請求權이라고 하는 넓은 意味의 것이 아니고 特定不動産에 관하여 請求權을 發生케 할 基本的인 法律關係는 이미 成立된 경우 그 法律關係에 基하여 將次 發生케 될 그런 請求權만을 意味한다.[11)]

10) 解除條件成就時의 所有權變動이 法律의 規定에 의한 物權變動이라면 그 移轉請求權은 物權的 請求權이므로 假登記는 할 수 없겠으나, 法律行爲에 의한 物權變動이라고 보면 本文과 같이 假登記가 可能할 것이다. 金曾漢 教授는 登記된 解除條件이 成就되면 所有權은 登記 없이도 當然히 所有權者에게 復歸된다고 說明하고(同 教授, 「物權法下」, p. 269, p. 271), 郭潤直 教授는 이와 反對이다. — 同教授, "變則的 擔保制度 一般," 「民事判例研究 Ⅱ」, p. 196.

11) 幾代 通, 「不動産登記法」(昭和48年), p. 191; 郭潤直, 「不動産登記法」, p. 213.

例를 들면 賣買豫約이 締結되고 將次 그 豫約이 完結되면 發生할 所有權移轉請求權 같은 것이다.

2. 變則擔保에의 適用

變則的 物的 擔保制度로서 從來 利用되고 있는 것을 列擧하면 代物辨濟의 豫約, 賣買의 豫約, 再賣買의 豫約, 讓渡擔保, 還買, 所有權擔保附賣買 等이 있다. 假登記를 할 수 있는 法律關係에 관하여 앞에서 檢討한 一般論이 위에 본 여러 變則擔保의 경우에는 어떤 모습으로 展開될 것인지를 차례로 檢討하여 본다(所有權留保附賣買는 除外).

가. 代物辨濟의 豫約

(1) 用語의 整理

먼저 代物辨濟의 概念을 整理할 必要가 있다. 代物辨濟는 本來의 給付에 갈음하는 다른 給付를 하기로 하는 債權者, 債務者 사이의 合意 卽 契約과 이 合意에 基한 現實의 代物給付에 의하여 成立하고 이런 現實의 代物給付가 있으면 辨濟와 같은 效力 卽 債務消滅의 效果가 發生한다(民法 第466條). 이처럼 代物辨濟는 當事者의 合意와 現實의 代物給付로 構成되고 이 兩者를 합하여 卽 그 全體를 가리켜 代物辨濟契約이라고 부르며 이 契約은 當事者의 合意外에 現實의 給付를 그 構成要素로 한다는 點에 着眼하여 이를 要物契約이라고 說明하는 것이 一般이다. 實例에서 보면 金錢消費貸借의 債務者가 借用金員의 返濟 代身 그 所有의 不動

同旨의 日本判例로는 大決大4.4.5.民錄21卷p. 426.

產所有權을 債權者에게 移轉하기로 相互合意하여 債權者에게 不動產所有權移轉登記를 經了하였다면 이것이 바로 代物辨濟인 것이고 債務者의 元來의 金錢債務는 代物辨濟에 의하여 消滅된다. 債務消滅의 效果는 現實의 代物給付가 行하여진 때 卽 不動產所有權移轉登記가 經了된 때 發生할 뿐 當事者間에 代物辨濟에 관한 合意가 이루어졌을 뿐인 段階에서는 아직 債務消滅의 效果가 發生되지 아니한다. 代物辨濟에 관한 이런 一般的 說明은 代物辨濟의 "效果" 卽 辨濟的 效力의 面을 强調한 것이고 이런 立場에서서 볼 때에는 代物辨濟에 있어서의 當事者의 合意라고 하는 것은 별다른 意味가 없어 獨自的 照明의 對象이 되지 못하는 것으로 取扱된다. 그러나 代物辨濟의 辨濟的 側面만을 强調할 것이 아니라 代物辨濟에 의한 物權變動(特히 不動產에 있어서)의 側面까지도 같이 考慮한다면, 換言하면 物權變動의 原因으로서 代物辨濟를 照明한다면 代物辨濟에 관한 合意(本來의 給付에 갈음하여 다른 給付를 하기로 하는 合意)는 單純히 代物辨濟契約이라는 하나의 法律關係를 構成하는 一個의 構成要素에 不過한 것이 아니라 그 合意自體가 賣買, 贈與 等과 마찬가지로 物權變動의 原因을 이루는 하나의 獨自的인 地位를 갖고 있음이 分明하여진다.[12)]

代物辨濟에 관한 合意(便宜上 代物辨濟合意라고 우선 부르기로 한다)가 갖고 있는 이런 獨自的인 側面이 從來 부각되지 못했던 理由는 代物辨濟의 두 構成要素 卽 合意와 現實給付 間의 時間的 要素를 念頭에 두지 않은 탓으로 생각된다. 物權變動의 側面에서

12) 物權變動의 側面에서 본다면 代物辨濟는 物權變動이 이미 이루어진 狀態 내지 結果까지를 包含하는 것이므로 代物辨濟 自體를 物權變動의 原因으로 把握할 수는 없는 것이다. 物權變動의 原因은 代物辨濟가 아니라 代物辨濟를 하기로 하는 當事者의 合意라고 하여야만 할 것이다.

代物辨濟를 考察하면 物權의 變動은 合意의 履行이라는 結果로서 把握되고 그렇다면 合意와 履行 間에는 當然히 時間的 要素가 介在되기 마련이다. 例를 들면 代物辨濟의 合意를 한 후 卽時 所有權移轉登記를 履行하는 경우가 있는가 하면 合意를 하고서도 債務者가 時間을 끌면서 이를 履行하지 않는 경우도 얼마든지 있을 수 있다. 本來의 債務 代身 不動産의 所有權을 債權者에게 넘겨주기로 한 債務者가 相當時間이 經過하도록 이를 任意로 履行하지 아니할 때에 債權者는 그 合意를 根據로 所有權의 移轉을 請求할 수 있어야 할 것이고 그 合意가 이런 힘을 갖는 것은 그 合意의 拘束力 卽 그 合意가 債務者에게는 所有權을 移轉할 債務를 負擔시키고 債權者에게는 그 移轉을 請求할 債權을 갖게 하기 때문이 아닐까.[13)]

從來의 一般的 說明은 代物辨濟의 合意와 現實의 履行 間에 時間的 乖離가 있을 수 있음을 念頭에 두지 아니한 채 合意와 履行을 거의 同時的인 關係 내지 卽時 連結的인 關係로만 본 탓으로 그 合意의 獨自的 地位를 無視한 것은 혹시 아니었을까. 代物辨濟의 合意에 의하여 債權者와 債務者 間에 위와 같은 權利移轉에 관한 法律關係가 생긴다면 그것은 그 自體로서 하나의 獨立된 契約일 것이다. 다만 用語의 混亂을 避하기 위하여는 代物辨濟의 合意를 바로 代物辨濟契約이라고 부르는 것만은 避하는 것이 좋

13) 이렇게 되면 債權者는 本來의 債權과 代物給付에 관한 債權이라는 두 개의 債權을 갖고, 兩者는 選擇的 關係에 있으며 그 중 하나의 債權이 滿足되면 두 債權 모두 消滅되고, 한편 債務者 또한 두 개의 債務를 負擔하지만 그 중 하나의 債務를 債務者가 任意로 選擇하여, 또는 債權者의 要求에 應하여 現實로 履行한 때에는 두 債務 모두가 消滅된다고 할 것이다. 다만 「民事判例研究Ⅱ」 中 郭潤直, "代物辨濟의 要物契約性," p. 24는 代物辨濟合意의 拘束力을 原則으로는 否定한다.

을 것이다.[14)·15)]

이제 代物辨濟와 關聯되어 假登記를 할 수 있는 경우를 나누어 살펴본다.

(2) 代物辨濟合意

不動産所有權을 移轉키로 하는 代物辨濟合意를 하고도 債務者가 所有權移轉登記節次를 履行하지 않을 때는 債權者는 所有權移轉登記節次의 履行을 請求할 수 있음은 勿論이고, 假登記假處分의 方法으로 所有權移轉請求權을 假登記할 수도 있다. 이 假登記는 不動産登記法 第3條 前段의 假登記가 될 것이다. 이런 경우의 合意까지도 代物辨濟의 片務豫約이라고 보는 見解가 있으나[16)] 合意가 있으면 바

---

14) 大法院1972.5.23.宣告72다414判決은 "代物辨濟契約이 成立된 以上 이를 原因으로 하는 所有權移轉登記節次履行을 請求할 수 있다."고 하였고, 또 大法院1974.6.25.宣告73다1819判決은 "代物辨濟契約이 成立과 同時에 現實給與가 반드시 隨伴되어야 하는 것도 아니므로 이 事件 土地에 관하여 原判示와 같은 代物辨濟契約이 成立된 以上 아직 이에 隨伴한 所有權移轉登記가 原告 앞으로 이루어지지 아니하였다 할지라도 原告로서는 代物辨濟契約의 債權的 效力으로 被告에게 대하여 代物辨濟契約을 原因으로 하는 所有權移轉登記節次履行을 請求할 수 있다 할 것이니 所論은 代物辨濟契約의 成立과 代物辨濟의 效力發生을 混同한 데서 나온 것이다."라고 判示하였는바 이런 判示에 대하여는 "代物辨濟가 要物契約이 아닌 것처럼 說示한 것이 아닌가" 하는 疑問이나(「不動産去來의 諸問題」 中 이용훈, "代物辨濟豫約," p. 177) "移轉登記를 代物辨濟의 效力發生要件으로 본 것인데 이는 잘못이고 判示의 代物辨濟契約이라는 것은 代物辨濟의 片務豫約을 가리키는 것으로 새겨야 옳다."는 批判(郭潤直, 「債權總論」, p. 436)이 나온다. 그러나 위 判示 中의 "代物辨濟契約"을 本文에서 說明한 "代物辨濟合意"를 意味하는 것으로 理解하면 위 判決은 아주 當然한 것이고, 위에 본 批判은 代物辨濟合意에 該當하는 것을 위 判決이 代物辨濟契約이라고 指稱한 데서 생긴 混亂일 것이다.

15) 代物辨濟契約 自體와 代物辨濟合意라는 契約의 性質의 差異를 생각해 보면 前者는 履行이라는 問題가 남지 아니하므로 物權契約(現實給付에 의하여 物權變動이 생기는 경우) 또는 準物權契約(現實給付에 의하여 物權變動이 생기는 경우 以外의 경우)임에 反하여 後者는 目的인 現實給付를 할 債務를 發生시키는 債權契約이다.

16) 前註 14) 參照. 片務豫約이라고 보면 이에 基한 假登記는 不動産登記法 第

로 債權者와 債務者는 所有權을 移轉할 權利義務를 갖게 되는 점에서 이는 本契約인 것이고 債權者가 새로 請約의 意思表示를 해야 債務者가 비로소 承諾의 意思表示 및 所有權移轉節次를 밟을 義務를 負擔하는 그런 片務豫約關係는 아니라고 볼 여지도 있지 않을까 여겨진다.

아무튼 이 경우는 代物辨濟가 債務決濟手段으로 利用될 때에 관한 것이고 變則擔保로 利用될 경우에 관한 것은 아니므로 詳論은 略한다.

(3) 停止條件附 代物辨濟契約

普通 停止條件附 代物辨濟契約이라고 부르는 것도 嚴格히 이를 分析한다면 다음 두 가지 類型이 있을 수 있다. 하나는 辨濟期에 債務의 履行이 없으면 債務者所有의 特定不動産의 所有權이 當然히 債權者에게 移轉된다고 하는 것이고 다른 하나는 辨濟期에 債務의 履行이 없으면 特定不動産의 所有權을 債權者에게 移轉할 債務를 債務者가 負擔한다고 하는 것이다. 便宜上 前者를 當然移轉型, 後者를 債務負擔型이라고 一應 부르기로 한다.

먼저 當然移轉型에 관하여 보면 對抗要件主義(意思主義)를 取한 舊民法下에서는 이런 類型도 有效하다는 것이 通說·判例의 立場이었다. 形式主義를 取한 現行民法下에서는 어떤가? 當事者 사이의 特約에 의하여 登記 없이 不動産所有權이 當然히 移轉되는 것으로 하여도 第3者에 대한 關係에서는 勿論 當事者 사이에서도 物權變動은 일어나지 않는 것이므로 이런 類型은 現行法上 有效할 수 없을 것이다.[17] 換言하면 債務不履行이라는 停止條件이 成就되

3條 後段의 假登記가 될 것이다.

17) 郭潤直, 「債權總論」, p. 445.

어도 그것만으로는 所有權이 移轉되지 아니하므로 本來의 債務는 消滅되지 아니하고, 따라서 代物辨濟는 成立되지 않는 것이다.

둘째 類型 卽 債務負擔型은 어떤가. 債務不履行이라는 停止條件이 成就되면 債務者가 特定不動産의 所有權을 債權者에게 移轉할 債務를 負擔하기로 當事者 사이에 미리 契約하는 것은 얼마든지 可能하다. 앞에서 代物辨濟의 槪念을 整理할 때에 言及한 바와 같이 代物辨濟를 하기로 하는 當事者의 合意 卽 代物辨濟合意를 하나의 獨自的인 契約으로 認定할 수 있다면 그런 合意에 停止條件을 붙이는 것은 얼마든지 可能한 것이다. 當然移轉型의 停止條件附 代物辨濟契約이 現實의 代物給付를 包含하는 意味의 代物辨濟契約 自體에 停止條件을 附한 것임에 反하여 債務負擔型의 停止條件附 代物辨濟契約은 代物辨濟契約中 現實給付를 뺀 나머지 卽 代物辨濟合意에만 停止條件을 붙인 것이며 이런 意味에서는 債務負擔型은 停止條件附 代物辨濟契約이라고 부르는 것보다는 오히려 停止條件附"代物辨濟合意"라고 부르는 것이 보다 正確하고 또 混亂을 避하는 길이 된다고 생각한다. 當事者의 意思가 그 어느 類型에 屬하는 것인지는 勿論 契約解釋의 問題이나 그 어느 쪽인지 分明치 않은 때에는 債務負擔型으로 解釋하여 이를 有效하다고 함이 相當할 것이다. 그러나 停止條件附 代物辨濟를 當然移轉型의 것으로만 把握하여 이는 許容될 수 없는 것이고 다만 眞正한 代物辨濟의 豫約을 한 것으로 解釋될 수 있는 경우에만 有效하다고 보는 見解도 있다.[18]

아무튼 停止條件附 代物辨濟契約을 停止條件附 代物辨濟合意로 理解하여 이를 有效한 것으로 본다면 債權者는 그 契約締結時

18) 前註 17) 引用書 參照

에 所有權移轉請求權을 停止條件附로 取得하여 不動産登記法 第3條 後段의 假登記를 할 수 있을 것이나 이를 無效로 보는 立場에서는 假登記는 할 수 없는 것이 될 것은 勿論이다.

(4) 眞正한 代物辨濟豫約

契約의 內容이 當事者의 一方 또는 雙方이 特定物의 給付로써 代物辨濟할 수 있는 權能을 保留하는 경우이다. 이에는 다음 두 가지 類型이 있을 수 있다.

하나는 片務豫約型이고 다른 하나는 一方豫約型이다(雙務豫約型이나 雙方豫約型은 實際 去來界에서는 매우 드물 것이므로 따로 取扱하지 않는다).

片務豫約型은 當事者 一方(豫約權者)이 請約을 하면 相對方이 承諾할 債務를 負擔하는 것이고 一方豫約型은 豫約權者가 豫約完結의 意思表示를 하면 相對方의 承諾을 기다림이 없이 當然히 本契約이 締結되는 것임은 周知하는 바이지만 여기서 그 어느 경우이든 豫約에 對應하는 本契約을 所謂 現實給付를 包含하는 代物辨濟 自體라고 解釋하면 매우 困難한 問題가 提起된다. 왜냐하면 위와 같이 代物辨濟를 本契約이라고 한다면 豫約의 完結(一方的 意思表示에 의하든 또는 相對方의 承諾에 의해서든)이 있으면 바로 本契約인 代物辨濟가 成立되어야만 할 것인데, 代物辨濟는 現實의 給付 없이는 成立되지 않으므로 結局 豫約이 完結되어도 本契約인 代物辨濟가 成立되지 않는다는 矛盾에 빠지게 된다. 이런 難點을 解決하기 위하여 片務豫約의 相對方이 負擔하는 承諾義務는 單純히 承諾의 意思表示를 할 義務인 것이 아니고 豫約上의 權利를 移轉하는 義務까지를 包含하는 代物給付의 義務라고 하여야 되고

이렇게 보면 片務豫約인 代物辨濟의 豫約만이 許容될 수 있는 것이라는 見解도 나오게 된다.[19)]

그러나 豫約一般에 있어서는 豫約權者의 請約에 對應하는 相對方의 承諾義務라고 하는 것은 承諾의 意思表示를 할 義務뿐인 것이 原則이므로 위에 본 見解는 代物辨濟의 豫約이라는 特殊問題를 解決하기 위하여 原則을 벗어나서 承諾義務의 範圍를 擴張하는 것이 아닌가 하는 疑問이 있고 結局 이런 難點은 모두 豫約에 對應하는 本契約을 代物辨濟 自體라고 前提하는 데에 基因하는 것으로 보인다.

代物辨濟를 豫約하는 當事者의 意思는 普通으로는 豫約完結에 의하여 代物給付가 實現된 狀態(例컨대 所有權의 取得)까지에의 到達에 있는 것은 아니고 그 前段階 卽 代物辨濟에 관한 合意狀態에의 到達을 期하는 데 있다고 봄이 옳을 것이고 나아가 이런 代物辨濟合意도 앞에서 數次 言及한 바와 같이 獨自的인 本契約的 地位를 갖는 것이므로 代物辨濟의 豫約은 이를 現實의 代物給付까지를 包含하는 代物辨濟 自體의 豫約이 아니라 代物辨濟合意만의 豫約(普通은 그 一方豫約)이라고 봄이 當事者의 意思에도 合致하고 理論的인 難點도 피할 수 있는 길이라고 생각된다.[20)]

19) 郭潤直, 「債權總論」, p. 445-446.

20) 筆者는 代物辨濟合意와 代物辨濟 自體가 區別되어야 할 必要性을 여러 번 闡明하였거니와 그것이 區別되지 않음으로써 생기는 여러 混亂은 基本的으로 代物辨濟의 法律的 性質을 契約, 그것도 要物契約이라고 把握하는 데서 緣由한다고 느껴진다. 辨濟를 "合意된" 給付의 實現이라고 한다면 代物辨濟는 "合意된" "다른" 給付의 實現인 것이므로 兩者 共히 給付에 앞선 事前合意라는 것이 內在되므로 合意라는 것이 代物辨濟에만 特有한 것이 아닌 點, 合意와 給付가 債務履行이라는 關係로 서로 連結되는 것도 兩者가 同一하다는 點, 債務消滅이라는 效果는 合意만의 效果로 發生되는 것이 아니라 給付實現이라는 結果에 의하여 "債權이 滿足"되기 때문이라는 點(굳이 말한다면 代物給付의 實現에 의하여는 元來의 債務 및 代物給付를 할 債務의 2個 債務가 同時

眞正한 代物辨濟의 豫約을 代物辨濟合意에 관한 豫約이라고 볼 때 그 豫約이 完結되어 合意가 成立되면 債權者는 目的不動産의 所有權移轉請求權을 갖게 되고 이는 不動産登記法 第3條 後段의 "將來에 있어서 確定될 請求權"으로서 豫約完結 前에 미리 假登記할 수 있음은 더 以上 說明이 必要없을 것이다.

나. 賣買의 豫約

賣買豫約의 變則的 擔保機能 및 變則擔保로서의 性質이 代物辨濟豫約(正確히는 代物辨濟合意의 豫約)과 다를 것이 없는 點 等은 筆者가 따로 說明할 必要가 없다고 생각되고 이에 관하여는 다만 賣買豫約이 締結된 경우 將次 豫約完結로 債權者가 取得할 所有權移轉請求權도 不動産登記法 第3條 後段에 의한 假登記가 可能하다는 當然한 얘기를 한번 더 되풀이함으로써 充分할 것이다.

다. 讓渡擔保

狹義의 讓渡擔保로서 所有權移轉의 本登記까지 經了된 通常의 경우에 假登記는 問題될 것이 없다. 그러나 特別한 問題로서 다음 세 가지 경우를 檢討하여 볼 수 있다.

(1) 債務者가 하는 假登記

讓渡擔保로서 不動産所有權을 債權者에게 移轉하여 준 債務者는 後日 債務를 辨濟하면 그 所有權을 다시 自己에게 移轉하여

에 消滅되는 點이 다르다) 等에서 辨濟와 代物辨濟는 同一하고 다만 實現되는 給付의 內容이 다르다는 것만이 兩者의 差異인데 이는 兩者의 法律的 性質에 差異를 가져올 만한 要素는 못되는 것임에도 不拘하고 從來 거의 異論없이 辨濟는 事實行爲(또는 準法律行爲)라고 하면서도 代物辨濟는 要物契約이라고 달리 構成하는 데서 問題가 생긴 것이 아닌가 느껴진다.

줄 것을 請求할 수 있지만 그 移轉을 받기 前에 債權者가 그 不動産을 第3者에게 處分, 移轉하면 그 還取가 一旦은 不能으로 된다. 이런 경우에 對備하여 債務者는 假登記를 할 수 있을 것인가. 債務를 辨濟하기 前까지는 債務者는 所有權移轉請求權이 없는 것이지만 後日 債務를 辨濟한 때에는 그런 請求權을 갖게 되는 것이므로 債務辨濟를 停止條件으로 하는 所有權移轉請求權이 債務者에게 成立되어 있다고 보아야 할 것이고 따라서 不動産登記法 第3條 後段의 假登記가 可能하다고 하겠다.[21] 이런 假登記는 債權者가 取得하는 擔保라는 側面에서 볼 때에는 擔保와는 關係 없는 것이기는 하지만 한편 擔保를 提供한 債務者가 不當하게 이를 還收하지 못하는 일이 없도록 債務者를 保護할 수 있다는 점에서는 매우 重要한 機能을 할 수 있는 것이다.

經濟的 强者인 債權者가 假登記에 協力하는 일은 드물겠지만 債務者가 假登記假處分의 方法으로 債權者의 協力 없이 假登記할 수 있음을 생각하면 이런 假登記에 의한 債務者保護의 意義도 결코 적지 않을 것이다.

(2) 讓渡擔保合意

債權者와 債務者가 讓渡擔保로 債權者에게 所有權을 移轉하기로

21) 이것은 讓渡擔保를 信託的 讓渡로 보는 見解에 따를 때에만 可能하다. 왜냐하면 讓渡擔保가 信託的 讓渡라면 債務者의 還收請求權은 債權的 請求權이므로 假登記의 對象이 되지만 解除條件附 所有權移轉 또는 擔保權設定으로 본다면 그 還收請求權은 物權的 請求權이 되어 假登記의 對象이 되지 못하기 때문이다. 大法院1979.2.13.宣告78다2412判決은 "그 부동산의 등기명의가 양도담보권자 앞으로 되어 있다 할지라도 그 실질적 소유권은 양도담보설정자에게 남아 있다고 할 것이므로 피담보채무가 변제된 이후에 설정자가 행사하는 등기청구권은 위 실질적 소유권에 기한 물권적 청구권으로서 따로이 시효소멸되는 것은 아니다."라고 判示하였는바 이에 의하면 假登記는 할 수 없게 된다.

合意하였으나 債務者가 所有權移轉의 節次를 밟지 않는 경우를 想定할 때 그 讓渡擔保合意도 이를 單純한 豫約으로 볼 것은 아니고 (讓渡擔保의 豫約이 있을 수 있음은 別論이다) 앞에서 代物辨濟合意에 관하여 본 것처럼 이것도 하나의 獨自的인 契約의 性質을 갖는 것으로 볼 것이고 따라서 이에 基한 所有權移轉의 本登記를 하기 前에 이에 基한 所有權移轉請求權保全의 假登記를 할 수 있음은 當然할 것이다.

(3) 讓渡擔保의 豫約

위에서 본 讓渡擔保合意에 관한 豫約이라는 意味에서의 讓渡擔保豫約이 可能함은 勿論이고 이런 豫約에 基한 假登記가 可能함 또한 勿論이다.[22)]

라. 再賣買의 豫約

再賣買를 豫約한 債務者의 立場에서도 將次 갖게 될 所有權移轉請求權을 假登記할 수 있다는 것 및 그런 假登記가 갖게 될 意義 等은 讓渡擔保의 경우와 같다.

마. 還　買

경우를 나누어 본다.

---

22) 豫約完結만으로 所有權移轉까지 當然히 發生케 하는 意味의 豫約이 許容될 수 없음(不動産에 관하여)은 代物辨濟豫約에서 본 바와 같은 것이고, 그렇다고 하여 讓渡擔保의 豫約을 片務豫約으로 굳이 새겨야 할 必要가 없지 않나 느껴지는 點 또한 그 곳에서 본 바와 마찬가지일 것이다.

(1) 還買權取得과 假登記

還買特約에 의하여 還買權을 取得한 경우에는 還買의 特約을 不動産登記法 第43條에 의하여 登記할 수 있으므로 還買權의 假登記라는 問題는 생기지 않는다.

(2) 還買登記에 갈음한 假登記

還買의 性質을 再賣買의 豫約으로 본다면 前述한 再賣買의 豫約에서 본 것처럼 將次 還買代金을 提供하면 取得하게 될 所有權移轉請求權을 假登記함으로써도 債務者는 自己의 權利를 保全할 수 있을 것이다. 그러나 還買의 性質을 解除權留保附賣買로 보는 多數說의 見解를 따른다면 債務者가 갖게 될 移轉請求權은 物權的 請求權이므로 이를 假登記할 수 없다고 하게 될 것이다.

(3) 還買權讓渡와 假登記

還買權의 讓渡는 있었으나 讓渡人이 印鑑證明을 해주지 않는 等 그 登記節次에 協力을 하지 않거나 還買權의 讓渡가 始期附, 停止條件附인 때 또는 還買權讓渡의 豫約에 不過한 때에는 讓受人은 附記登記인 假登記로써 還買權移轉請求權을 保全할 수 있을 것이다.[23]

3. 結　　論

가. 變則擔保의 立場에서

變則擔保의 債權者立場에서 볼 때에 債權者에게 所有權이 移

23) 郭潤直, 「不動産登記法」, p. 212; 鄭址炯, 「不動産去來의 諸問題」 中 "假登記," p. 263; 前揭 拙稿, p. 20.

轉되는 形態를 取하는 讓渡擔保, 還買, 再賣買의 豫約에 있어서는 假登記는 債權者를 위하여는 無用의 것이다. 그러나 所有權이 債權者에게 移轉되지 않는 形態 卽 代物辨濟의 豫約, 賣買의 豫約 및 讓渡擔保의 豫約에 있어서는 假登記는 債權者를 위하여 決定的 重要性을 갖는다. 代物辨濟를 豫約하였으나 假登記를 하지 않았다고 하는 경우에는 債務者가 目的不動産을 第3者에게 處分하여 버리면 債權者는 그 第3者에 대하여 아무런 權利도 主張할 수 없는 關係로 債權者는 擔保를 喪失하게 됨에 反하여 假登記를 經了한 債權者는 비록 目的物이 第3者에게 處分되어도 後에 本登記를 하면 그 第3者에게 優先하는 結果로 그 擔保를 確保할 수 있기 때문이다.

視角을 달리하여 變則擔保의 債務者 立場에서 볼 때에는 어떤가. 所有權이 債權者에게 移轉되지 않는 形態의 것에서는 假登記는 債務者를 위하여는 無用의 것이다. 그러나 所有權이 債權者에게 移轉되는 形態下에서는 假登記가 債務者를 위하여 매우 重要한 意味를 가질 수 있다. 讓渡擔保提供者가 後日 債務辨濟時에 取得할 所有權移轉請求權을 미리 假登記하면 債務者의 地位는 安全하게 保護되고 그 結果로 安心하고 擔保를 提供할 수 있기 때문이다.[24]

結局 假登記는 所有權이 移轉되지 않는 形態 卽 代物辨濟의 豫約, 賣買豫約, 讓渡擔保의 豫約 等에 있어서는 債權者를 위하여 意味가 있고 反對로 所有權이 移轉되는 形態 卽 讓渡擔保, 再賣買의 豫約, 還買 等에 있어서는 債務者를 위하여 意味 있는 制度로 作用한다.

지금까지 假登記는 主로 債權者를 위한 制度로서 利用되고

24) 前述 二. 2. 다. (1) 라. 및 마. (2) 參照

또 論議되었다. 그러나 苛酷한 債權者으로부터 軟弱한 債務者를 適切히 保護할 必要性이 特히 强調되는 變則擔保에 있어서는 앞으로 債務者에 의한 假登記利用의 側面도 充分히 考慮되고 硏究되어야 할 것이다.

나. 假登記 自體의 立場에서

假登記 自體의 立場에서 볼 때에 假登記의 原因이 變則擔保이든 또는 그 밖의 경우이든 아무런 差異가 없음이 위에서 檢討한 바에 의하여 分明하다. 換言하면 變則擔保를 原因으로 한 假登記에 있어서도 그 假登記를 할 수 있는 法律關係가 現在 또는 將來에 있어서 一定한 物權變動의 請求權을 發生시키는 法律關係인 것은 一般의 假登記에 있어서와 전혀 同一하다. 이것은 結局 假登記原因으로서 變則擔保契約이 問題될 때에는 그 擔保契約 中 不動産에 관한 所有權移轉請求權을 發生케 하는 部分만이 假登記原因으로 把握되는 것이고 그 밖의 部分 卽 債權擔保에 관한 部分은 完全히 捨象되어 버림을 말한다. 그 結果로 債務者가 누구이며 被擔保債務가 어떤 것인지 等은 전혀 登記簿에 反映되지 아니한다. 變則擔保가 現在의 慣行처럼 賣買豫約의 形式을 取할 때에는 假登記와 擔保의 關聯을 推知케 하는 外形마저 없게 된다.

이런 것은 當然한 얘기에 속하지만 變則擔保 特히 所謂 假登記擔保를 論議하는 過程에서 자칫 假登記 自體와 擔保 間에 某種의 法律的 關聯이 있는 것이 아닌가 하는 疑問을 가질 수 있으므로 假登記 自體와 擔保와는 法律的인 關聯이 없는 것임을 確認하는 데 그런 대로 意味가 있을 것이다.

三. 假登記된 權利의 法律的 性質

1. 一 般 論

가. 假登記의 順位保全的 效力

不動産登記法 第6條 第2項은 "假登記를 한 경우에는 本登記의 順位는 假登記의 順位에 의한다."라고 規定하여 假登記에는 後日 經了될 本登記를 위하여 順位를 保全하는 效力이 있다고 認定되고 普通 이를 順位保全의 效力 또는 順位保存의 效力이라고 부른다.

假登記는 그 自體로서는 物權變動을 일으키는 效力이 없음은 勿論이고 假登記義務者의 處分을 制限하는 效力을 갖는 것도 아니므로 例컨대 甲所有 不動産에 乙名義로 所有權移轉請求權保全의 假登記가 되어 있다 하여도 甲은 第3者인 丙에게 所有權을 讓渡하거나 丙을 위하여 抵當權 等의 制限物權을 設定하는 處分行爲를 할 수 있고 또 그와 같은 處分行爲에 따른 登記를 할 수도 있다. 그러나 甲이 그런 處分行爲를 하고 丙名義로 登記까지 하였다 하더라도 乙이 그 以前의 假登記에 基하여 本登記를 하면 假登記의 順位保全의 效力에 의하여, 換言하면 乙의 本登記가 假登記時에 이루어진 것으로서의 順位를 갖는 結果로 乙의 本登記는 丙의 登記에 優先함으로써 丙의 所有權取得 또는 制限物權의 取得은 乙에 대한 關係에서 그 效力을 喪失하게 된다. 또한 甲所有 不動産 위에 乙名義로 抵當權設定請求權保全의 假登記가 經了된 뒤에 丙名義의 抵當權設定登記가 된 경우 乙이 本登記를 하면

乙의 本登記는 丙의 登記보다 優先하는 關係로 丙의 抵當權은 乙의 그것보다 後順位가 된다. 이와 같이 假登記에 基하여 本登記가 이루어지면 本登記를 한 權利는 假登記 後 그 本登記 前에 이루어진 다른 一切의 權利보다 優先하는 結果, 中間處分 卽 假登記 後 그 本登記 前의 處分에 의하여 생긴 權利 中 本登記된 權利와 抵觸되는 것은 모두 그 效力을 喪失하고 本登記된 權利와 倂存이 可能한 것은 모두 그 後順位로 된다. 이것이 順位保全의 效力에 관한 一般的 說明으로서 이런 說明에 대하여는 전혀 異論이 없었다.

이런 說明에 있어 注意해야 될 점을 더 敷衍하면 다음과 같다.

(1) 不動産登記法 第3條 前段의 假登記와 그 後段의 假登記 모두가 위 順位保全의 效力이 있다. 差異를 둘 理由가 없기 때문이다.

(2) 中間處分에 優越할 수 있는 것은 假登記에 基하여 本登記가 이루어진 경우에 限한다. 偶然히 假登記權利者와 義務者 사이에 別個의 原因에 基하여 本登記가 이루어져도 그 登記의 順位는 假登記의 順位에 의할 수 없다.[25)]

(3) 中間處分의 無效는 絕對的 無效가 아니라 假登記權利者에 대한 關係에서만, 그리고 假登記된 權利와 抵觸되는 範圍內에서만 相對的으로 無效이다.

(4) 中間處分의 無效는 假登記에 基한 本登記가 經了된 때에 無效로 된다는 意味에서 停止條件附無效이다.

(5) 中間處分의 無效는 本登記에 의한 物權變動의 效力이 假登記當時로 遡及된다는 日本判例의 立場을 따른다면 假登記當時로 無效도 遡及된다고 할 것이나 物權變動의 效力이 遡及되지 않

25) 日大判昭8.3.28.民集12卷p. 376.

는다고 하는 通說이나 우리 大法院判例[26]의 立場에서는 그 無效가 遡及되지 않는다.

나. 順位保全效力의 實體法的 根據 내지 理論的 根據

假登記에 基하여 本登記가 經了되면 中間處分은 앞에서 본 것처럼 效力을 喪失하는바 이런 中間處分의 失效는 實體法的으로 어떻게 說明할 수 있는 것인가. 從來의 說明은 다음 두 가지로 나누어 볼 수 있다.

(1) 對抗力 遡及說

假登記에 基한 本登記의 效力 卽 本登記의 對抗力이 假登記 當時(1號 假登記의 경우) 또는 請求權實現時(2號 假登記의 경우)까지 遡及되기 때문이라는 見解이다. 이는 日本判例의 立場인바[27] 物權變動에 관한 成立要件主義(形式主義)를 取하는 우리 民法下에서도 위의 "對抗力"이란 말을 "物權變動의 效力"이란 말로 바꾸어 놓으면 그대로 主張이 可能한 見解이다.

그러나 이 見解에는 다음과 같은 難點이 있다. 첫째, 本登記의 對抗力(또는 物權變動의 效力)이 遡及된다고 解釋할 만한 實定法的 根據가 없다. 不動産登記法 第6條 第2項은 "假登記의 順位는 本登記의 順位에 의한다."고 規定할 뿐인데 이것만 가지고는 本登記의 效力이 遡及되는 것으로 解釋하기 어려운 바이고 그 밖에 달리 本登記의 效力이 遡及된다고 볼 만한 아무런 法規定이 없기 때문이다. 둘째로 對抗力이 遡及한다고 하면 假登記 後 그 本登記

26) 大法院1981.5.26.宣告80다3117判決
27) 이 점에 관한 日本判例立場의 要約에 관하여는 前揭 拙稿, p. 46 以下 및 拙稿, "假登記의 效力"(司法論集 第4卷), p. 179 以下 參照

前에 假登記義務者가 第3者와의 사이에 한 中間處分은 假登記에 基한 本登記가 經了될 때에는 그 對抗力이 假登記當時로 遡及하므로 假登記義務者는 遡及하여 處分權을 잃게 되고 그 結果 中間處分은 處分權 없이 이루어진 當然無效의 行爲가 되고 마는바 이것은 假登記의 存在가 假登記義務者의 權限行使를 制限하지 않는다고 하는 것과 矛盾되어 不當하다. 셋째로 例컨대 甲所有 不動産에 乙이 所有權移轉請求權保全의 假登記를 한 뒤 丙이 所有權移轉登記를 하고 이를 丁에게 賃貸中에 乙이 本登記를 하였다고 하는 경우에 이 見解에 의하면 乙은 假登記當時 이미 所有權을 取得한 것으로 丙에게 主張할 수 있는 結果 丙은 乙의 本登記 前에 있어서도 實質上 無權利者인 것으로 되므로 乙의 本登記 前에 丙이 丁으로부터 取得한 借賃을 實質上의 所有者인 乙에게 不當利得으로서 返還하지 않으면 안 된다. 이것은 假登記에 그 制度 本來의 目的을 벗어난 過度한 效力을 認定하는 것으로 不當한 것임은 勿論이다.[28)]

(2) 順位遡及說

本登記의 效力은 假登記當時로 遡及되지 않고 단지 本登記의 順位만이 假登記의 順位로 遡及하고 그 結果 假登記權利者의 本登記順位가 中間處分에 의하여 權利를 取得한 第3者의 登記順位보다 先順位가 되므로 假登記權利者의 本登記가 第3者의 登記보다 優先하게 되고 이로 인하여 中間處分이 失效하는 일이 생긴다

28) 이 說의 立場에 있는 日本判例도 本登記의 效力은 遡及된다고 하면서도 本文과 같은 경우에 不當利得返還請求는 다른 理由를 붙여 認定하지 않고 있음이 注目된다(日大判昭12.2.26.民集16卷p. 184). 한편 前註 26) 引用의 우리 大法院判決은 對抗力不遡及說의 立場에서 위와 같은 경우의 不當利得返還請求를 認定하지 않는 結論에 이를 것임을 明白히 示唆한다.

는 見解이다. 우리나라 및 日本의 通說과 우리 大法院判例가 取하는 見解이다.

이 說은 不動産登記法 第6條 第2項을 根據로 하며 同規定을 實體法的 規定이라고 理解한다. 그러나 不動産登記法 第6條 第2項은 假登記權利者의 本登記順位는 假登記의 順位에 의한다고만 規定할 뿐이지 中間處分이 失效된다고는 規定하고 있지 않다. 위 規定은 假登記權利者의 本登記가 그보다 먼저 이루어진 中間處分에 의한 第3者의 本登記보다 先順位가 되어 優先的 地位를 갖는다는 規定일 뿐 假登記權利者의 本登記가 先順位가 되어야만 할 理由 卽 中間處分의 失效에 대하여는 전혀 規定하고 있지 않는 것이다. 換言하면 假登記權利者의 本登記가 經了되면 實體法的으로 中間處分이 失效되어야만 假登記權利者의 本登記가 先順位로 될 수 있는 것이므로 먼저 中間處分의 失效를 實體法的으로 規定하고 그 結果로 假登記權利者의 本登記가 優先하는 모습을 登記簿에 反映시키는 하나의 技術的 方法으로 "假登記權利者의 本登記의 順位는 假登記의 順位에 의한다."는 規定이 可能해지는 것이다. 이렇게 보면 不動産登記法 第6條 第2項은 實體法的 規定이 아닌 것이며 그 條項이 規定하는 順位保全의 效力이라는 것은 中間處分의 失效의 結果이지 反對로 中間處分의 失效가 順位保全效力의 結果인 것은 아니다.

結局 順位遡及說은 順位가 保全되는 實體法的 根據를 說明하지 못하는 것이다. 이 說에 의하면 中間處分의 失效는 假登記된 權利의 實體的 內容에 따른 論理的 結果라고 하기보다는 法의 技術的인 順位造作에 의하여 權利의 失效를 强要하는 것이 되어 理論的 基礎에 있어 空虛함을 免할 수 없다. 日本判例가 여러 難點이 있음에도 不拘하

고 始終 本登記의 對抗力이 遡及한다는 理論構成을 取한 背後에는 위에서 指摘한 바와 같은 理論的 空白을 메우기 위한 努力이 있었던 것임을 짐작하게 된다.[29)]

中間處分의 失效를 實體法的으로 說明할 수 없다면, 假登記에 의한 順位保全이라는 것은 약간 과장하여 말한다면 "順位保全"이 아니라 "順位簒奪"이라고 하여야 適切할 것이다.

다. 새로운 視角에서

위에서 본 바에 의하면 假登記의 順位保全效力은 무엇인가 알맹이가 빠져 있는 듯한 느낌을 받게 된다. 이와 관련하여 郭潤直 教授께서는 다른 角度에서 問題點을 鮮明하게 指摘하고 계시므로 이를 便宜上 여기에 轉載한다.

"本登記 前의 假登記의 效力에 관하여 舊法時代의 通說은 다음과 같이 說明한다. … 本登記가 없는 限 假登記 그것만으로는 아무런 實體法上의 效力도 생기지 않는다. …同 理論에 의하면 假登記 자체는 아무런 實體法的 效力이 없고 따라서 乙(假登記權利者)의 假登記가 있은 後에도 甲(登記名義人인 假登記義務者)은 얼마든지 處分할 수 있다고 한다. 다만 후에 乙이 그의 假登記에 基하여 本登記를 할 때 그 節次를 어떻게 하느냐에 관하여 判例는 特殊理論을 展開하고 있고 舊法時代에는 3說이 對立하고 있었음은 既述하였다. 그런데 이들 判例理論 또는 3說은 어느 說이나 모두 丙(中間處分에 의한 第3取得者)의 本登記 후에 乙이 그의 假登記에 基한 本登記를 할 수 있다는 것을 前提로 하고 있는 점은 같다. 그러나 丙의 所有權取得이 完全히 有效한 것이라면 그럼에도 不拘

29) 前揭 拙稿, p. 52 參照

하고 乙이 本登記를 해서 그도 또한 有效하게 所有權을 取得하게 될 까닭이 없다. 이 점은 判例理論 또는 3說 중의 어느 것에 있어서나 같은 말을 할 수 있다. 그렇다면 어느 說에 의하든 乙은 甲에게 그의 本登記의 申請에 協力할 것을 請求하거나 또는 그 前提로서 丙에 대하여 그 本登記의 抹消를 請求할 수는 없다고 하여야 한다. 그렇다면 假登記制度는 그 存在意義를 잃게 될 것이다. 假登記를 制度로서 意義 있게 하려면 乙은 甲에게 乙의 本登記의 申請에 協力할 것을 請求할 수 있거나 또는 丙에 대하여 丙의 本登記의 抹消를 請求할 수 있다고 하여야 한다. 乙이 甲이나 丙에 대하여 그러한 協力을 請求할 수 있다고 하려면 乙의 假登記는 假登記인 채로 어떤 實體法的 效力이 있다고 하여야 할 것이다. 不動産登記法 第3條는 假登記는 物權變動을 일어나게 하는 「請求權을 保全하려 할 때」 이를 한다고 規定한다. 「保全」이란 「安全하게 保護하고 지킨다」는 뜻이다. 따라서 假登記를 함으로써 그 假登記된 請求權은 安全하게 지켜져야만 하는데 具體的으로 그 保全의 內容이 무엇이냐에 관하여 不動産登記法은 沈默을 지키고 있고 旣述한 通說이나 判例는 假登記된 상태로는 아무런 效力도 없다고 함으로써 오히려 「保全」에 外面하고 있다. 그러면서도 通說이나 判例는 우리의 事例에서 乙은 丙의 本登記 후에도 그의(즉 乙의) 本登記를 할 수 있다고 한다. 이러한 解釋이 可能하려면 假登記는 假登記인 채로 어떤 效力이 있다고 하여야 한다. 그 效力이란 무엇인가? … 그 效力이란 獨逸民法 第883條 第Ⅱ項이 규정하는 것처럼 「假登記 後에 그 不動産이나 權利에 관하여 한 處分은 請求權(假登記된)을 侵害하는 限度에서 效力이 없다」. 즉 相對的으로 無效라고 하는 것이라고 생각한다. 그리고 이 效力

을 나는「請求權保全의 效力」이라고 부르자는 것이다(以上은 同教授,「物權法」, p. 183 以下에서 轉載).

"눈을 돌이켜 日本法을 본다면 物權變動의 請求權을「保全하려 할 때」에 假登記를 할 수 있다고 하면서 實은 保全에 相應하는 效力은 이를 認定하지 않는 矛盾에 찬 制度를 둔 셈이다. 그래서는 假登記制度를 둔 意味가 없게 되기 때문에 通說은 假登記權利者는 中間處分이 있은 후에도 그의 假登記를 바탕으로 해서 本登記를 할 수 있다고 解釋하는 것이다. 이러한 解釋은 결국 假登記를 한 경우에 그 假登記된 請求權을 害하는 中間處分은 效力이 없다는 것과 다름이 없다. 그러면서도 日本의 通說은 假登記인 채로는 아무런 實體法的 效力도 없다고 한다. 이 얼마나 앞뒤가 맞지 않는 解釋인가! 이러한 어려움을 겪게 된 根本理由는 두 말할 것 없이 立法의 不備이다. 獨逸民法 第883條를 가져오면서 同條 第Ⅱ項을 無視한 결과인 것이다. 日本法을 그대로 가져온 우리의 不動產登記法도 결국 같은 過誤를 犯하고 있는 것이다. 假登記에 請求權保全의 實效를 거둘 수 있도록 하고 論理가 一貫되는 解釋을 可能하게 하려면 불가불 獨逸民法 第883條 第Ⅱ項에 상당하는 規定을 두어야만 한다. 여기서 나는 다음과 같은 提案을 하고 싶다. 즉 現行 不動產登記法 第３條의 規定을 第Ⅰ項으로 하고, 第Ⅱ項으로서 獨逸民法 第883條 第Ⅱ項 前段을 新設하여야 한다. 이 條項을 新設하게 되면 假登記 후의 中間處分은 假登記된 請求權을 侵害하는 限度에서 相對的으로 無效가 되고 이 效力이 곧 假登記의 本登記 以前의 效力 내지 請求權保全的 效力이 된다."(以上은 1981년도에 발간된 서울大學校 法學 第22卷 1號 同 教授,「假登記制度」, p. 32-33에서 轉載).

"…假登記는 假登記인 채로 어떤 實體法的 效力이 있다고 하여야만 할 것이다. 假登記에 그러한 效力을 인정할 根據가 現行法上 있는가. 나는 아직 찾지 못하고 있다"(上同, p. 31에서 轉載).

結局 獨逸民法 第883條 第Ⅱ項[30]과 같은 假登記에 관한 實體法的 規定의 不備로 因하여 假登記의 順位保全的 效力의 根據가 되는 假登記의 實體法的 性質이 從來 糾明되지 못했던 것이고 이것은 말을 바꾸면 假登記된 權利의 法律的 性質이 어떤 것인지의 把握을 거의 試圖할 수 없는 것으로 만들었다.

勿論 獨逸民法 第883條 第Ⅱ項과 같은 規定을 新設한다면 問題는 解決되겠지만 그런 立法 없이도 民法의 다른 規定에서 假登記의 實體法的 根據를 찾을 수 있는 것이 아닌가 하는 觀點에서 筆者는 假登記된 權利를 條件附物權으로 構成해 보는 試圖를 해 보고자 한다.

---

30) 參考로 獨逸民法 第883條 및 第888條를 옮겨 보면 다음과 같다.

第883條[假登記의 本質과 效力]

(1) 不動産物權이나 不動産에 設定된 權利 위의 權利의 讓渡나 消滅의 請求權 또는 그러한 權利의 內容이나 順位의 變更의 請求權을 保全하기 위하여 不動産登記簿에 假登記할 수 있다. 假登記는 將來의 請求權 또는 條件附請求權의 保全을 위하여서도 이를 할 수 있다.

(2) 假登記 후에 그 不動産이나 權利에 관하여 한 處分은 請求權을 侵害하는 限度에서 效力이 없다. 强制執行이나 假押留에 의한 處分 또는 破産管財人에 의한 處分에 관하여서도 또한 같다.

(3) 請求權이 權利의 讓渡에 관한 것인 때에는 그 權利의 順位는 假登記의 順位에 의하여 이를 定한다.

第888條[假登記權利者의 請求權]

(1) 登記한 權利 또는 그 權利上의 權利의 取得이 假登記로 利益을 얻게 될 者에 대하여 效力이 없는 경우에는 假登記로 保全된 請求權의 實行에 필요한 登記나 登記의 抹消를 위하여 取得者에 대하여 그 同意를 要求할 수 있다.

(2) 請求權이 讓渡禁止에 의하여 保全된 때에도 또한 같다.

2. 條件附物權

가. 條件附物權의 可能與否

甲所有 不動産을 乙이 停止條件附로 買受한 경우 物權變動에 관하여 對抗要件主義(意思主義)를 取한 舊民法下에서는 乙은 停止條件附物權을 取得한다고 말할 수 있고 그 條件의 成否未定中에 甲이 第3者인 丙에게 한 中間處分은 條件附權利의 侵害로서 無效이고(甲과 乙의 사이에서), 乙이 그 無效를 丙에게 對抗할 수 있는 與否는 乙이 假登記를 하였는지 與否에 의하여 판가름되는 것으로 說明한다.[31)]

物權變動에 관하여 成立要件主義(形式主義)를 擇한 新民法下에서는 위 事例의 경우 停止條件이 成就되어도 乙은 所有權移轉請求權을 가짐에 不過하여 條件附物權을 갖는다고 할 수는 없다. 그렇다고 하여 乙이 自己앞으로 바로 所有權移轉登記를 하면서 停止條件을 함께 登記함으로써 그 條件이 成就되면 새로운 登記 없이 바로 確定的으로 所有權을 取得한다는 意味의 條件附物權을 取得하는 形態도 있을 수가 없다. 왜냐하면 登記에 의한 所有權變動은 그 때 卽時로 確定的으로 發生하여야 되는 것이고 不動産登記法上으로도 이런 停止條件特約의 登記는 許容되지 않기 때문이다(同法 第43條 參照).

다음 解除條件의 경우를 생각하여 보면 甲이 乙에게 解除條件附로 不動産을 賣渡한 경우 解除條件이 成就되면 所有權은 當然히 甲에게 復歸되고 第3者와의 關係는 假登記에 의한 對抗要件의

31) 日本 注釋民法(4), p. 340.

問題로 解決된다는 것이 舊民法下에서의 說明이므로[32] 이 경우에는 解除條件附物權이라는 것을 생각할 수 있으나 新民法의 경우에는 解除條件의 成就로 所有權이 當然히 甲에게 復歸하는 것이 아니라는 解釋에 따르면 甲이 解除條件附物權을 갖는다고 말할 수는 없다.

이렇게 보면 우리 民法下에서는 條件附物權이라는 것은 생각할 수 없게 된다.

條件附物權이 可能하여지려면 登記 自體가 條件이 될 수 있어야만 된다. 그러나 物權變動에 있어서의 登記는 物權變動의 成立要件(또는 效力發生要件)이므로 이를 法定條件이라고 부르는 수는 있으나 眞正한 意味의 條件이 아님은 分明하다. 또한 前述한 事例에서 乙이 갖는 所有權移轉請求權을 債權이라고 把握하는 外에 特別히 이를 將次 登記를 갖추면 物權이 된다는 뜻으로 條件附物權이라고 把握해야 할 必要性도 一般的으로는 存在하지 않는다.

그러나 特別한 경우로서 乙의 所有權移轉請求權을 단순한 債權이 아니라 將次 經了될 登記를 條件으로 하는 條件附物權[33]으로 把握할 수 있는 경우가 있다고 생각되며 바로 그 경우가 假登記의 경우라고 생각한다.

나. 假登記된 權利의 性質(條件附物權)

(1) 乙이 甲으로부터 不動産을 買受한 경우 乙의 權利는 아직 債權에 不過하고 乙이 所有權移轉登記를 經了하면 그 때 乙의 權

32) 日本 注釋民法(4), p. 329.

33) 條件附權利라고 할 때에 이것이 條件의 成就에 의하여 생길 將來의 權利를 가리키는 수도 있고 또는 條件의 成否未定中에 當事者가 갖는 現在의 權利(期待權)를 가리키는 수도 있는바, 本稿에서는 後者의 意味로 이를 使用한다.

利는 物權이 된다. 乙이 登記를 하기 전에도 乙은 將次 登記를 하면 物權을 取得한다는 期待 내지 希望을 가지게 됨은 勿論이나 이런 期待 내지 希望은 事實上의 것에 不過하고 乙의 權利는 債權에 지나지 않는다. 따라서 甲은 丙에게 同一不動産을 二重으로 賣渡할 수 있고 丙이 그 登記를 마치면 丙은 確定的으로 所有權을 取得하고 乙은 自己의 債權만으로서는 이를 沮止할 수 없다. 乙은 債務者인 甲에 대하여 損害賠償을 請求할 수 있으나 乙의 事實上의 期待 卽 將次 登記를 하면 所有權을 取得하게 될 可能性의 侵害에 대하여는 法的 救濟가 不可能하다. 이 경우 乙이 假登記를 하면 그 후 丙이 所有權移轉登記를 하여도 乙은 假登記에 기한 本登記를 하여 所有權을 取得할 수 있으므로 乙은 甲에 대하여 債務不履行 等을 理由로 損害賠償請求를 할 수 없다. 結果的으로 乙의 債權(所有權移轉請求權)은 假登記를 하기 전에는 債權으로서 保護되던 것이 假登記를 한 뒤에는 역시 債權이면서도 債權으로서의 法的 保護(勿論 侵害에 대한)를 받을 必要가 없게 되고 또 받을 수도 없게 된다. 한편 방향을 바꾸어 보면 乙이 假登記에 基한 本登記를 하면 이와 抵觸되는 甲의 旣往의 處分行爲는 效力을 잃게 되는바 이런 效力은 債權으로서는 가질 수 없는 것이다.

兩立할 수 없는 다른 處分行爲를 無效로 하는 排他性은 物權만이 갖기 때문이다. 이처럼 債權이 假登記를 거치면 그 假登記後 本登記 前의 다른 處分行爲를 失效시키는 物權的 效力[34]이 있

34) 獨逸法上 假登記(Vormerkung)의 物權的 效力(Vollwirkung)이라고 불리는 것은 다음과 같은 것이라고 한다. "(1) 相續人은 이른바 限定承認을 함으로써 被相續人의 債務에 대하여 그가 相續으로 취득할 財産의 限度에서 責任을 지는 것으로 할 수 있다(第1975條 以下 참조). 그러나 被相續人에 대한 請求權이 假登記에 의하여 保全된 경우에는 相續人은 限定承認을 理由로 그의 責任의 限定을 主張하지 못한다(第884條). 즉 相續人은 限定承認을 했더라도 그

게 된다. 그러나 이런 物權的 效力은 假登記 自體만으로는 發生되지 않고 뒤에 本登記를 經了한 때에 비로소 發生되므로 假登記된 權利가 바로 物權이 되는 것은 아니다. 假登記된 權利는 債權보다는 强하고 物權보다는 弱한 立場에 선다.

따라서 物權變動請求權이 假登記라는 옷을 걸치면 假登記權利者는 將次 本登記를 經了하면 物權을 取得한다는 確實한 期待를 갖게 되고 이러한 期待는 單純한 事實上의 期待가 아니라 將次 그 期待가 實現된 때에는 그 期待를 侵害한 다른 處分行爲를 無效로 한다는 强한 法律的 保護를 받게 되는 점에서 이를 期待權이라고 할 수 있으며 이 期待權은 그 期待되는 權利가 物權이고 그 期待는 本登記經了에 의하여 成就되는 점에서 本登記經了를 停止條件으로 하는 停止條件附物權이라고 할 수 있다.[35)]

이것은 요컨대 債權에 不過한 所有權移轉請求權이라도 이것이 假登記된 때에는 中間處分을 失效시키는 힘을 가져야 비로소 假登記라는 制度가 쓸모 있게 되는 것인데, 中間處分을 失效化하는 그런 實體法的 힘은 어디서 나오는가? 그것은 債權이 假登記를 거치면서 條件附物權이 됨으로써 그런 힘을 갖게 된다는 것이다. 왜냐하면 條

假登記로 保全된 請求權을 履行하여야 한다. (2) 假登記義務者가 破産한 경우에도 假登記로 保全된 請求權은 物權과 같은 效力이 있다. 즉 破産開始에 불구하고 假登記를 한 債權者는 破産管財人에 대하여 請求權의 履行을 請求할 수 있다(破産法 第24條)." — 以上은 서울大學校 法學 第22卷 1號中 郭潤直, "假登記制度", p. 8에서 轉載함. 獨逸民法 第884條와 같은 明文이 없는 우리의 경우에도 限定承認에 관하여 解釋上 같은 結論을 내릴 수 있고(日本 最判昭31.6.28.民集10卷6號p. 754도 同旨임), 破産의 경우에 관하여도 우리 破産法 第46條 第 1 項의 解釋上 같은 結論을 내릴 수 있을 것이다(日大判大15.6.29.民集5卷p. 607도 同旨임). 詳細는 前揭 拙稿, p. 60-61 參照. 中間處分을 失效시키는 힘 또는 中間處分에 의하여 영향을 받지 않는 힘을 本文에서와 같이 物權的 效力이라고 한다면 叙上의 Vollwirkung 같은 것도 이에 包含될 것이다.

35) 前揭 拙稿, p. 53 參照

件附權利는 中間處分을 失效시키는 힘이 있고 그 失效의 範圍는 假登記에서 要求되는 失效의 範圍와 一致되기 때문이다. 卽 民法 第148條는 條件附權利의 當事者는 條件의 成否가 未定인 동안에 條件의 成就로 인하여 생길 相對方의 利益을 害하지 못한다고 規定하고 그 解釋上 條件附權利의 義務者는 條件成否 未定中에도 條件附權利를 侵害할 다른 處分行爲를 해서는 안 될 義務가 있지만 그 義務에 違背하여 다른 處分行爲를 한 경우에 그 處分行爲는 有效하고 다만 條件成就時에 그 中間處分은 條件附權利의 當事者間에 그리고 條件이 對抗力을 갖춘 때에는 條件附權利者와 中間處分에 의한 第3者 間에서도 無效이고(相對的 無效), 無效로 되는 것은 條件成就의 效力이 原則으로 遡及되지 않는다는 점에서 將來에 대하여만 無效가 된다고 하기 때문이다.

(2) 登記가 物權變動의 成立要件이지 條件은 아니라고 하는 것은 物權變動이 있기 위하여는 當事者의 意思와 關係 없이 登記가 반드시 있어야 한다는 것을 法이 强行的으로 規定하기 때문이다. 그러나 當事者가 特히 登記를 條件으로 하는 어떤 法律關係의 取得을 願하고 또한 法이 이를 許容하는 경우까지도 無條件 登記는 條件이 될 수 없다고 할 것은 아니다. 當事者가 物權變動의 請求權을 將來의 登記를 條件으로 하여 누구에게든 對抗할 수 있는 것으로 保全하기를 願하고 不動産登記法이 이를 許容할 수 있는 것으로 判斷하여 만든 制度가 假登記라고 한다면 적어도 假登記制度下에 있어서는 登記가 條件이 되는 法律關係[36]가 可能하다고 하지 않을 수 없다.[37]

36) 本登記를 하면 中間處分이 效力을 잃는다는 式으로 假登記에 의한 法律關係는 모두 登記를 條件으로 한다.

37) 登記를 條件으로 하는 理論構成의 例로는 我妻가 代物辨濟에 관하여 「登記

(3) 要컨대 物權變動의 請求權이 假登記되면 그 때부터 그 請求權은 單純한 債權이 아니라 本登記經了를 停止條件으로 하는 條件附物權이 되며 이 條件附物權의 效力으로서 中間處分은 條件成就時(卽 本登記經了時)에(條件附無效) 條件附權利者의 權利를 侵害하는 限度에서(相對的 無效) 實體法的으로 無效가 되는바 이 結果를 登記簿에 反映시키는 不動産登記法上의 效力이 順位保全의 效力이라는 것이다.[38)]

다. 條件附物權 構成의 利點

(1) 假登記에 의한 中間處分의 失效를 實體的으로 說明할 수 있는 利點이 있음은 이미 위에서 본 바이다.

(2) 假登記의 假登記를 許容할 수 있는 根據를 提示한다. 이 점은 便宜上 뒤에 說明한다(後述 三. 3. 나.).

(3) 假登記權利者가 信義則에 反하여 不當하게 本登記를 經了한 경우 그 本登記의 效力을 否認하여 假登記義務者를 保護할 수

를 停止條件으로 하여 契約時에 效力이 생긴다」(我妻, 「債權總論(新訂)」, p. 302)고 한 것이 있다.

38) 金曾漢, 「物權法(上)」(1976), p. 32는 假登記된 權利는 債權과 物權의 中間的 性格을 가진 것으로서 物權으로서의 一面을 가지고 있으나 그 請求權 自體는 債權이라고 說明하신다. 獨逸法上의 假登記에 관하여 郭潤直 敎授는 이는 制限物權에 類似한 것이라면서 다음과 같이 說明하신다. "請求權을 保全한다는 점에서 그것은 債權法의 領域에 속한다고 할 수 있으나 한편 物權的 效力도 認定되기 때문에 그것은 동시에 物權法의 領域에도 속한다고 할 수 있다. 이와 같이 Vormerkung은 두 領域에 걸치는 混合的·複合的·中間的 地位를 차지하는 결과 그의 法律的 性質 내지 本質을 確定하기 어려우며, 실제로 學說은 일찍부터 심하게 對立하고 있어 아직 定說이 없다. 學說로서는 物權說, 消極的 支配權說, 단순한 保全手段으로 보는 說이 主要한 것이나 오늘날의 有力說은 Vormerkung의 混合的 特性을 强調한다. 그리하여 Vormerkung은 不動産物權의 變動을 目的으로 하는 債權的 請求權의 保護를 위하여 一定한 物權的 效力이 認定되고, 또한 登記簿에 公示되는 保全方法이라고 한다."(서울大學校 法學 第22卷 1號, p. 9)

있다. 이 점도 便宜上 뒤에 說明한다(後述 四. 2. 나.).

(4) 假登記를 本登記로 고치는 節次에 있어서 假登記는 그 自體로서는 아무런 效力이 없기 때문에 假登記權利者가 本登記를 하기 전에 假登記만의 상태에서 第3取得者에 대하여 그 本登記의 抹消를 請求할 수는 없다는 從來의 論議에 대하여 反論의 根據를 提示할 수 있다. 卽 假登記權利者의 條件附權利를 侵害하는 假登記義務者와 第3者 間의 處分行爲는 假登記權利者에 대한 關係에서 無效이므로 假登記權利者는 第3者에 대하여 그 權利取得이 條件附로(卽 假登記權利者의 本登記經了를 條件으로) 無效임을 現在에 있어 主張할 수 있는 것이고, 그 結果 假登記權利者는 第3者를 相對로 "假登記權利者의 本登記經了를 條件으로 그 登記를 抹消하라."는 條件附請求의 訴를 提起할 수 있고 이런 條件附請求는 假登記制度의 目的에 비추어 訴訟法이 例外的으로 許容할 수 있는 경우라고 할 수 있기 때문이다.

3. 變則擔保에의 適用

가. 變則擔保契約을 原因으로 假登記가 經了된 權利의 性質

變則擔保契約에 있어서 假登記에 의하여 保全될 수 있는 請求權은 所有權移轉請求權이므로 앞에 본 筆者式의 見解에 따르면 이 경우 假登記된 權利는 條件附所有權이라고 하겠다. 이에 관하여는 따로 더 說明할 것이 없을 것이다.

나. 假登記된 權利의 處分可能性

假登記된 權利를 處分할 수 있는가. 이 問題는 假登記 一般에

관하여 元來 論議될 性質의 것이기는 하지만 假登記權利者가 반드시 本登記를 하여 所有權을 取得할 必要는 없고 假登記인 狀態로 그것을 處分하여 自己債權의 滿足을 얻기만 하면 되는 變則擔保에 있어 特히 그 處分이 可能한지 與否가 重大한 意味를 갖게 되므로 便宜上 이 곳에서 言及하기로 한다.

本來 이 問題는 所謂 假登記의 假登記라고 하여 日本에서 從來 크게 다투어지던 問題에 包括되는 것으로서 여기서 假登記의 假登記라고 부르는 것의 範圍조차 實은 一致되어 있지 않지만 아무튼 本稿에서는 假登記된 權利의 處分이라는 角度에서 이를 다루고자 한다.

(1) 處分의 可能與否

假登記된 權利가 相續의 對象이 될 수 있음은 긴 說明이 必要없을 것이고 그 밖에 假登記된 權利의 讓渡 等 任意的 處分을 禁할 實體法上의 理由가 없으므로 假登記된 權利는 讓渡 等 處分이 可能한 것으로 解釋된다. 假登記의 假登記를 否定하는 見解도 實은 그것을 許容할 경우의 登記方法의 困難, 登記한 경우의 登記簿의 複雜性 等 때문에 이를 否定하는 것이지 假登記된 權利의 處分可能性 自體를 否定하는 것은 아니라고 보여진다.[39]

筆者는 前述과 같이 假登記된 權利를 條件附物權으로 把握하는 立場에 있는바 條件附權利는 一般的으로는 "一般規定에 의하여 處分, 相續, 保存 또는 擔保로 할 수 있는" 것이므로(民法 第149條) 假登記된 權利는 當然히 處分할 수 있는 것으로 된다.

---

39) 大法院1972.6.2.字72마399決定은 假登記된 權利의 移轉可能性을 否定한다. 假登記의 假登記에 관한 日本의 學說·判例·實務의 要約에 관하여는 前揭拙稿, p. 29 以下 參照

(2) 處分에 따른 登記方法의 問題

條件附權利의 處分에 관한 民法 第149條의 이른바 "一般規定에 따라"라고 하는 것의 意味는 條件의 成就에 의하여 確定的으로 效力을 發生하게 될 權利 卽 無條件의 權利와 同一한 方法으로 한다는 것을 말하는 것으로 解釋되므로[40] 假登記된 權利 卽 條件附物權의 處分에는 物權의 處分에 登記를 要하는 것과 同一하게 登記를 必要로 한다.[41]

具體的인 登記方法에 관하여 경우를 나누어 본다.

ㄱ) 條件附所有權이 確定的으로 讓渡된 경우

例컨대 甲所有 不動産에 관하여 順位 二番으로 乙名義로 所有權移轉請求權保全의 假登記가 되고 三番으로 丙名義의 所有權移轉登記가 된 뒤에 乙이 그 假登記된 權利를 丁에게 讓渡하였다면, 丁은 所有權移轉과 同一한 方法으로 卽 丁은 第四番 順位로 "二番 假登記의 移轉"(筆者 任意로 붙인 題目임)이라는 題下에 丁名義로 移轉登記를 할 것이다. 이 때에는 그 左側에 餘白은 둘 必要가 없을 것이다.[42]

이렇게 하는 것이 日本式으로[43] 附記登記를 하거나 假登記에 대한 假登記를 하는 것보다 簡便할 뿐더라 附記登記나 假登記를 하는 경우의 不合理도 避할 수 있다고 생각된다. 附記登記를 한다

---

40) 日本 註釋民法(4), p. 346.

41) 條件附物權이라고 하더라도 條件成就時까지는 아직 債權으로서의 性質을 完全히 喪失하는 것은 아니라고 할 것이므로 그 處分에는 登記外에 債權讓渡의 對抗要件도 債務者에 대한 관계에서는 이를 갖추어야 할 것이다.

42) 丁이 本登記를 할 때에는 乙名義의 假登記의 左側餘白에 하면 된다.

43) 日本의 實務를 보면 元來 모든 假登記된 權利의 移轉은 附記登記로 이를 하였으나 昭和36年12月27日 民事甲第1600號 民事局長通達에 의하여 所謂 物權保全의 假登記에 限하여는 그 權利移轉은 主登記인 假登記로 한다고 先例가 變更되었다. 詳細는 中川善之助・兼子一, 「登記」, p. 363 參照

면 前例에서 乙의 權利가 丁, 戊에게 順次 讓渡된 경우 丁과 戊 모두가 乙의 順位를 갖게 된다는 점에서는 그 相互間의 優劣을 따질 수 없다는 難點이 있으므로 不動産登記法 第153條와 같이 法이 特別히 規定한 경우나 不得已한 경우가 아니면 附記登記에 의한 權利移轉은 피하는 것이 바람직하겠고 다음 假登記의 假登記로 移轉을 公示한다면 前例에서 乙이 먼저 本登記를 한 뒤에 그것이 丁에게 移轉되는 形式으로 本登記를 하여야 되는데 이는 甲으로부터 直接 丁에게 所有權이 移轉되는 實質關係와 符合되지 아니하여 不當하다.[44]

ㄴ) 條件附所有權이 假定的으로 讓渡된 경우

例컨대 條件附所有權에 관하여 賣買豫約 또는 停止條件附賣買가 이루어진 경우 等이다. 위 ㄱ)의 例에서 丁이 그런 買受人地位에 있다면 丁은 第四番의 順位로 "二番 假登記의 假登記"라는 題下에 一般假登記節次에 따라 假登記를 하면 되지 않을까 생각할 수도 있겠으나,[45] 不動産登記法 第3條 後段의 將來의 請求權 가운데는 二重으로 된 將來의 請求權 卽 "將來請求權에 대한 將來請求權"은 包含되지 않는 것으로 해석하여 假登記의 假登記는 認定하지 말고 이 때에는 豫約의 完結 또는 停止條件의 成就를 기다려 그 때에 가서 위 ㄱ)의 경우와 같은 方法으로 移轉登記를 함이 옳을 것 같다.[46]

44) 서울大學校 法學 第22卷 1號 中 郭潤直, 前揭論文, p. 26에서 引用함.
45) 前揭 拙稿, p. 35는 이런 立場이었다.
46) 假登記된 抵當權設定請求權의 移轉, 假登記된 所有權移轉請求權에 대한 抵當權設定 等에 관하여는 前揭 拙稿, p. 34 參照

四. 本登記 後의 法律關係

1. 問 題 點

假登記權利者가 本登記를 經了하면 目的인 物權을 取得한다는 점, 前述한 條件附物權으로 보는 見解에 따르면 이는 本登記經了라는 停止條件의 成就에 의하여 條件附物權이 條件 없는 完全한 物權이 되는 것으로 說明될 수 있으리라는 점, 本登記가 經了되면 假登記의 順位保全의 效力에 의하여 中間處分은 失效되고 中間取得者의 權利는 假登記權利者의 本登記된 權利와 矛盾되는 것은 消滅되고 그 이외의 경우에는 그것보다 後順位로 된다는 점, 假登記된 權利를 條件附物權으로 본다면 이런 效果는 條件附權利를 侵害하는 中間處分은 相對的으로 無效라는 實體法上의 法理에 의하여 說明될 수 있으리라는 점 等等의 一般的 事項에 대하여는 더 이상 說明이 必要없을 것이다.

눈을 돌이켜 變則擔保의 立場에서 생각해 보면 變則擔保 自體에는 물론 여러 가지 問題가 있겠지만 假登記와 關聯하여 볼 때에는 첫째로 假登記 後 本登記까지 하여 債權者에게 移轉된 不動産所有權을 債務者가 다시 還收하는 것이 假登記의 法理로 어떻게 可能할 수 있겠는가 하는 것이고, 둘째로 債務者가 債權者에 대하여 精算을 要求하는 것이 假登記의 法理와 무슨 關係가 있을 것인지 하는 것이다. 우선 둘째 問題를 보면 이는 變則擔保契約에 있어서의 擔保에 관한 約定에 의하여 解決될 문제일 뿐 假登記自體의 法理와는 無關함이 明白하다. 첫째 問題는 勿論 擔保約定

에 의하여 解決될 경우가 있음은 틀림이 없지만 假登記 自體의 問題로도 어느 範圍까지는 解決이 可能하다고 보인다. 그러므로 여기서는 이 첫째 問題에 限하여 살펴보고자 한다.

2. 債務者의 還收 可能性

가. 債務者가 假登記를 하는 方法

所有權이 債權者에게 移轉되는 形態의 變則擔保 卽 讓渡擔保, 再賣買의 豫約, 還買의 경우에 債務者의 債權者에 대한 將來의 所有權移轉請求權을 미리 假登記할 수 있고 이것이 債務者保護의 機能을 遂行할 수 있으리라는 점에 대하여는 이미 說明한 바와 같다(前述 二. 2. 다. 라. 마. 및 3. 參照).

나. 民法 第150條(條件成就, 不成就에 대한 反信義行爲)의 適用에 의한 方法

民法 第150條 第 2 項은 "條件의 成就로 因하여 利益을 받을 當事者가 信義誠實에 反하여 條件을 成就시킨 때에는 相對方은 그 條件이 成就하지 아니한 것으로 主張할 수 있다."고 規定하는 바 假登記된 權利를 條件附物權으로 보는 見解에 따른다면 위 規定은 假登記된 權利에도 適用이 있을 것이다. 例컨대 假登記權利者가 信義誠實에 反하여 本登記를 經了하였다면 假登記義務者는 本登記가 되지 않은 것으로 主張할 수 있게 된다. 問題가 될 만한 경우를 具體的으로 나누어 살펴본다.

(1) 假登記를 한 債權者가 被擔保債務의 辨濟期 前에 本登記를 한 경우

判例는 債權者가 被擔保債權의 辨濟期徒過時에 그 不動産所有權을 移轉하기로 約定하였는데 그런 約定에 違反하여 辨濟期 前에 그 앞으로 登記하였다 하여도 이 登記가 約定에 違反된 것이기는 하지만 이를 無效라고 할 수는 없으므로 그 後 登記가 第3者에게 移轉되었다면 第3者는 適法한 權利를 取得한다고 한다.47)

이런 判例의 結論은 從來의 假登記理論에 따른다면 債權者가 假登記를 하고 안하고에 關係 없이 同一한 것이 될 것이다.

그러나 筆者의 見解에 의하면 債權者가 미리 假登記를 한 경우에는 民法 第150條 第2項의 適用結果 辨濟期 前의 債權者의 本登記經了는 信義則違反으로서 無效가 된다고 생각한다.

우선 辨濟期 後에 所有權을 移轉하기로 約束한 債權者는 辨濟期 前에는 이를 移轉하지 않아야 할 債務를 負擔한다고 할 수 있고 이런 意味에서 辨濟期 前의 移轉登記는 單純한 債務不履行이 되겠지만 한편 債權者가 假登記까지 한 경우라면 그는 假登記에 의하여 優越的 地位를 確保하는 强한 利益을 取得하는 만큼 이에 相應하여 辨濟期 前에는 本登記가 되지 않는다는 强한 信賴를 債務者에게 주어야 하고 또 이를 지켜야 할 信義를 負擔한다고 하여야 均衡이 맞는 것이므로 假登記權利者의 辨濟期 前 本登記는 單純한 債務不履行을 넘어서서 信義則違反까지도 된다고 생각된다.

다음으로 民法 第150條의 이른바 "條件이 成就한 것(第1項) 또는 不成就한 것(第2項)으로 主張할 수 있다."는 것의 意味는 當事者의 意思表示가 있어야만 비로소 그런 效果가 생긴다는 見解

47) 大法院1972.10.10.宣告72다1877判決

와 그런 意思表示가 必要없이 바로 그런 效果가 생긴다는 見解가 있을 수 있지만[48] 여하튼 辨濟期 前의 本登記가 信義則違反으로 認定되면 그 本登記가 없는 狀態와 同一한 것으로 되어야 하므로 그 本登記는 效力이 없다고 하여야 할 것이다.

위와 같은 경우에 本登記를 한 假登記權利者로부터 所有權을 取得한 第 3 者의 地位는 어떻게 되는가.

우선 第 3 者가 假登記權利者의 信義則違反行爲에 積極 加擔하여 이를 造成한 경우라면 第 3 者의 그런 行爲 및 登記는 信義則에 違反하여 條件을 成就시킨 경우에 包括된다고 보아 그 또한 無效라고 解釋할 수 있을 것이다.

다음 그 以外의 第 3 者의 경우는 어떤가. 假登記權利者의 本登記가 無效라면 이를 基點으로 한 第 3 者의 登記는 그 善意・惡意에 不拘하고 無效라고 하여야 될 것이나 假登記權利者의 本登記가 辨濟期 前의 것인지 또는 後의 것인지 하는 것은 第 3 者로서는 쉽게 알 수 없는 것이므로 第 3 者의 登記를 모두 無效라고 한다면 去來의 安全을 害하는 바 크므로 解除의 遡及效가 善意의 第 3 者에게는 미치지 않는다는 民法 第548條 第 1 項 但書의 解釋,[49] 賣買가 取消되었으나 買受人名義의 移轉登記抹消 前에 이를 善意로 取得한 第 3 者에 대하여 取消의 效果를 對抗할 수 없다고 하는 判例의 精神[50] 및 民法 第108條 第 2 項의 趣旨等을 類推하여[51] 善意의 第 3 者에 대한 限 假登記權利者의 本登

48) 日本 註釋民法(4), p. 364 參照
49) 郭潤直, 「債權各論」, p. 141.
50) 大法院1975.12.23.宣告75다533判決
51) 金仁燮, "讓渡擔保權者로부터 擔保物을 取得한 者의 地位"(司法論集 第 7 輯), p. 145 參照

記가 無效임을 主張할 수 없는 것으로 解釋할 수 있지 않을까 여겨진다.

(2) 假登記를 한 債權者가 辨濟期徒過 後 信義에 反하여 本登記를 한 경우

辨濟期徒過 後 債權者가 故意로 잠적하여 債務者의 辨濟提供을 어렵게 하거나 其他의 方法으로 正當한 理由 없이 辨濟受領을 拒否한 뒤 本登記를 하였다면 경우에 따라서는 債權者의 行爲가 信義에 反하여 條件을 成就시킨 것으로 認定될 수 있고 그렇다면 그 登記가 無效로 될 것임은 앞에 본 경우와 同一하다.

(3) 假登記를 한 債權者가 辨濟를 받은 뒤에 本登記를 한 경우

判例는 "…被擔保債務를 辨濟하여 債務가 消滅된 이상 債務擔保의 目的으로 所有權을 移轉하기로 合意한 物權的 契約은 目的消滅로 인하여 消滅하였다고 할 것이므로 債權者가 이러한 경우에 所有權移轉登記書類가 자기에게 있음을 기화로 하여 自己名義로 위 不動産의 所有權移轉登記를 거쳤다 하면 이는 物權契約이 없는 登記로서 當然無效의 登記라 할 것이요 이러한 登記名義者로부터 所有權移轉登記를 받은 第3者 亦是 所有權을 取得할 수 없다."고 判示하는바,[52] 이런 結論은 假登記된 權利를 條件附物權으로 보는 立場에서는 다음과 같이 說明될 수도 있다. 變則擔保를 原因으로 한 假登記는 債務不履行이 있을 때에 本登記를 한다는 것인 만큼 債務의 辨濟가 있으면 本登記를 한다는 條件은 不成就로 確定된 것이고 條件이 不成就로 確定되면 停止條件附法律行爲는 無效가 되므로 假登記는 그 原因이 無效로 됨으로써

52) 大法院1946.11.24.宣告64다851,852判決

그 또한 無效로 된다(辨濟期에 바로 辨濟한 때에는 債務不履行이라는 停止條件의 不成就確定으로 인하여 假登記의 原因이 無效로 된다고 說明할 수도 있을 것이다). 그러나 假登記權利者가 이런 경우 提訴前和解調書에 의하여 本登記를 한 때에는 그 登記를 有效하다고 할 수밖에 없을 것이다.[53)]

提訴前和解調書에 의한 本登記가 有效한 것과 관련하여 생각할 때 債務者의 假登記抹消請求權을 被保全權利로 하는 本登記禁止假處分에 관한 判例[54)]의 態度에는 疑問이 없지 않다. 假登記權利者가 本登記를 하면 그의 所有權移轉請求權은 物權으로 昇華되는데 이를 請求權의 側面에서 본다면 請求權은 없어지고 代身 物權을 取得하는 셈이 되므로 이를 請求權의 "處分"이라고 볼 수 있다. 그런데 不動産登記法 第 2 條는 物權에 관한 事項만을 原則으로(賃借權만이 例外임) 登記事項으로 規定하므로 위와 같은 "請求權의 處分"은 登記事項이 아님이 分明하다. 그러나 假登記된 權利를 單純한 債權을 넘어선 條件附物權이라고 본다면 條件附物權은 物權과 同一한 方法으로 處分하고 또 登記할 수 있는 것이므로(民法 第149條) 條件附物權을 條件 없는 物權으로 만드는 處分의 制限 또한 當然히 登記事項이 된다고 볼 수 있을 것이다.

五. 結 論

1. 變則擔保契約의 債權者가 假登記를 하는 理由는 債權者의

53) 大法院1979.4.10.宣告79다164判決 參照. 아울러 李容勳, "變則的 擔保에 있어서의 債權의 滿足"(「民事判例硏究 Ⅱ」), p. 300 參照. 또한 本書 第 4 編, p.202 參照

54) 大法院1978.10.14.告知78마282決定

所有權移轉請求權이 假登記에 의하여 保全되면 이를 侵害하는 中間處分이 後日의 本登記經了를 條件으로 모두 失效됨으로써 그 請求權이 物權的으로 保護되기 때문임은 더 말할 것도 없다.

이것은 債權者가 假登記의 順位保全의 效力을 빌림으로써 擔保에 관한 自己의 權利를 物權化하는 것이고 그 結果는 民法이 規定하는 그 어떤 擔保物權보다도 强한 權利를 債權者에게 享有케 한다.

2. 그러나 이미 본 바와 같이 變則擔保를 原因으로 한 假登記에 있어서 그 保全되는 權利는 所有權移轉請求權이고 後日의 本登記에 의하여 取得되는 權利는 所有權인 關係로 變則擔保契約中 所有權移轉에 관한 部分 以外의 部分 卽 擔保에 關聯된 部分은 假登記와 전혀 관계를 맺지 못하며 또 맺을 수도 없다. 이것은 讓渡擔保로 所有權移轉登記를 한 경우에 그 登記 自體와 擔保 間에 아무런 關係가 있을 수 없음과 同一한 것이다.

이로 인하여 擔保의 法律關係 卽 債權者와 債務者 사이의 債務精算, 目的物의 還收 및 債權者들 相互間의 關係에 대한 問題解決에 假登記의 法理는 아무런 도움도 주지 못하고 또 줄 수도 없다. 이것은 擔保의 目的으로 所有權移轉의 形式을 取한 경우에 擔保의 法律關係가 所有權移轉의 法理로는 解決이 될 수 없고 그런 관계는 別途의 法理로 解決해야 되지만 그런 解決이라는 것도 所有權移轉의 形式 때문에 스스로 限界가 있는 것과 同一하다.

3. 그렇다면 假登記와 擔保의 融合的 連結은 不可能한 것인가. 現行法上으로는 不可能하다고 말할 수밖에 없다. 이것은 完全한 物權인 所有權과 制限物權인 抵當權을 하나로 묶는 것과 같기 때문이다.

假登記와 擔保의 圓滑한 融合은 特別한 立法을 기다리는 수밖에 없을 것이다. 그러나 그런 立法이 결코 最善策이라는 것은 아니다. 假登記와 擔保의 融合이 비록 제아무리 圓滑하게 이루어진다고 하여도 이는 所有權과 區別하여 抵當權을 따로 두고 있는 우리 民法의 精神과 體系에 맞지 않기 때문이다. 最善策은 抵當權이 더욱 活用될 수 있도록 競賣節次를 改善하는 길일 것이다.

六. 補　　論(假登記擔保의 立法을 위한 試案)

1. 假登記와 擔保의 融合的 結合을 目的하는 特別立法이 비록 最善의 方法이 아니라고 하더라도 假登記의 順位保全的 效力을 借用한 變則擔保가 더 없이 盛行되고 이로 인한 폐해가 극심한 現實에 비추어 볼 때, 그리고 이런 現狀이 앞으로도 계속될 것으로 展望되는 점에 着眼할 때 이를 解決하는 하나의 方法으로서 假登記와 擔保의 融合을 위한 立法論的 研究도 매우 重要한 일이 아닐 수 없다.

筆者는 李容勳 部長判事께서 일찍이 法院行政處 訟務制度改善審議委員會의 研究課題의 하나로 마련했던 假登記擔保에 관한 試案[55]을 接할 機會가 있었다. 筆者가 알기로는 이 試案은 이 方面에 관한 最初의 研究, 試圖로서 매우 貴重한 價値가 있다고 생각하므로 이를 여기에 轉載하여 將次의 研究資料로 供하고자 한다.

---

55) 이 試案은 同委員會의 小委에서 1980末頃 檢討에 着手하였으나 곧이어 中斷되고 말았으므로 이것이 同委員會의 公式意見을 反映한 것이 아님은 勿論 法院의 立場과 意圖와도 전혀 無關한 것이다. 또한 그 表現과 體系마저 아직 整理할 餘裕가 없었던 狀態의 것이었다.

2. 假登記擔保의 立法에 관한 試案

第1條(目的) 이 法은 金錢 其他 代替物債務를 擔保하기 위하여 債權者에게 債務者 또는 第3者의 所有權 其他의 權利를 移轉하거나, 그러한 權利를 移轉할 目的으로 하는 代物辨濟豫約·賣買豫約·停止條件附代物辨濟契約, 其他 이와 類似한 契約에 의한 權利를 假登記 또는 假登錄하는 경우에 관하여 規律하는 것을 目的으로 한다.

第2條(用語의 整理) ① 이 法에서 債務者 또는 第3者를 가리킬 때에는 債務者 等이라고 表示한다.

② 代物辨濟豫約·賣買豫約·停止條件附代物辨濟契約 其他 이와 類似한 契約은 假登記擔保契約이라고 表示한다.

③ 所有權 其他의 權利를 移轉하기 위하여 登記 또는 登錄하는 경우에는 登記라고만 表示하고, 假登記擔保契約에 의하여 假登記 또는 假登錄하는 경우에는 假登記라고만 表示한다.

第3條(被擔保債務의 範圍) ① 이 法에 의한 權利의 移轉이나 擔保假登記는 元本·利子·違約金·債務不履行으로 인한 損害賠償 및 債權의 滿足費用 等을 擔保한다.

② 그 밖의 費用은 當事者의 約定에 따르고 約定이 없으면 債權者의 負擔으로 한다.

③ 이 法에 의한 權利의 移轉이나 擔保假登記는 債務의 最高額만을 정하고 債務의 確定을 將來에 保留한 경우에도 이를 할 수 있다.

④ 第3項의 경우에 第1項 및 第2項에 定한 債務 等은 모두 債務의 最高額 中에 包含된 것으로 본다.

⑤ 第3項의 方法에 의한 債務의 最高額은 權利의 移轉이나 假登記時에 公證人이 作成한 公正證書에 의하지 아니하면 이

를 第 3 者에게 對抗할 수 없다.

第 4 條(權利를 移轉한 경우에 있어서의 債權의 滿足方法) ① 債權의 擔保를 위하여 權利를 移轉한 경우에 있어서 債權者는 그 債權의 滿足을 위하여 그 目的物을 處分하거나 目的物을 評價하여 精算할 수 있다.

② 債權者는 第 1 項의 方法에 의한 精算을 하기 위하여서는 그 當時까지의 第 3 條에 정한 債權額과, 2月 以上의 期間을 정하여 그 期間內에 이를 辨濟하여 달라는 趣旨 및 그 期間內에 辨濟하지 아니할 때의 精算方法 等을 選擇하여 이를 書面으로 債務者에게 通知하여야 한다.

③ 債務者가 第 1 項 所定의 期間內에 辨濟하지 아니하면 債權者는 目的物을 處分하거나 評價하여 處分額 또는 評價額 中에서 第 3 條에 列擧한 그의 債權에 充當하고, 나머지가 있으면 債務者에게 返還하여야 한다.

④ 債權者가 目的物을 適正한 價額으로 處分하거나 評價하지 아니한 경우에 債務者는 目的物의 適正한 時價로부터 債權者가 그 目的物을 處分하거나 또는 評價할 當時까지의 第 3 條에 정한 被擔保債權을 控除한 나머지의 返還을 請求할 수 있다.

⑤ 債權者가 辨濟期 後 相當한 期間內에 第 3 項에 정한 通知를 하지 아니한 경우에는 債務者는 債權者에게 精算方法을 지정하여 정산을 要求할 수 있다.

⑥ 債權者가 第 5 項의 通知를 받은 날로부터 2月 以內에 精算하지 아니하면 債務者는 그 以後의 利子 및 遲延損害金의 支給義務를 지지 아니한다.

第 5 條(擔保假登記에 있어서의 本登記節次履行 및 債權의 滿足方法) ① 假登記擔保契約을 原因으로 하여 假登記한 경우에 있어서 豫約完結의 意思를 表示한 날 · 停止條件이 成就된 날 또는

其他의 契約으로 權利를 移轉하기로 한 날 이후에 債權者가 債務者 等에게 그 때까지의 第3條에 정한 債權額을 明示하여 그 辨濟를 催告하고, 그 催告가 到達한 날로부터 2月이 經過하지 아니하면 債權者는 本登記節次의 履行을 請求할 수 없다.

② 債權者가 目的物의 價額을 適正하게 評價하여 精算한 後 債務者 等에게 그 精算時까지의 第3條에 정한 債權額의 範圍를 超過하는 目的物의 價額에 該當하는 精算金의 履行提供이 있기까지는 債務者는 第1項의 請求를 拒絶할 수 있다.

③ 假登記擔保契約을 締結할 當時에 本登記를 할 수 있는 債務名義를 債權者가 받아 놓은 경우라 하더라도 法院은 第1項 및 第2項의 要件이 充足되지 아니하면 그 債務名義에 執行文을 付與할 수 없다.

④ 第2項의 規定에 의한 精算을 하지 아니하고 그의 名義로 權利를 移轉한 債權者는 다시 第4條의 規定에 따라 精算하여야 한다.

第6條(利子制限法 制限超過利子의 取扱) ① 債權의 滿足을 위한 精算 前에 利子의 辨濟를 위하여 支給된 金錢 其他 代替物 중 그 支給時까지의 利子制限法 制限範圍內의 利子에 充當한 나머지는 元本에 充當된 것으로 본다.

② 債權者는 精算時에 그 目的物價額의 一部를 利子制限法 制限超過의 利子에 充當할 수 없다.

③ 債務者는 이미 支給된 利子相當額이 第1項의 規定에 따른 利子와 元本에 充當하고도 나머지가 있을 때에는 그 返還을 請求할 수 있다.

第7條(目的物의 還收) ① 債務者는 債務擔保를 위하여 提供한 權利에 관하여 第3者가 權利取得의 登記를 마치거나 現實의 引渡를 받기 전까지 또는 債權者가 精算하기 위하여 第4條의 規

定에 따라 目的物을 評價하여 第 3 條에 정한 債權額을 控除한 나머지 額의 履行提供을 하기까지는 第 3 條에 정한 被擔保債務를 辨濟하고 目的物을 還收할 수 있다.

② 債權者가 目的物을 評價하여 精算金의 履行提供을 하는 경우에 있어서 目的物의 時價를 5분의 1 以上 低廉하게 評價한 경우에는 債務者는 그 受領을 拒絶하고 第 1 項의 規定에 따라 目的物을 還收할 수 있다.

③ 債務者가 債務의 辨濟期로부터 5年이 經過하기 前까지 第 3 條에 정한 被擔保債務를 辨濟하지 아니한 때에는 目的物을 還收할 수 없다.

④ 債務擔保를 위하여 權利의 移轉登記를 마친 경우에 債務者等이 目的物을 還收하기 위하여서는 그 權利를 다시 移轉登記하여야 한다.

⑤ 假登記擔保에 있어서 假登記抹消는 共同申請에 의한다.

第 8 條(權利移轉 등의 效力) ① 債權擔保를 위하여 債權者에게 權利를 移轉한 債務者는 第 3 者에 대하여 그 權利移轉이 債權擔保로 인한 것임을 主張하지 못한다. 그러나 債務의 辨濟期 前까지 위 權利를 바탕으로 하여 權利를 取得한 第 3 者가 위 事實을 알았거나 알지 못한 데 대하여 重大한 過失이 있는 때에는 債權者가 갖는 權利範圍內에서만 自己의 權利를 行使할 수 있다.

② 擔保假登記는 이 法에 정한 경우를 除外하고는 不動産登記法 第 3 條에서 정한 假登記와 同一한 效力이 있다.

第 9 條(假登記擔保權者의 優先辨濟請求權) 假登記擔保보다 먼저 登記된 擔保權의 實行節次에서 擔保假登記權利者는 擔保假登記 以後에 登記된 擔保權者나 다른 債權者보다 優先하여 그 債權의 辨濟를 받을 權利가 있다.

第10條(法定地上權) 土地 및 그 地上建物이 同一所有者에게 속한

경우에 있어서 그 土地 또는 建物에 대하여 第1條의 規定에 의한 權利의 移轉이 있거나 擔保假登記에 基한 本登記가 되어진 경우에는 그 建物의 所有를 위하여 그 土地 위에 地上權이 設定된 것으로 본다.

七. 맺 음 말

글을 끝내면서 몇 가지 변명을 하지 않을 수 없다. 時間이 充分치 못했다는 얘기야 正當한 구실이 勿論 못되겠지만, 文章을 좀 더 다듬어 分明하고 알기 쉽고 簡潔하게 하는 作業마저 할 餘裕가 없었던 것도 事實이다. 草稿처럼 처음에 쓴 것을 미처 다듬지도 못한 채로 내게 된 점을 무엇보다 먼저 사과하지 않을 수 없다. 다음으로는 假登記된 權利를 實體法的 立場에서 把握하여 보겠다는 美名下에 이를 條件附物權이라고 主張하는 듣지도 보지도 못한 筆者의 獨斷을 장황하게 늘어 놓은 점을 사과하지 않을 수 없다. 잘못된 見解도 때로는 올바른 理致를 確認하는 데 도움을 주는 경우가 있을 것으로 믿고 寬容을 바랄 수밖에 없다. 끝으로 말하고 싶은 것은 事實 本稿의 題目을 보고서 어떻게 무엇을 論點으로 잡아 構成을 할 것인지 처음에 적이 당황하였다는 점이다. 變則擔保에서 通常 問題되는 것들을 다룬다면 다른 論題의 內容과 重複되겠고 그렇다고 假登記쪽에 너무 치우치면 이번 세미나의 主題와 동떨어질 것이기 때문이었다. 결국 새로운 資料도 별로 찾아보지 못한 채 平素의 생각을 정리해 본다는 것이 그 어느 쪽에도 흡족치 못한 것이 되고 말았다. 諒解 있기를 빌 뿐이다.

第 3 編 假登記의 效力

一. 序　　說

民法 第186條에 依하면 不動産에 關한 物權의 變動은 登記를 하여야만 效力이 發生하도록 되어 있는바 登記의 申請은 一種의 要式行爲로서 節次上 各種의 要件을 具備하지 아니하면 안 되므로 이러한 要件을 具備하지 못하여 아직 登記를 하지 못하고 있는 경우라든지,[1] 또는 不動産을 買受하였으나 아직 代金을 完納하지 못하였거나 혹은 賣買의 豫約을 締結하였음에 不過하여 아직 登記를 못하고 있는 경우에 이러한 法律關係를 미리 登記하여 둠으로써 自己의 權利를 保全할 수 있는 方法이 있으면 매우 便利하다 할 수 있기 때문에 不動産登記法은 假登記라고 하는 特殊한 登記制度를 認定하였다. 卽 不動産登記法 第3條는 “假登記는 前條에 偈記한 權利(所有權, 地上權, 地役權, 傳貰權, 抵當權, 賃借權)의 設定, 移轉, 變更 또는 消滅의 請求權을 保全하려 할 때에 이를 한다. 그 請求權이 始期附 또는 停止條件附인 때 其他 將來에 있어서 確定될 것인 때에도 또한 같다.”라고 規定하고 同法 第6條 第2項은 “假登記를 한 경우에는 本登記의 順位는 假登記의 順位에 依한다.”고 規定하여 假登記는 後日에 하게 될 本登記를 爲하여 順位를 保全

* 이 論文은 1973년 12월 法院行政處에서 發刊한 「司法論輯」(제 4 집)에 發表한 바 있는 論文이다.

1) 例컨대 農地賣買에 있어서의 所在地官署의 證明을 얻지 못한 때

하는 效力이 있음을 明定하였다. 實際로 假登記는 그 節次가 比較的 簡便하고[2] 費用이 적게 드는[3] 關係로 매우 盛行되고 있다.

이와 같은 假登記의 效力에 關하여는 從來 다음과 같은 몇 가지 問題들이 擧論되어 왔다. 첫째로 假登記의 順位保全의 效力에 關하여 이를 理論的으로 如何히 說明할 것인가, 그리고 假登記後 그 本登記 前에 이루어진 第三者에의 이른바 中間處分의 效力은 어떻게 되는가 하는 것이고, 둘째로 假登記權利者가 그 本登記를 함에 있어 그에 障碍가 되는 다른 處分行爲의 登記가 있을 때에 假登記 自體로서 그 處分行爲의 無效를 主張하고 그 登記의 抹消를 主張할 수 있는가 하는 것이고, 셋째로 豫備登記에 不過한 假登記가 그 自體로서 實體法上 또는 節次法上 그 밖에 어떤 效力 내지 地位를 갖는가 하는 것들이다. 本稿에서는 이와 같은 問題들에 관한 從來의 學說·判例를 中心으로 하여 假登記의 效力을 考察하여 보고자 한다.

二. 順位保全의 效力

1. 不動産登記法 第6條 第2項의 意義

不動産登記法 第6條 第2項은 "假登記를 한 경우에는 本登記의 順位는 假登記의 順位에 依한다."라고 規定하여 假登記에는 後日 經了되는 本登記를 爲하여 順位를 保全하는 效力이 있다고

2) 不動産登記法 第37條, 同法 第38條 參照
3) 登錄稅法 第2條 第1項 第8號 參照

認定되고 普通 이를 順位保全의 效力 또는 順位保存의 效力이라고 부른다. 假登記는 後述과 같이 그 自體로서는 物權變動을 일으키는 效力은 勿論 假登記義務者의 處分權을 制限하는 效力을 갖는 것은 아니다.[4] 例컨대 甲所有의 不動産에 乙을 爲하여 所有權移轉請求權保全의 假登記가 되어 있다 하더라도 甲은 第三者인 丙에게 所有權을 讓渡하거나 丙을 爲하여 抵當權 等 制限物權을 設定하는 等의 處分行爲를 할 수 있고 또 그와 같은 處分行爲에 따른 登記를 할 수도 있다. 그러나 甲이 그런 處分行爲를 하고 登記(本登記)를 하였다 하더라도 乙이 그 以前의 假登記에 基하여 本登記를 하면 假登記의 順位保全의 效力에 依하여, 다시 말하면 乙의 本登記는 假登記時에 이루어진 것으로서의 順位를 갖는 結果로 乙의 本登記는 丙의 登記에 優先함으로써 丙의 所有權取得 또는 制限物權의 取得은 乙에 對한 關係에 있어서 그 效力을 喪失하게 된다.[5] 또한 甲이 그 所有의 不動産 위에 乙을 爲한 抵當權設定請求權保全의 假登記를 한 뒤에 甲이 丙을 爲하여 抵當權設定의 登記를 하였을 때에 乙이 本登記를 마치면 乙의 本登記는 丙의 登記보다 優先하는 關係로 丙의 抵當權은 乙의 抵當權보다 後順位가 된다. 이와 같이 假登記에 基하여 本登記가 이루어지면 本登記를 한 權利는 假登記 後 本登記 前에 이루어진 다른 一切의 權利에 優先하는 結果, 中間處分 即 假登記 後 本登記 前의 處分에 依하여 생긴 權利 中 本登記된 權利와 相容되지 않는 것은 모두 그 效力을 喪失하고 本登記된 權利와 併存可能한 것은 모두 그 後順位로 된다. 이런 結論에는 전혀 異論이 없다. 不動産登記

4) 本稿 三. 1. 參照

5) 日大判大9.7.10.

法은 이런 關係를 登記簿上 明白히 하는 方法으로 登記簿에 假登記를 記載할 때에는 左側에 餘白을 남겨 두고(同法 第61條) 後日 假登記에 基한 本登記의 申請이 있는 때에는 假登記의 左側餘白에 그 記載를 하도록 하고 있다(同法 第62條).

2. 順位保全效力의 理論的 說明

위와 같은 假登記의 順位保全的 效力은 "本登記를 하기까지에 多少의 時日을 要하는 경우에 있어서 임시로 登記를 함으로써 優先的 順位를 取得하는 便利를 目的으로 하여" 만들어진 假登記制度의 立法趣旨[6]로 보아도 明白한 것이기는 하지만 "本登記의 順位가 假登記의 順位에 依한다."는 것이 어떤 理由로 그런 效果를 發生케 하는 것인지, 換言하면 順位保全效力의 實質的 內容이 무엇인지 하는 點은 不動産登記法 第6條 第2項의 規定만으로서는 반드시 明白하다고는 할 수 없는 까닭에 從來 이 點에 關하여 學說·判例의 見解가 매우 區區하였다.

(一) 日本判例

먼저 日本判例의 態度를 살펴본다.[7] 初期의 日本判例 中 比

---

6) 日本 法典調査會, 「不動産登記法案理由書」

7) 物權變動에 關하여 登記를 第三者에 對한 對抗要件으로 하고 있는 日本民法 第177條와 關聯하여 日本 不動産登記法은 第2條 第1號에서 物權保全의 假登記를, 第2號에서 請求權保全의 假登記를 規定하고 있는 點을 注意할 必要가 있다. 日本 不動産登記法 第2條는 다음과 같다. 「假登記는 다음의 경우에 이를 한다. 1. 登記의 申請에 必要한 節次上의 條件을 具備하지 않을 때, 2. 前條에 들은 權利의 設定, 移轉, 變更 또는 消滅의 請求權을 保全하려고 할 때, 위의 請求權이 始期附 또는 停止條件附인 때 其他 將來에 있어서 確定할 것인 때에도 또한 같다」.

較的 多數는 假登記가 本登記를 爲하여 順位保全의 效力을 갖는 結果 假登記에 基한 本登記가 이루어지면 그 本登記의 效力 卽 物權變動의 對抗力[8]은 "假登記 當時에 遡及하여" 發生한다고 說明하고 所謂 中間處分이 本登記에 抵觸되는 範圍에 있어서 그 效力을 喪失하는 것은 本登記가 이루어지면 그 權利가 假登記當時부터 第三者에 對抗할 수 있었던 것으로 되기 때문이라고 하고 이러한 理致는 日本 不動産登記法 第2條 第1號의 이른바 物權保全의 假登記에 있어서나 同條 第2號의 이른바 請求權保全의 假登記에 있어서나 마찬가지라고 하였다.[9] 그 뒤 昭和8年3月28日의 大審院判決은 日本 不動産登記法 第2條 1號의 假登記와 同條 2號의 假登記를 區別하여 1號의 假登記(物權保全의 假登記)의 경우에는 本登記가 假登記當時에 이루어진 것과 完全히 同一한 것으로 看做되어 "本登記의 效力 卽 物權變動의 對抗力은 假登記當時로 遡及하여 생기는" 까닭에 "假登記와 本登記와의 中間에 있어서 第三者와의 사이에 行하여진 中間處分은 위 對抗力이 미치는 範圍에서는 存在할 餘地가 없어진다."고 하고, 2號의 假登記(請求權保全의 假登記)의 경우에는 "當事者間에 物權變動이 생기는 것은 빨라도 請求權이 實現되는 때(卽 義務履行期)이므로 그 以前에 遡及하여 對抗力만이 홀로 생긴다."고 말할 수는 없는 까닭에 假登記當時 아직 義務履行期가 到來하지 않았을 때에는 本登記의 效力은 假登記當時까지는 遡及되지 않고 義務履行期까지만 遡及할 뿐이며 따라서 義務履行期 後 本登記 前에 이루어진 中間處分은 1號의 경우와 같은 理由로 卽 對抗力遡及의 結果로 效力을 잃지만

8) 日本民法 第177條 參照

9) 日大判大3.12.10.; 同大11.6.23. 等

假登記 後 義務履行期 前에 이루어진 中間處分의 失效는 이와는 달리 “假登記에 依한 請求權保全의 效力” 때문이라고 하여 對抗力이 遡及하되 어느 時期까지 遡及하는가에 關하여 物權保全의 假登記와 請求權保全의 假登記를 區別하였고[10] 以後 大部分의 判例가 위 判例의 理論을 踏襲하고 있다.[11] 最近의 最高裁判所 判例는 本登記의 對抗力이 遡及한다는 表現을 避하고 있는 것처럼 보이기는 하지만 內容的으로는 亦是 對抗力遡及說을 取하는 것처럼 보인다.[12]

(二) 日本의 學說

初期의 判例와 같이 本登記의 對抗力이 恒常 假登記當時까지 遡及한다는 說,[13] 또는 前記 昭和8.8.28.의 大審院判決과 같이 物權保全의 假登記의 경우에는 假登記當時까지 對抗力이 遡及하나 請求權保全의 假登記의 경우에는 物權變動이 發生한 時期(혹은 義務履行期)까지만 對抗力이 遡及한다는 說[14]도 있으나 多數說은 對抗力이 遡及한다는 判例에 反對한다. 卽 “本登記의 順位가 假登記의 順位에 依한다.”는 것은 本登記의 對抗力이 假登記當時로 遡及하여 發生한다는 意味가 아니고 단지 本登記의 順位만이 假登記의 順位로 遡及한다. 卽 假登記의 順位보다 늦은 다른 登記는 그 假登記에 基한 本登記보다 먼저 經了된 것일지라도 本登記가 經

10) 詳細는 我妻, 「判例 コンメンタール物權法」, 118面 및 三島, 「綜合判例研究叢書 民法6, 假登記의 效力」, 10面. 그러나 形式主義를 取하는 우리 民法下에서는 假登記 後 本登記 前에 따로 物權變動이 생기는 時期라는 것이 있을 수 없다.

11) 日大判昭9.12.28.; 同昭12.2.26.

12) 最判昭36.6.29.; 同昭38.10.8.

13) 末弘, 「物權法上」, 137面; 田島, 「物權法」, 85面

14) 石田, 「物權法論」, 201面; 前田, 「假登記와 第三取得者」. 특히 柚木, 「判例物權法總論」, 221面은 假登記에 依하여 請求權이 絕對權化된다고 한다.

了되면 그 本登記보다 後順位로 된다는 것이다. 換言하면 本登記가 된 物權變動의 對抗力은 一般의 原則에 따라 本登記時부터 發生하고 다만 그 對抗力은 當該 物權變動이 假登記當時에 本登記가 된 것과 同一한 內容을 가짐에 不過하다고 한다. 따라서 假登記 後 本登記까지의 사이에 假登記義務者가 本登記된 假登記權利者의 物權變動에 抵觸되는 다른 處分行爲를 하였을 경우 假登記權利者는 그 本登記를 한 物權變動이 마치 假登記當時에 本登記가 된 것처럼 됨으로써 第三者에 對抗할 수 있게 되는 結果 假登記義務者의 위와 같은 處分行爲는 처음부터 效力이 없었던 것으로 取扱하게 된다고 한다. 그러나 假登記權利者가 本登記를 한 物權變動의 對抗力은 假登記當時까지는 遡及되지 않고 本登記時에 비로소 發生하기 때문에 假登記義務者의 위와 같은 處分行爲의 本登記 前에 있어서의 實質上 效力은 本登記가 이루어짐에 의하여 아무런 影響도 받지 않는다고 한다.[15)]

(三) 우리나라의 學說·判例

우리나라의 通說은 "本登記의 順位가 假登記의 順位에 依한다."는 뜻은 本登記의 物權變動을 일으키는 效力이 假登記當時로 遡及된다는 것은 아니고 단지 本登記의 順位만이 假登記의 順位로 遡及된다는 意味라고 解釋하여 日本의 多數說과 같은 見解를 取한다.[16)] 大法院判例 가운데 이 問題가 正面으로 論議된 것은 아

15) 板木, 「不動産登記法 第 7 條 2 項의 意義」, 280面; 舟橋, 「不動産登記法」, 82面; 幾代, 「不動産登記法」, 166面; 杉之原, 「新版不動産登記法」, 110面; 三島, 「綜合判例研究叢書 民法 6, 假登記의 效力」, 19面 等

16) 金曾漢, 「物權法(上)」, 303面; 郭潤直, 「物權法」, 122面; 方順元, 「新物權法」, 44面

직 없는 것 같다.

(四) 判例·學說에 對한 批判

以上에서 살펴본 判例·學說의 見解는 結局 두 가지로 分類된다. 하나는 假登記에 基한 本登記가 이루어지면 그 本登記의 物權變動을 일으키는 效力 또는 物權變動의 對抗力이 假登記當時로 遡及된다는 見解(主로 日本判例가 取하는 見解)이고 다른 하나는 우리나라 및 日本의 通說이 取하는 見解와 같이 本登記의 物權變動을 일으키는 效力 또는 對抗力이 假登記當時로 遡及하는 것이 아니라 단지 本登記의 順位만이 假登記의 當時로 遡及한다는 것이다. 생각컨대 物權變動을 일으키는 效力(日本民法의 경우는 對抗力)이 假登記當時로 遡及된다고 하면 必然的으로 假登記 後 本登記 前의 法律關係에 영향을 미치게 되고 이는 假登記에 지나친 效力을 認定하는 結果가 될 뿐더러 假登記의 存在가 假登記義務者의 權利行使를 制限하지 않는다고 하는 것과 矛盾되어 不當하다 하겠다. 例컨대 甲所有의 不動産에 乙이 所有權移轉請求權保全의 假登記를 한 뒤 丙이 所有權移轉登記를 하고 丙이 이를 丁에게 賃貸中에 乙이 本登記를 하였다고 하는 경우에 위와 같은 見解를 取하면 乙은 假登記當時 이미 所有權을 取得한 것으로 丙에게 主張할 수 있는 結果, 丙은 乙의 本登記 前의 關係에 있어서도 實質上 無權利者인 것으로 되므로 乙의 本登記 前에 取得한 賃料를 實質上의 所有者인 乙에게 不當利得으로 返還하지 않으면 안 되게 된다. 따라서 物權變動의 效力은 遡及하지 아니하고 本登記의 順位만이 遡及한다고 하는 通說의 見解가 一應 妥當하다 하겠다. 그러나 通說의 見解에 따르면 假登記 後 本登記 前에 權利를 取

得한 者가 假登記에 基하여 本登記를 한 權利에 抵觸되는 範圍內에서 그 權利를 喪失하는 것은 그 權利의 實質的 內容에 따른 論理的 結果라고 하기보다는 오히려 法의 技術的인 順位造作에 依하여 權利의 失效를 强要하는 結果가 되어 理論的 基礎에 있어 空虛함을 免할 수 없다 하겠다. 日本判例가 몇 가지 難點이 있음에도 不拘하고 始終 本登記의 對抗力이 遡及한다는 理論構成을 取한 背後에는 위에서 指摘한 바와 같은 理論的 空白을 메꾸기 爲한 努力이 있었던 것으로 짐작된다. 換言하면 甲所有의 不動産위에 乙이 所有權移轉請求權保全의 假登記를 하고 乙이 그 本登記를 하기 前에 丙이 所有權移轉의 登記를 한 경우에 있어서 甲은 假登記가 있다고 하여 그 所有不動産의 處分에 아무런 制限도 받지 않고 乙도 本登記를 하기 前에는 假登記만을 가지고는 아직 自己의 所有權取得을 누구에게도 主張할 수 없는 터이어서 丙은 對內的으로나 對外的으로나 完全한 所有權을 取得한다 할 것이나 그럼에도 不拘하고 그 뒤에 一旦 乙이 本登記를 하면 不動産登記法 第6條 第2項에 依하여 强制로 事實上의 登記順位와는 달리 丙의 登記는 乙의 本登記보다 後順位로 되어(形式上으로는 乙의 本登記의 順位가 假登記時로 遡及하여 乙의 本登記가 丙의 登記보다 先順位로 되는 것처럼 보이나 그렇다고 하여 乙의 本登記의 效力 또한 遡及되는 것은 아닌 만큼 實際로는 丙의 登記順位가 乙의 本登記順位보다 뒤로 밀려나는 셈이다) 物權의 排他性 때문에 그 效力을 喪失하게 되는 셈이다. 따라서 이와 같이 形式的인 登記順位의 法的 造作만으로 問題를 解決하는 것보다는 오히려 問題를 實質的인 內容의 面에서 考察하여 物權行爲에도 條件을 붙일 수 있고,[17] 그 條

17) 金曾漢, 前揭書, 241面, 251面

件을 登記하면 第三者에게 對抗할 수 있는 것이므로[18] 假登記를 登記簿上에 公示된 하나의 一般的인 條件으로 보아 그러한 假登記가 있을 때에는 第三者는 假登記에 基한 本登記의 經了를 解除條件으로 하여 權利를 取得하고 本登記가 經了되면 解除條件의 成就로 因하여 以後 本登記와 抵觸되는 範圍內에서 그 效力을 喪失한다고 봄이 어떨까 한다.

3. 中間處分의 失效

假登記가 順位保全의 效力을 갖는 結果, 假登記에 基한 本登記가 經了되면 假登記 後 本登記 前의 中間處分은 本登記된 權利와 相衝하는 範圍內에서 效力을 喪失한다. 다만 그 效力喪失이 假登記當時로 遡及되느냐에 關하여는 見解가 갈린다. 本登記의 物權變動을 일으키는 效力이 假登記當時로 遡及된다는 見解를 따르면 中間處分의 失效도 假登記當時로 遡及된다고 할 것이나 이에 反對하는 通說의 見解를 따르면 中間處分은 假登記에 基한 本登記가 이루어진 때부터 將來를 向하여만 그 效力을 喪失한다고 하게 된다. 問題가 되는 몇 가지 具體的 事例들을 살펴본다.

(一) 甲所有의 不動産에 乙이 所有權移轉請求權保全의 假登記를 한 뒤에 丙이 이를 讓受하여 所有權移轉登記를 하고 그 뒤에 乙이 本登記를 하면 乙은 丙에 對하여 그 所有權을 主張할 수 있음은 勿論이다.[19] 問題는 이런 경우 丙이 乙의 本登記 前에 그 不動産을 丁에게 賃貸하고 賃料를 받은 경우인데, 乙이 本登記를 하

18) 不動産登記法 第43條 參照
19) 日大判大4.4.5.

면 그 物權變動의 效力이 假登記當時로 遡及한다고 하면 丙은 그 得取한 賃料를 乙에게 不當利得으로 返還해야 될 것이나 物權變動의 效力이 遡及하지 않는다는 見解를 取하면 乙이 本登記를 하여도 그 本登記 前에 있어서의 丙의 所有權取得에는 아무런 영향이 없기 때문에 賃料를 返還할 必要가 없게 된다.[20] 昭和12.2.2.의 大審院判決은 위와 같은 事案에 關하여 乙의 不當利得返還請求를 別途의 理由로 棄却하였으나 傍論으로서 昭和8年의 大審院判決에 反對하여 請求權保全의 假登記의 경우에 本登記의 對抗力이 假登記當時까지 遡及되지 않는다는 것을 力說하고 이런 點으로부터도 不當利得의 成立이 否定됨을 暗示하고 있어 注目된다. 實際의 結果로 보아서도 通說의 見解가 妥當함은 勿論이다.

(二) 甲이 그 所有不動産에 關하여 乙을 爲한 所有權移轉請求權保全의 假登記를 하고 다시 이를 丙에 賃貸하여 丙이 이를 占有하고 있는 경우, 乙이 本登記를 하고 物權變動의 效力이 遡及한다고 하여 丙의 占有를 不法占有로 보아 損害賠償의 請求를 할 수 있는가. 이런 請求를 認定하는 趣旨의 日本判例가 있으나[21] 한편 不法行爲의 成否는 行爲當時의 狀態에 依하여 判斷하여야 하므로 丙의 占有가 當時 有效한 賃貸借에 基한 適法한 占有이었던 以上 丙은 不法行爲責任을 질 수 없다는 反對의 見解도 있다.[22] 그러나 物權變動의 效力이 遡及하지 않는다는 說에 依하면 丙의 占有는 無權原占有가 아니므로 不法行爲의 問題가 생길 餘地가 없다.[23]

---

20) 杉之原, 前揭書, 122面. 다만 舟橋, 前揭書, 205面은 對抗力不遡及說을 取하면서 結論은 反對이다.

21) 日大判昭36.6.29.

22) 「註釋民法(6)」, 354面 參照

23) 舟橋說에 依하면 對抗力不遡及說을 取하면서도 結論은 反對이다.

(三) 甲이 建物과 그 垈地를 所有하고 있다가 建物에 對하여 乙을 爲하여 所有權移轉請求權保全의 假登記를 한 뒤에 甲으로부터 丙에게 所有權移轉登記가 되고, 한편 垈地에 對하여는 乙의 假登記 前에 設定登記된 抵當權이 乙의 假登記 後 實行되어 丁이 그 垈地를 競落하고 建物所有者 丙을 爲하여 法定地上權이 發生한 경우, 乙이 假登記에 基한 本登記를 하였다고 하면 丁은 그 때까지의 地代를 全部 乙에게 請求할 수 있는가. 物權變動의 效力이 遡及된다는 說에 依할 때에는 丙의 建物所有權取得은 乙의 本登記에 依하여 처음부터 無效로 되므로 乙은 法定地上權發生 以後의 地代 全部를 丁에 對하여 支拂하지 않으면 안 되나[24] 反對說을 따르면 乙의 本登記 前까지는 丙이 建物의 所有者이므로 그간의 地代支拂義務는 丙이 負擔하게 된다.

(四) 所有權移轉請求權保全의 假登記와 그 本登記의 中間에 抵當權設定登記 또는 그 實行을 爲한 競賣開始決定이 있었다 하여도 本登記 後에는 抵當權設定登記는 無效가 되고 競賣節次는 續行될 수 없으며 競賣開始決定도 取消를 免할 수 없다.[25]

(五) 所有權移轉請求權保全의 假登記와 그 本登記 사이에 强制競賣開始決定이 있었던 경우도 위 (四)와 마찬가지이다.[26]

(六) 所有權移轉請求權保全의 假登記와 그 本登記 사이에 假押留가 있었던 경우, 本登記 後에는 假押留는 效力을 잃고 强制競賣를 할 수 없게 된다.[27]

(七) 所有權移轉請求權保全의 假登記 後 그 本登記 前에 處分

24) 同旨: 日大判昭14.11.25.
25) 日大判昭8.7.22.
26) 日大判大3.12.10.
27) 大法院1962.1.31.宣告4294民上664號判決(郭潤直, 「判例敎材 物權法」, 147面)

禁止假處分이 된 경우 — 그 假處分은 本登記의 經了를 妨害하지 못하며, 本登記가 되면 그 所有權取得을 假處分權利者에 對抗할 수 있다.[28)]

(八) 所有權移轉請求權保全의 假登記와 그 本登記의 사이에 目的不動產이 破產財團에 屬하게 된 경우 — 元來 破產宣告 後의 登記 또는 假登記는 原則으로 破產債權者에 對抗할 수 없는 것이나(破產法 第46條 第1項), 破產宣告 前에 假登記가 있는 경우에는 그 宣告 後에 本登記를 하여도 그 順位가 遡及하는 結果, 이로써 破產債權者에 對抗할 수 있다.[29)]

(九) 所有權移轉請求權保全의 假登記 後 假登記義務者가 死亡하고 相續人이 限定承認을 한 경우 — 假登記權利者는 本登記 後 그 所有權의 取得을 相續債權者에 對抗할 수 있다.[30)]

(十) 所有權移轉請求權保全의 假登記 前에 設定登記된 抵當權의 實行에 依하여 不動產이 競落된 경우, 競落人이 完全히 所有權을 取得함은 勿論이다.[31)]

(十一) 所有權移轉請求權保全의 假登記 後 그 土地에 關하여 收用處分이 있었던 경우 — 日本判例는[32)] 甲所有의 土地를 乙이 買受하고 假登記를 한 뒤 한편 起業者인 丙이 甲을 登記簿上 所有者로 하여 收用節次를 取하고 收用委員會의 裁決을 거쳐 土地補償金을 甲에게 支拂하였는데 乙이 그 다음해에 假登記에 基한 本登記를 하고 丙을 相對로 不當利得返還請求를 한 事案에 關하

28) 日大判大6.7.5.; 同大11.6.23.
29) 日大判大15.6.29.
30) 日最判昭31.6.28.
31) 日大判昭2.11.11.
32) 日大判昭10.3.5.

여 公益上 收用制度를 認定하는 法意에 비추어 볼 때 假登記가 가진 關係的 處分禁止의 效力은 發生될 수 없고 따라서 收用은 完全히 效力을 發生하며 本登記는 效力을 잃는다고 判示하였다. 學說도 大體로 이를 支持한다.[33] 收用은 所有者가 누구인가에 關係 없이 效力을 發生하는 것으로 보아야 되므로 위 結論은 正當하다 할 것이고 그렇다면 假登記의 順位保全效力에 對한 重大한 例外가 되므로 注意를 要한다. 다만 收用節次에 있어서 假登記權利者를 關係人에 包含시킬 것인가, 혹은 假登記權利者는 收用節次의 어느 段階까지 有效하게 本登記를 할 수 있는가 하는 點들은 問題가 될 것이다.

(十二) 이 밖에 國稅의 納稅處分과 假登記의 優劣에 關하여 日本 國稅徵收法 第23條 第1項은 法定納期限 以後에 納稅者를 登記義務者로 하여 債務不履行을 停止條件으로 하는 代物辨濟豫約에 基한 權利移轉請求權保全의 假登記 其他 이에 類似한 擔保目的의 假登記가 되어 있는 財産을 押留한 경우에는 그 押留處分後에 그 假登記에 基한 本登記가 이루어져도 滯納處分에 의한 押留의 效力은 喪失되지 않는다고 規定함으로써 假登記의 順位保全效力에 重大한 例外를 이루고 있는바, 納稅者의 納稅處分免脫行爲를 防止하려는 위 規定의 立法趣旨는 充分히 首肯할 수 있으나 이는 不動産登記法이 規定하고 있는 假登記의 順位保全效力에 對한 重大한 例外이므로 그와 같은 明文의 規定이 없는 우리 國稅徵收法上으로는 위와 같은 경우에도 亦是 一般의 例에 따라 滯納處分은 效力을 잃는다고 解釋하여야 할 것이다.[34]

33) 山田,「判民昭和10年度39事件評釋」參照
34) 國稅徵收法 第5條 第2項 3號 參照

三. 假登記自體의 效力

1. 本登記와 같은 效力의 有無

(一) 假登記는 終局登記와 같은 效力 특히 物權變動을 일으키는 效力을 認定할 수 없음은 假登記의 目的 및 性質로 보아 當然하다 할 것이며 이 點에 關하여 學說·判例는 異論이 없다.[35] 登記가 物權變動의 對抗要件인 日本의 경우 判例는 一時 假登記도 權利變動의 對抗力이 있다고 하였으나[36] 바로 見解를 바꾸어 現在는 假登記에 本登記와 같은 對抗力이 없다는 點에 關하여 學說·判例에 전혀 異論이 없다.

(二) 假登記에도 本登記와 같은 推定力이 있는가. 大法院1963. 4. 18.宣告63다114號判決은 "所有權移轉請求權의 保全을 爲한 假登記가 있었다고 하여 반드시 金錢債務에 關한 擔保契約이나 代物辨濟豫約이 있었다고 斷定할 수 없다."고 하였고[37] 日本判例는 "假登記權利者 一方만의 申請에 依하여 이루어진 假登記에는 事實關係의 推定力이 없다."고 하였으나(大判大9.10.6) 一旦 假登記가 이루어진 以上 그 登記가 假登記權利者 및 假登記義務者의 共同申請에 依한 것인가, 또는 假登記權利者 一方의 申請에 依한 것인가를 不問하고 最少限 假登記權利者의 登記簿上 地位로서는 實體上으로도 假登記名義人에게 그와 같은 權利가 存在한다는 一應의

35) 郭潤直, 前揭書, 90面; 金曾漢, 前揭書, 268面; 大法院1966.5.24.宣告66다485號判決(「判例總覽 不動産登記法」, 496-1面)

36) 日大判明33.10.29.; 同37.4.20.; 同42.3.31.

37) 「判例總覽 不動産登記法」, 496面

推定은 可能하지 않을까 한다.[38)]

(三) 이와 같이 假登記에는 物權變動을 일으키는 效力이 없는 結果, 假登記를 한 者는 第三者에 對하여 自己의 權利를 主張할 수가 없다. 例컨대 1945. 8. 9. 이전에 日本人으로부터 日人所有不動產을 買受하여 假登記만을 하고 本登記를 하지 않은 財產은 軍政法令 第33號에 따라 一應 美軍政廳所有로 되었다 할 것이며[39)] 地上權의 假登記를 한 자는 아직 第三者에게 地上權의 取得을 主張할 수 없고 所有權의 假登記를 한 者는 本登記를 하지 않는 한 第三者에 對하여 所有權確認을 請求할 수 없다.[40)] 또한 假登記權利者는 그 假登記 後 建物의 所有權을 取得한 第三者의 明渡請求를 拒否할 수 없으며,[41)] 反對로 建物의 所有權移轉請求權保全의 假登記를 한 者는 假登記만으로 建物을 讓受한 者 혹은 賃借하여 占有하고 있는 者에 對하여 그 建物의 明渡를 請求할 수 없다.[42)] 다만 假登記權利者가 假登記義務者에 對한 本登記節次履行請求의 訴와 第三者(例컨대 賃借人)에 대한 明渡請求의 訴를 共同訴訟으로 提起한다든지 또는 本登記終了를 條件으로 하는 將來履行의 訴로서 明渡請求를 하면 어떨까. 前者는 亦是 假登記自體에 物權變動의 效力을 認定하는 셈이 되어 不當하고 後者는 理論上 可能하지 않을까 한다.[43)]

38) 內海一, 「假登記의 理論과 實務」, 149面
39) 大法院1971.4.30.宣告71다502號判決(大法院判決集19권1집415面)
40) 日最判昭32.6.18.
41) 大法院1970.3.10.宣告69다1669號判決(大法院判決集18권1집196面)
42) 日最判昭38.10.8.
43) 同旨: 日大阪地判昭36.1.30.

2. 假登記를 本登記로 고치는 節次

(一) 問題의 說明

甲所有의 不動産에 關하여 乙名義로 所有權移轉請求權保全의 假登記가 이루어진 뒤에 甲으로부터 丙에게 所有權移轉登記가 이루어졌을 때에 乙이 그 不動産을 完全히 自己所有로 하기 爲하여는 그 假登記에 基한 本登記를 經了함은 勿論, 甲으로부터 丙으로의 所有權移轉登記를 抹消하지 않으면 안 되는데 이런 경우 위 兩者中 어느 것을 먼저 하여야 하는가가 問題된다. 그 理由는 于先 不動産登記法의 原則에 따르면 乙의 本登記는 登記權利者인 乙과 登記義務者인 甲의 共同申請에 依하여 할 것이나 登記義務者인 甲은 이미 그 不動産의 所有名義를 喪失하였기 때문에 만일 甲을 登記義務者로 하여 本登記를 申請하면 그 申請은 一應 "申請書에 揭記한 登記義務者의 表示가 登記簿와 符合하지 아니한 때"에 該當하여 不動産登記法 第55條 第6號에 따라 却下되는 것으로 생각되고 따라서 위와 같은 本登記를 申請하기 爲하여는 먼저 丙의 所有權移轉登記를 抹消하여 그 不動産의 所有名義를 甲으로 還元시키지 않으면 안 될 것이나 한편 이렇게 되면 乙은 아직 本登記를 하지 않고 있기 때문에 그 所有權의 取得을 第三者인 丙에게 對抗할 수 없다는 假登記의 本來의 效力과 矛盾되게 된다. 따라서 丙이 任意로 그 所有權移轉登記의 抹消에 協力하지 않는 限 乙은 結局 假登記를 本登記로 고칠 수 없게 되고 이것은 假登記를 전혀 無意味한 것으로 만들게 되어 法律이 假登記制度를 認定한 趣旨에 反하게 될 뿐만 아니라 假登記의 效力이 認定되는 다른 경우와 均衡이 맞지 않게 된다. 卽 甲으로부터 乙에게 所有權移轉請

求權保全의 假登記가 된 後에 丙名義의 地上權 또는 抵當權設定登記가 이루어진 경우 甲은 아직 그 所有名義를 喪失하지 않았으므로 乙은 甲과의 共同申請에 依하여 假登記를 本登記로 고치고, 本登記의 順位가 假登記의 當時로 遡及되는 效果로 丙의 地上權 또는 抵當權設定登記의 抹消를 請求할 수 있기 때문이다. 그렇다면 어떤 方法으로 위와 같은 경우에 假登記를 本登記로 고치도록 할 것인가. 이에 關하여 判例는 當初 假登記權利者는 假登記 그 自體로서 第三取得者에 對하여 그 登記抹消를 請求할 수 있다고 하여 假登記에 本登記와 같은 效力 내지는 特殊한 效力이 認定된다고 함으로써 以後 假登記의 效力에 關한 問題의 하나로 크게 다투어지게 되었다.

(二) 甲 所有의 不動産에 乙 名義의 所有權移轉請求權保全의 假登記가 된 後 甲으로부터 丙에게 所有權移轉登記가 된 경우 乙의 本登記節次

이에 關하여 우리나라 不動産登記法은 아무런 規定이 없고 日本 不動産登記法 亦是 昭和35年의 改正 前까지는 아무런 規定이 없었기 때문에 兩者 共히 判例의 變遷이 심하였다. 먼저 判例의 態度를 考察하여 본다.

㈎ 昭和35年의 不動産登記法 改正 前의 日本判例의 變遷

ⓐ 日本判例는 最初 甲은 登記簿上 所有名義를 喪失하였기 때문에 먼저 丙의 所有權移轉登記를 抹消하고 登記簿上 所有權名義를 甲에게 回復시킨 뒤가 아니면 乙은 本登記를 할 수 없다는 前提下에 乙은 假登記 自體로서 丙에 對하여 登記抹消를 請求할 수 있다

고 하여 假登記에 一種의 對抗的 效力을 認定하였다. 이런 觀點으로부터 判例는 假登記는 "그 本登記를 經由하는 權利를 確保하는 效力"을 가진다던가,[44] 假登記權利者는 假登記의 效力으로서 "後日 登記를 함에 際하여 그 障碍가 되는 行爲를 登記簿上에 한 第三者에 對하여 그 撤廢를 求할 수 있다."[45]고 說明하고 그 結果 乙은 假登記 自體로서 丙의 登記를 抹消할 것을 請求할 수 있다고 하였다.[46]

(b) 그 뒤 日本判例는 乙은 甲에 對하여 本登記를 請求함과 同時에 丙에 對하여 登記의 抹消를 請求함도 無妨하다고 하였는바, 그 趣旨는 乙은 먼저 本登記를 하고 그 後에 丙에 對하여 登記의 抹消를 請求함이 原則이나 甲이 本登記節次에 協力하지 않는 경우에는 甲에 對한 本登記請求의 訴를 提起함과 同時에 丙에 對하여 抹消請求를 하는 것도 無妨하다는 것으로 보인다.[47]

(c) 그 뒤 昭和8.2.17.의 大審院判決은 丙의 所有權移轉登記抹消 前에도 乙은 適法하게 本登記를 할 수 있으며 假登記에는 一切의 對抗的 效力이 없다는 前提 下에 乙은 먼저 本登記를 한 뒤가 아니면 丙에 對하여 登記의 抹消를 請求할 수 없다고 하여 最初의 日本判例의 態度로부터 180度의 轉回를 하기에 이르렀다.

(d) 그러나 그 後 日本判例의 態度는 一定하지가 않아서 혹은 乙은 本登記를 한 뒤에 丙의 登記抹消를 請求하여도 되고 假登記 自體만으로도 抹消請求를 하여도 된다고 하는 것이 있는가 하면[48] 最初의 判例와 같이 丙에 對하여 먼저 抹消請求를 하여야

44) 日大判大4.5.14.
45) 日大判大6.9.20.
46) 日大判大10.10.27.
47) 日大判昭3.7.28. 同旨: 日大判昭6.5.23.; 日大決昭7.8.5.
48) 日大判昭10.4.9.

된다는 것도 있다.[49] 大體로 近時의 最高裁判所 判例는 乙은 먼저 本登記를 함이 原則이나 甲에 對한 本登記請求와 同時에 丙에 對한 登記抹消를 請求함도 無妨하다는 態度였던 것으로 보인다.[50]

㈏ 우리나라의 判例

朝鮮高等法院時代의 判決 및 初期의 大法院判決은 初期의 日本 大審院判決과 같은 見解를 取하였다. 卽 朝鮮高等法院1921.8.26.字判決은 "所有權移轉의 假登記가 있은 後 假登記義務者인 登記名義人이 第三者에 對하여 所有權移轉의 登記를 하였을 때는 登記簿上의 登記名義人에 變更이 생김으로써 假登記權利者가 假登記에 基한 本登記를 하고자 함에는 所有權移轉의 本登記를 한 第三者에 對하여 그 本登記의 抹消를 求하고 登記簿上의 名義人을 假登記義務者의 名義로 回復시키고 然後 假登記義務者로부터 所有權移轉의 本登記를 받아야 하는 것으로써 第三者의 所有權移轉의 本登記가 있음에도 不拘하고 假登記權利者가 假登記義務者로부터 直接 所有權移轉의 本登記를 받음은 現在 登記簿上 登記名義者가 아닌 者로부터 所有權移轉의 登記를 받는 것으로 되어 明白히 登記法 第49條 第6號(舊法)의 경우에 該當해야 하는 것이라면 이러한 登記의 申請은 同條에 依하여 却下하지 아니하면 안된다."고 하였고 1962.12.24.자4294民再抗675號決定이 있기까지의 大法院判決도 위 朝鮮高等法院判決의 見解를 그대로 維持하였다.[51] 그 후 大法院은 위 1962.12.24.자4294民再抗675號決定에서

49) 日大判昭17.9.15.

50) 日最判昭32.6.7.

51) 同旨: 大法院1949.4.2.宣告4281民上314,315號判決; 大法院1957.11.18.宣告4290民上289號判決; 大法院1961.12.14.宣告4294民上253判決 等

假登記權利者는 먼저 假登記義務者를 相對로 하여 本登記를 하여야 되고 그와 같은 本登記를 함이 없이 假登記權利者가 直接 假登記 後 本登記 前에 權利를 取得하여 登記한 第三者를 相對로 그 登記의 抹消를 請求할 수는 없으며 이와 같이 假登記權利者가 本登記를 하면 第三取得者의 登記는 不動産登記法 第55條 2號의 "事件이 登記할 것이 아닌 때"에 해당하므로 登記公務員이 同法 第175條 第1項에 依하여 職權으로 이를 抹消하여야 한다고 判示하기에 이르렀다.[52)]

(다) 學　說

初期의 日本 大審院判決과 같이 먼저 丙의 登記를 抹消하여야 한다는 說,[53)] 乙은 먼저 甲을 相對로 本登記를 하여야 되고 그 後 丙에 對한 登記抹消를 請求할 수 있다는 說,[54)] 甲에 對한 本登記의 請求와 丙에 對한 登記抹消의 請求를 同時에 하여야 한다는 說[55)] 等이 있다.

(라) 判例·學說에 對한 批判

以上 檢討한 學說·判例의 見解는 다음 다섯 가지로 나누어 볼 수 있다.

첫째는 假登記權利者 乙이 直接 假登記義務者인 甲에 對하여 本登記를 請求할 수는 없고 먼저 丙에 對하여 그 登記의 抹消를 請求하여 所有名義를 元來의 甲에게 回復시킨 뒤에 甲에 對하여

---

52) 「判例總覽 不動産登記法」, 492面 參照. 同旨의 判決로는 大法院1963.7.25.宣告63다53號判決; 大法院1965.3.31.자65마97號決定; 大法院1966.6.21.宣告66다699, 700號判決 等

53) 石田, 前揭書, 203面; 末川, 「物權法」, 178面; 柚木, 前揭書, 234面

54) 舟橋, 前揭書, 191面; 幾代, 前揭書, 109面; 香川, 「假登記에 關한 諸問題」

55) 我妻, 「假登記」, 法律學辭典 I, 287面; 杉之原, 前揭書(舊版), 230面

本登記를 請求할 수 있다는 見解이고 둘째는 乙은 本登記를 먼저 한 뒤에 丙에 對하여 登記의 抹消를 請求함이 原則이나 甲이 本登記申請에 協力하지 않는 경우에는 甲에 對한 本登記請求의 訴와 同時에 丙에 對한 登記抹消의 請求를 하여도 無妨하다는 見解이고 셋째는 乙은 먼저 本登記를 한 뒤가 아니면 丙에 對하여 登記의 抹消를 請求할 수 없다는 見解이며 넷째는 甲에 對한 本登記의 請求와 丙에 對한 登記抹消의 請求를 반드시 同時에 하여야 한다는 見解이고 다섯째는 乙은 丙의 登記를 抹消함이 없이 바로 本登記를 할 수 있고 本登記를 하면 그와 저촉되는 丙의 登記는 登記公務員이 職權으로 抹消하게 된다는 見解이다. 이 중 첫째, 둘째의 見解는 모두 假登記 自體에 一種의 物權的 效力을 認定하게 되는 點에서 共通되고 그 나머지 見解는 假登記 自體에 그런 物權的 效力을 認定하지 않는 點에서 共通된다.

(a) 위의 첫째 및 둘째 見解처럼 假登記에 一種의 物權的 效力을 認定하여 乙이 假登記만으로 丙의 登記의 抹消를 請求할 수 있다고 하면 다음과 같은 難點이 있게 된다. 첫째, 豫備登記에 不過한 假登記에 그런 物權的 效力을 認定하는 根據를 說明하기가 어렵다. 이에 關하여 위 見解를 主張하는 側에서는 "第三者는 假登記權利者가 本登記를 經了하는 데 妨害가 되는 行爲를 할 수 없고 만일 그런 行爲를 하였을 때에는 假登記權利者에 對하여 그 行爲의 效力을 對抗할 수 없다."[56]고 하거나, 혹은 "本登記를 함에 있어 妨害가 되는 다른 登記의 抹消를 求하는 것은 亦是 假登記가 本登記의 順位를 保全하는 效力의 間接作用이고 本登記가

56) 大法院1962.12.24.자4294民再抗675號決定 中 別個意見 및 日大判大6.9.20. 參照

假登記時에 이루어졌다고 보기 때문에 다른 登記에 對하여 생기는 效力에 不過하다."[57]고 하거나 혹은 "假登記權利者는 後에 이루어질 本登記의 權利에 抵觸되는 限度內에서 또한 本登記를 한다는 前提 下에서만 第三者의 權利를 否認할 수 있다고 解釋되며 假登記權利者가 그 否認權을 行使할 때에는 第三者는 本登記의 權利에 抵觸되는 範圍內에서 無權利者가 되는 까닭에 假登記權利者는 이에 對하여 그 登記의 抹消를 請求할 수 있다."[58]고 說明하지만 本登記와 달리 物權變動을 일으키는 效力이 없다고 하는 假登記에 이와 같은 過大한 效力을 認定하는 것은 本登記와 假登記의 區別을 애매하게 할 뿐만 아니라 實質的으로는 假登記가 處分禁止假處分制度와 同一한 作用을 하게 되어 不當하다 하지 않을 수 없다.[59] 둘째로 實體法的으로 考察할 때에도 丙의 登記는 原因無效의 登記라고는 할 수 없는데 假登記가 되어 있다는 事由만으로 이것이 抹消되어야 한다는 것은 亦是 困難하고 셋째로는 乙이 丙의 登記를 抹消하기만 하고 自己의 本登記를 함이 없이 그대로 放置하는 弊端이 생길 餘地가 있다. 이에 對하여는 丙에 對한 請求는 甲에 對한 請求와 同時에 하여야만 許容되는 것으로 하면 된다고 하는 주장도 있으나 이런 見解에 따르더라도 甲이 本登記를 承諾하고 있는 경우에는 甲에 對하여 本登記節次履行請求의 訴를 提起할 수 없고 따라서 丙에 對한 請求도 할 수 없게 되는 難點이 생긴다 할 것이다. 끝으로 이 見解에 依하면 丙의 登記가 制限物權設定의 登記인 경우에도 丙의 登記를 먼저 抹消하여야 된다고 할 것이나 그것이 不當함은 說明을 要하지 않는다 할 것

57) 我妻, 「假登記의 效力에 關하여」 參照
58) 柚木, 前揭書, 234面
59) 川島, 「假登記에 關한 一考察」

이다.[60]

(b) 위에서 본 셋째 見解, 卽 乙은 먼저 本登記를 한 뒤에 비로소 丙의 登記抹消를 請求할 수 있다는 見解에는 다음과 같은 批判이 可能하다. 첫째, 本登記의 申請은 乙(登記權利者)과 甲(登記義務者)이 共同으로 申請하여야 하는데 甲은 이미 登記簿上의 所有名義를 喪失하였으므로 本登記를 申請할 資格이 없다(不動産登記法 第28條 및 同法 第55條 6號 參照)고 하여야 되지 않는가 하는 것이다. 이에 對하여는 假登記의 左側餘白에 本登記를 하도록 되어 있는 點[61] 또는 甲이 "登記義務者인 權利關係가 登記簿上 이미 確立되어 있다."는 點[62] 等을 理由로 甲은 本登記申請의 資格을 잃지 않는다는 反論이 行하여진다.[63] 둘째, 乙의 本登記 後에도 丙의 登記가 抹消되기까지는 乙의 本登記와 兩立할 수 없는 丙의 登記가 登記簿上 殘存하여 公示에 混亂을 招來하고 그 後의 處置가 困難하여진다. 이에 對하여는 注意하여 登記를 살펴보면 어느 것이 優先하는가를 判明할 수 있으므로 問題가 안 된다는 反論이 있으나[64] 制度的으로 公示의 混亂을 피할 수 없음은 마찬가지이다. 셋째, 甲이 本登記를 拒否하고 丙이 登記抹消를 拒否하는 경우, 同時에 訴訟을 할 수 없어 訴訟經濟에 反한다.

(c) 以上 세 見解의 難點을 避하는 方法으로 案出된 것이 다음의 네 번째인 見解, 卽 甲(假登記義務者)에 對한 本登記請求와 丙(第三取得者)에 對한 登記抹消의 請求를 同時에 하여야 한다는 것

60) 「註釋民法(6)」, 358面; 川島, 「綜合判例硏究叢書 民法(6)」, 52面; 幾代, 前揭書, 108面

61) 末川, 前揭書, 177面

62) 舟橋, 前揭書, 191面; 幾代, 前揭書, 109面

63) 後述, (d) 參照

64) 幾代, 前揭書, 109面

인바, 이에 따르면 우선 위에서 檢討한 다른 見解들의 難點은 一應 避할 수 있게 되지만 不動産登記法은 登記의 申請에 關하여 一件主義를 原則으로 하고 있으며(同法 第51條, 第52條 參照) 어떤 登記의 申請이 다른 登記의 申請과 同時에 行하여져야 한다고 하는 規定은 전혀 찾아 볼 수 없으므로 두 개의 請求를 同時에 하지 않으면 안 된다는 節次法的 根據를 찾기 어렵다는 缺點이 있다.

(d) 끝으로 우리나라 大法院判例의 見解에 관하여 살펴볼 때 1962.12.24.字 大法院判例가 乙은 丙의 登記를 抹消함이 없이 本登記를 할 수 있고 乙이 本登記를 하면 丙의 登記는 職權으로 抹消된다고 結論을 내림에 있어 거친 理由의 經路는 다음과 같다. 卽 (i) 民法 第186條의 이른바 登記는 不動産登記法上의 本登記를 가리킨 것이고 假登記는 여기에 包含되지 아니하므로 假登記權利者 乙은 假登記 後에 所有權移轉의 本登記를 한 丙에게 自己의 物權取得의 效力을 主張할 수 없고 따라서 丙에 對하여 그 登記의 抹消를 請求할 수 없으며 萬一 그와 같은 抹消請求를 許容한다면 物權變動에 關한 形式主義를 採擇한 民法의 大原則에 違背된다. (ii) 不動産登記法 第61條, 第62條에 依하면 假登記는 登記用紙 中 該當區 事項欄에 이를 記載하고 그 左側에 餘白을 두어야 하고 假登記 後 本登記申請이 있으면 假登記 左側의 餘白에 그 記載를 하도록 規定하고 있는바, 그 法意로 미루어 볼 때 假登記權利者 乙은 假登記義務者인 甲을 本登記義務者로 하여 本登記請求權行使를 할 수 있다. (iii) 乙이 本登記를 하면 同一不動産 위에 所有權者가 二人 競合되는 形式이 되나 丙의 登記는 乙이 本登記를 함으로써 登記順位와 物權의 排他性에 依하여 實質的으로 登記의 效力을 喪失할 것이므로 登記公務員은 不動産登記法 第175條 第1

項 및 同法 第55條 第2號에 依하여 丙의 登記를 職權抹消하여 所有權者의 形式上 重複을 避할 수 있다는 것이다.

생각컨대 첫째로 假登記에 物權變動을 일으키는 效力이 없으므로 假登記權利者인 乙이 直接 第三取得者인 丙을 相對로 그 登記의 抹消를 請求할 수 없다 함은 이미 다른 見解에 對한 檢討에서 言及한 바와 같이 假登記에 一種의 特殊한 對抗的 效力 또는 物權的 效力을 認定할 수 없다는 것을 前提로 하는 것으로써 正當하다 할 것이나 둘째로 假登記義務者인 甲을 本登記義務者로 하는 것은 이미 言及한 바와 같이 "申請書에 揭記한 登記義務者의 表示가 登記簿와 符合하지 아니한 때"에 該當되어 困難하다 하지 않을 수 없다. 위 判例는 이 點에 關하여 假登記에 基한 本登記는 假登記의 左側餘白에 記載하도록 한 不動產登記法 第61條 및 第62條를 根據로 하여 甲을 本登記義務者로 할 수 있다고 하는 것으로 보여지지만 不動產登記法의 위 條項은 假登記를 한 뒤에 假登記로 因하여 保全되는 請求權에 抵觸되는 登記를 第三者가 取得하기 前에만 適用되고 登記簿上 위와 같은 第三者가 있는 경우에는 適用이 없다고 보아야 할 것이다. 그 理由는 그렇지 않다면 一時的이나마 登記簿上 權利者의 競合狀態를 일으키기 때문이다. 뿐만 아니라 不動產登記法 第55條 第6號가 申請書에 揭記한 登記義務者의 表示가 登記簿와 符合되지 아니하면 登記申請을 却下하도록 規定한 趣旨는 登記簿上에 現在 所有名義를 가진 者는 反證이 없는 限 一應 眞正한 權利者로 推定되고 登記公務員은 實質的 審査權이 없는 關係로 登記公務員은 眞正한 權利者로 推定되는 現在의 登記名義人을 起點으로 하지 않는 一切의 登記申請을 一律的으로 却下함으로써 登記의 重複을 防止하고 公示의

混亂을 避하려는 데 있다 할 것인데 위 判例와 같이 한다면 登記의 重複이 비록 一時的이나마 發生함은 勿論 어느 意味에서는 登記公務員에게 一種의 實質的 審査權을 부여하는 結果가 되어 위 規定의 趣旨에 어긋난다 할 것이어서 假登記에 基한 本登記는 假登記 左側의 餘白에 記載하도록 한 不動産登記法 第61條 및 第62條의 規定을 同法 第55條 第 6 號에 對한 例外規定으로 理解함은 解釋上 多少의 無理가 있는 것이 아닐까 생각된다. 셋째로 乙이 本登記를 하면 丙의 登記는 不動産登記法 第55條 第 2 號에 該當하여 登記公務員이 同法 第175條 第 1 項에 依하여 이를 職權으로 抹消한다고 하지만 同法 第55條 第 2 號의 이른바 事件이 登記할 것이 아닌 때라 함은 登記申請 當時를 基準으로 하여 "申請이 그 趣旨自體로 보아 이미 法律上 許容할 수 없음이 明白한 경우"를 말하는 것으로서 登記法 自體로 보아 許容할 수 없는 것, 例컨대 二重의 保存登記라든지,[65] 또는 實體法上 登記가 許容되지 않는 것 例컨대 利子制限法의 限度를 超過하는 利子의 約定이 있는 抵當權設定登記 같은 것[66]을 意味하는 것이므로[67] 假登記가 되어 있는 不動産에 關하여 適法하게 所有權을 取得하고 그 登記를 經了한 것을 가지고 登記가 完了된 事後에 "事件이 登記할 것이 아닌 때에 該當한다."고 함은 不當하다 할 것이며 이렇게 되면 한편으로는 登記公務員에게 一種의 事後審査權까지도 주는 結果가 되어 妥當하지 못하다 할 것이다.[68] 끝으로 乙名義의 假登記가 된 뒤에 起業者인 丙이 土地收用에 依하여 所有權을 取得하고 그 登

65) 日大決大7.5.30.

66) 日最判昭30.7.15.

67) 幾代, 前揭書, 55面

68) 本文 引用判決 中 反對意見 參照

記를 한 경우에 있어서도 위 判例대로 하면 乙은 本登記를 할 수 있고 그렇게 되면 土地收用으로 因한 丙의 登記는 登記公務員에 依하여 職權으로 抹消됨에 이른다 할 것인데 이것은 이미 檢討한 바와 같이 土地收用의 本質에 어긋나서 不當하다 않을 수 없다.[69] 結局 위 大法院判例의 見解는 實際上의 便宜를 考慮할 때에는 一應 그 妥當性을 認定할 수도 있으나 理論的으로는 亦是 몇 가지 缺點이 있음을 看過할 수 없다 하겠다.

(e) 이처럼 위에서 檢討한 여러 見解는 모두 어느 정도의 理論的 難點을 가지고 있기 때문에 그 完全한 解決은 結局 立法에 依하는 수밖에는 없다 하겠다. 이 點에 關하여 日本은 昭和35年에 不動産登記法을 改正하여 이런 問題를 立法으로 解決하였는바, 參考로 이를 적어 보면 다음과 같다. 卽 위 改正 後의 不動産登記法은 第105條를 新設하여 所有權에 關한 假登記에 基하여 本登記를 申請하는 경우에 登記上 利害關係를 가진 第三者가 있을 때에는 그 第三者의 承諾書 또는 이에 對抗할 수 있는 裁判의 謄本(原則으로 丙에 對하여 承諾의 意思表示를 命하는 裁判을 말한다)을 本登記申請書에 添附하여 提出하도록 하고 登記官은 이런 申請에 依하여 本登記가 되면 職權으로 第三者의 登記를 抹消하도록 하였다.

(三) 乙이 所有權移轉請求權保全의 假登記를 한 뒤 丙이 制限物權設定의 登記를 한 경우 乙의 本登記節次

當初 日本判例는 乙이 假登記 自體로 丙에 對하여 登記抹消를 請求함을 認容하였으나[70] 그 뒤 그런 抹消請求는 乙이 本登記

69) 本稿 二. 3. (十一) 參照
70) 日大判明42.3.31.

를 한 뒤에 하거나 혹은 甲에 對한 本登記請求와 同時에 하거나 모두 無妨하다고 하였다.[71] 學說로서는 (二)의 경우와 같은 여러 見解가 있으나 이 경우에는 甲은 아직 登記簿上 所有名義를 喪失하지 아니하였으므로 乙은 먼저 甲을 登記義務者로 하여 本登記를 마친 뒤에 丙의 制限物權設定登記의 抹消를 請求함이 原則이고 다만 甲이 本登記를 拒否하고 丙도 登記抹消를 拒否하는 경우에는 甲에 對한 本登記請求와 同時에 丙에 對한 登記抹消를 請求하여도 無妨하다고 생각한다. 그렇게 하여야만 假登記의 本質的 效力에도 符合되고 訴訟經濟의 理想에도 符合하기 때문이다.

(四) 甲 所有의 不動産에 乙 名義의 制限物權設定請求權保全의 假登記 後 甲으로부터 丙에게 所有權移轉登記가 이루어진 경우 乙의 本登記節次

日本 大審院은 一貫하여 甲의 乙에 對한 本登記義務는 丙에 承繼되기 때문에 乙은 丙에 對하여 本登記를 請求하여야 한다고 하였다.[72] 最高裁判所도 처음에는 위 見解를 따랐으나[73] 뒤에 態度를 바꾸어 乙은 甲, 丙 어느 쪽을 相對로 하여도 無妨하다고 하였고[74] 다시 最近에는 甲만을 登記義務者로 하여야 한다고 하였다.[75] 이에 關한 大法院判例는 아직 없는 것 같고 다만 朝鮮高等法院判決로는 地上權假登記權利者인 乙은 元來의 所有者 甲으로부터 所有權移轉登記를 받은 現在의 所有權者인 丙을 相對로 地

---

71) 日大判大9.7.10.
72) 日大判大4.5.14.; 同6.4.18.; 同11.11.11. 等
73) 日最判昭35.7.27.
74) 日最判昭37.5.25.
75) 日最判昭44.10.16.

上權設定의 本登記請求를 하여야 한다고 한 것이 있다.[76] 學說로는 (i) 假登記에 一切의 對抗力을 認定하지 않는 立場으로부터 乙은 甲에 對하여만 本登記를 請求할 수 있다는 說,[77] (ii) 日本 大審院判例를 支持하는 說,[78] (iii) 所有權에 關한 假登記에 基한 本登記申請에 關한 日本 不動産登記法 第105條가 이런 경우에도 準用된다는 立場으로부터[79] 乙은 甲에 對하여 本登記를 請求하고 丙에 對하여는 그 承諾을 求하고 이 兩者를 基礎로 하여서만 本登記를 할 수 있다는 說[80] 等이 있다. (i)說을 取하면 登記簿上現在 所有名義를 갖지 못한 甲을 登記義務者로 하게 되는 難點이 있고 (ii)說 또는 (iii)說을 取하면 假登記에 一種의 物權的 效力을 認定하게 되는 難點이 있다.[81]

3. 假登記의 그 밖의 效力

假登記는 本登記를 爲한 順位保全의 效力을 갖기 때문에 아직 本登記를 하기 前에도 第三者에 對하여 警告的인 意味를 가지며 第三者라 할지라도 경우에 따라서는 假登記의 存在를 無視할 수 없는 경우가 있게 된다. 다만 이런 取扱에 있어서는 假登記權利者의 保護가 過大하여지지 않도록 注意할 必要가 있다 하겠다. 몇 가지 경우를 나누어 考察한다.

---

76) 朝高判1930.10.24.

77) 現在의 多數說이다. 舟橋, 前揭書, 207面; 我妻, 「物權法」, 106面; 末川, 前揭書, 156面; 杉之原, 前揭書新版, 217面

78) 石田, 前揭書, 210面

79) 本稿 三. 2. (二) ㈑ (e) 參照

80) 我妻, 前揭 「假登記」, 287面

81) 杉之原, 前揭書, 277面

(一) 不動産登記法 第171條에 依하면 登記의 抹消를 申請하는 경우에 그 抹消에 關하여 登記上 利害關係가 있는 第三者가 있는 때에는 申請書에 그 承諾書 또는 이에 對抗할 수 있는 裁判의 謄本을 添附하도록 되어 있는바, 假登記權利者도 假登記義務者의 登記가 抹消의 對象인 경우에 그 抹消에 關하여 利害關係를 가진 第三者에 該當한다고 할 것이다.[82]

(二) 假登記權利者는 競賣法 第30條 第 3 項의 利害關係人 또는 民事訴訟法 第607條의 利害關係人에 該當하는가. 우리 大法院 判例는 始終 이를 否定하고 있다. 卽 1965.2.3.자64마958號 大法院 決定은 "假登記는 後日에 할 本登記의 順位를 保全하는 效力을 가질 뿐으로 아직 本登記를 하지 아니한 第三取得者는 그 權利의 取得을 抵當權者에게 對抗할 수는 없다 할 것이고 따라서 競賣節次에 있어서의 利害關係人이라고는 할 수 없다."고 하여 假登記權者의 競落許可決定에 대한 抗告를 不適法한 것으로 認定하였고(다만 競落許可決定에 對한 抗告期間內에 그 假登記에 基한 本登記를 하면 그 때부터 利害關係人에 該當하여 抗告를 할 수 있다고 한다),[83] 1965.9.30.자65마811號 大法院決定은 "假登記는 本登記의 順位를 保全하는 效力을 가지고 있을 뿐이므로 不動産에 對하여 假登記를 한 者는 競賣法 第30條 第 2 號의 所有者는 아니고 同 第 3 號의 이른바 登記簿에 登記한 不動産 위의 權利者도 아니며 同 第 4 號의 이른바 不動産 위의 權利者로서 그 權利를 證明한 者에도 該當되지 않으므로 利害關係人이 아니다."라고 하였다.[84] 이 點에 關하

82) 大法院1967.12.19.자67마1100號決定(大法院判決集15권3집403面)

83) 「判例總覽 競賣法」, 758面(23).

84) 前註와 同一. 同旨의 判例로는 大法院1965.9.29.자65마768號決定; 1966.6.8.자66마3160決定 等

여 日本判例는 當初에는 "假登記 自體로서는 그 權利를 第三者에게 對抗할 수 없으므로" 利害關係人이 아니라고 하였으나[85] 뒤에는 利害關係人에 包含된다고 하였다.[86] 생각컨대 假登記에는 本登記와 같은 物權的 效力은 없다고 하는 基本的 立場에서 出發할 때에는 假登記權利者는 利害關係人이 아니라고 할 것이지만[87] 假登記權利者는 現在로서는 不動産 위에 權利를 가진 者는 아니나 將來 이를 取得할 자이고 더욱 그런 地位 내지 順位를 他에 對抗할 수 있는 點에서 不動産 위의 權利者에 準하여 取扱함이 妥當하다는 見解도 있다. 例컨대 抵當權設定登記 以前의 假登記 또는 押留債權者에 優先하는 假登記의 경우에 競落人은 假登記의 負擔을 引受하지 않으면 안 되는바(民事訴訟法 第661條 參照), 이것이 最低競賣價格의 決定에 影響을 미침은 明白하고 假登記權利者 亦是 競賣實施에 依해 權利를 잃는 것은 아니지만 自己가 本登記의 承諾請求를 할(日本 不動産登記法 第105條 參照) 相對方이 競賣實施에 依하여 確定되는 까닭에 직접 權利上의 利害關係를 갖지 않는다고는 말할 수가 없고 또한 任意競賣에 있어 抵當權設定登記 後의 假登記權利者에 關하여 보면 이런 者는 競賣實施의 結果 自己의 權利를 喪失하기 때문에(民事訴訟法 第661條에 依하여 假登記의 抹消登記囑託이 있게 된다) 抵當權設定登記 後의 所有權取得者와 마찬가지로 假登記權利者에게도 不法한 競賣에 依하여 입게 될 損失을 防禦할 機會를 줄 必要가 있다는 것이다.[88]

---

85) 任意競賣에 關한 것으로 日大決大4.1.15.; 同12.4.28. 强制競賣에 關한 것으로 日大決大4.2.4.

86) 任意競賣에 關한 것으로 日大決大14.6.16.

87) 同旨: 齊藤, 「競賣法」, 146面

88) 兼子, 「增補强制執行法」, 231面

(三) 抵當權設定請求權保全의 假登記를 한 者는 그 本登記 前에 그 目的不動産이 競賣된 경우, 競賣代金으로부터 優先配當을 받을 수 있는가.

日本判例는 競賣代金 中 萬若 假登記權利者가 本登記를 하였다면 이에 辨濟할 金額은 日本 民事訴訟法 第630條 第 3 項[89]의 規定을 類推하여 假登記權利者를 爲하여 供託하고 後日 本登記를 함에 必要한 條件이 具備되었을 때에 이를 假登記權利者에 交付하여야 한다고 하였고[90] 學說도 大體로 이에 同調한다.[91]

(四) 假登記權利者도 第三者異議의 訴를 提起할 수 있는가

假登記權利者가 目的物의 讓渡 혹은 引渡를 妨害하는 權利를 가진다 하여 第三者異議의 訴를 提起할 수 있다고 하면 이는 假登記에 本登記와 同一한 物權的 效力을 認定하는 結果로 되어 一應 不當하다 하지 않으면 안 될 것이나 한편 假登記權利者가 本登記를 經了하여 所有權을 取得하면 競落人이 所有權을 喪失할 염려가 있는 경우(例컨대 抵當權設定登記 以前에 所有權移轉請求權保全의 假登記가 있었던 경우)에 强制執行을 그대로 續行시킨다는 것은 결코 적절한 일이 못되며 特히 假登記權利者가 本登記節次의 履行을 拒絕하는 者를 相對로 訴訟을 提起하여 그 勝訴判決이 確定되었으나 아직 本登記를 完了하지 못한 경우에는 더욱 그러하다. 이런 경우에 本登記를 經由한 뒤에 다시 別訴로서 다투어야 한다면 현저히 訴訟經濟에 反하고 오히려 不安定한 法律關係를 發生시킬 염려가 있기 때문이다. 이런 立場에서 日本의 下級審判決 가운데에는 本登記節次履行請求의 訴에서 勝訴한 假登記權利者는

89) 우리 民事訴訟法 第589條 第 3 項에 該當

90) 日大判昭2.5.26.

91) 加藤,「判民昭和6年度 48事件評釋」

第三者異議의 訴를 提起할 수 있다고 한 것이 있음을 찾아 볼 수 있다.[92)]

(五) 假登記權利者는 第三者가 假登記義務者를 相對로 原因無效로 因한 所有權移轉登記抹消請求의 訴를 提起한 경우 等에 있어서 그 訴訟의 結果에 關하여 法律上 利害關係가 있다 할 것이므로 補助參加를 할 수 있다 할 것이다.

4. 結　　語

以上에서 假登記의 效力에 關한 問題點들을 몇 가지 考察하여 보았거니와 이런 여러 문제들은 結局은 假登記를 本登記와 嚴格히 區別하면 假登記에는 本登記와 같은 物權的인 效力은 없다고 하여야 될 것이나 實際의 問題로서는 假登記에 어느 程度 第三者에 對한 어떤 效力을 認定하지 않을 수 없는 경우가 있기 때문에 생기는 問題들로서 假登記에 關한 立法의 不備로 말미암아 더욱 問題가 複雜하게 되었던 것으로 생각된다. 이는 假登記를 本登記로 고치는 節次에 關하여 特히 현저하다 하겠다. 그러므로 日本에서 이미 昭和35年度에 不動産登記法을 改正하여 問題의 解決을 試圖한 바 있거니와 우리나라에 있어서도 立法을 通하여 敍上의 여러 問題點들을 適切히 解決하여야만 할 것으로 사료된다.

92) 東京地判昭43.7.16.(房禮源, 「强制執行・任意競賣法判例集補完 I」, 159面)

主要參考文獻

郭潤直,「物權法」

「判例教材 物權法」

金曾漢,「新物權法(上)·(下)」.

我妻榮,「物權法」

「判例コンメンタール物權法」

川島一郎,「綜合判例硏究叢書 民法(6) 假登記의 效力」

舟橋淳一,「註釋民法(6)」

「不動産登記法」

幾代通,「不動産登記法」

「不通産登記法」(新版)

杉之原舜一,「新版不動産登記法」

兼子一,「增補强制執行法」

內海一,「假登記의 理論과 實務」

第4編　假登記擔保등에관한法律 제11조의 解釋

1. 事案의 概要[1)]

甲은 1995.3.1. 乙로부터 금10,000,000원을 利子는 月 2푼, 辨濟期는 1995.6.1.로 정하여 借用하면서 위 借用金債務를 擔保하기 위하여 그 所有의 不動産에 乙 名義의 假登記를 經了해 주는 한편, 만일 辨濟期까지 借用元利金 全額을 辨濟하지 못하면 乙에게 위 假登記에 기한 本登記를 經了하여 주기로 乙과의 사이에 提訴前和解를 하였다.

甲은 辨濟를 遲滯하다가 1995.9.1. 乙에게 借用元利金 및 遲延損害金 全額을 辨濟하였다. 그런데 그 假登記가 抹消되지 않고 방치되고 있던 중 乙은 1999.5.1.에 이르러 그 提訴前和解調書를 이용하여 本登記를 經了함과 아울러 같은 날 丙에게 假登記를 經

---

* 이 論文은 1991년 12월 大韓辯護士協會에서 發刊한 「人权과 正義」 第184號에 게재된 바 있으며 1994년 9월 博英社에서 發刊한 「事例解說 假處分의 研究」, 75-98면에 收錄된 論文이다.

1) 本件은 資料의 일부 분실로 말미암아 그 事件番號 및 決定日字를 알 수 없게 되었는데, 이를 새삼 확인하는 데는 많은 시간이 소요되므로 그 확인을 생략하였다. 本件은 원래 假登記擔保等에관한法律 施行 이전에 成立된 擔保契約에 관한 것으로 위 法이 적용되지 않는 事案이었으나, 위 法에 따른 假登記擔保의 法律關係를 살펴보기 위하여 同法이 적용될 수 있도록 事件의 日時를 일부 재구성하였다. 한편 憲法裁判所는 1998.9.30자97헌바38決定으로 “假登記擔保等에관한法律의 制定背景과 그 內容들을 고려할 때, 同法 附則 제2항이 同法 施行 前에 成立한 擔保契約에 대하여는 同法을 適用하지 아니한다고 規定한 것은 眞正遡及立法禁止原則에 合致되는 것으로서 正當하고, 同法 施行 前에 成立한 擔保契約에 대해서까지 同法을 遡及適用하여야 할 特段의 事情 있음이 인정되지도 아니한다.”고 判示한 바 있다.

了하여 주었다.

이에 甲은 乙 名義의 假登記 및 本登記와 丙 名義의 假登記에 대한 抹消訴訟을 提起하기에 앞서 乙 및 丙을 상대로 本件 不動産에 관한 處分禁止假處分申請을 하였다.

2. 問題의 提起

本件은 甲의 乙 및 丙에 대한 登記抹消請求權을 被保全權利로 하는 係爭物에 관한 假處分이다. 따라서 甲이 그와 같은 登記抹消請求權을 가질 수 있어야만 하는데 本件에서는 그런 權利의 有無가 바로 爭點이 된다. 왜냐하면 우선 乙의 本登記는 비록 債務辨濟 후에 經了된 것이기는 하지만 確定判決과 동일한 執行力 및 旣判力을 가진 提訴前和解調書에 의하여 經了된 것이므로 이를 단순한 原因無效의 登記라고는 할 수 없으리라고 생각되기 때문이다.

이 문제를 해결하기 위하여 먼저 假登記擔保等에關한法律(이하 假擔法이라 줄여 부른다) 아래에서 債務者가 被擔保債務를 辨濟한 뒤 갖게 될 擔保假登記의 抹消請求權에 관하여 간략히 序論的인 검토를 하고 이어 被擔保債務가 辨濟되었음에도 불구하고 提訴前和解調書를 이용하여 經了한 本登記의 抹消請求가 가능한 것인지를 살펴보면서 그 전제로서 이러한 本登記의 效力이 어떤 것인지를 먼저 밝혀 보고, 끝으로 第3者인 丙의 假登記에 대한 抹消請求도 가능할 것인지를 함께 살펴보아야 할 것이다.

3. 檢　討

가. 債務者의 擔保假登記抹消請求權

假登記擔保의 債務者는 被擔保債務를 辨濟한 뒤 그 擔保假登記의 抹消를 당연히 請求할 수 있어야 할 것이다. 이러한 抹消請求權의 根據와 內容 등에 관한 基本的 論點의 提示는 이에 관한 郭潤直 敎授의 설명을 우선 그대로 轉載[2]함으로써 갈음한다.

"假擔法 제11조는 債務者 등의 所有權移轉登記抹消請求權에 관하여 규정하고 있다. 이 규정은 讓渡擔保의 경우에 관한 것임이 분명하다. 그 밖에 假登記擔保의 경우에 관하여는 同條는 전혀 言及이 없다. 그러나 假登記擔保의 경우에 不動産讓渡擔保에 있어서의 所有權移轉登記抹消請求權에 상당하는 假登記抹消請求權을 인정할 수 없는 특별한 이유는 없다. 오히려 이를 인정하는 것이 마땅하다. 債務者 등에 의한 債務辨濟가 있게 되면 被擔保債權의 消滅로 假登記擔保權도 法律上 당연히 消滅한다.

그러나 이 때에 처리되어야 할 문제가 남는다. 그것은 假登記擔保權의 設定時에 한 假登記를 抹消하는 것이다. 여기서 被擔保債務를 辨濟한 債務者 등은 物權的 請求權의 性質을 가진 假登記抹消請求權[3]을 가지게 된다. 그러면 債務者 등은 언제까지 辨濟

2) 郭潤直, 「物權法」, 博英社(1999), 527面 以下

3) 讓渡擔保의 경우 登記抹消請求權의 性質에 관하여는 債權的 請求權說(李英俊, 「物權法」, 博英社(1990), 893面), 物權的 請求權說(郭潤直, 前揭書, 527面 및 561面; 金相容, 「物權法」, 法文社(1999), 848面) 및 形成權說(尹天熙, 「假登記擔保法」, 司法行政學會(1986), 207面)이 대립되어 있는데, 大法院判例는 讓渡擔保設定者에게 留保된 所有權에 기한 物權的 請求權일 수도 있고(大法院1979.2.13.

해서 假登記擔保權을 消滅시켜 假登記를 抹消시킬 수 있는가? 不動産讓渡擔保에 관하여 이 문제를 規定하는 것이 바로 假擔法 第11條의 규정이다. 따라서 假擔法 第11條의 規定은 假登記擔保의 경우에도 類推適用된다고 하여야 한다. 그리하여 다음과 같이 解釋하여야 한다.

(1) 假登記擔保契約의 當事者인 債務者나 物上保證人 또는 이들로부터 擔保假登記 후에 所有權을 取得한 第3取得者는, 債權者로부터 淸算金을 支給받을 때까지는 債權額(辨濟時까지의 利子와 遲延賠償을 포함)에 상당하는 金額을 債權者에게 支給하여 假登記擔保權을 消滅시킴으로써, 假登記의 抹消를 請求할 수 있다(假擔法 제11조 本文).

(2) 淸算金이 없는 경우에는, 債權者는 淸算期間이 經過하면 假登記에 기한 本登記를 함으로써 언제든지 目的不動産의 所有權을 取得할 수 있는 것이나(假擔法 제4조 제2항), 이 경우에도 債權者가 아직 그러한 本登記를 갖추고 있지 않은 동안은 債務者등은 債權額을 提供함으로써 假登記의 抹消를 請求할 수 있다고 새겨야 함은 물론이다.

(3) 위와 같은 假登記抹消請求權은 債權者가 淸算金을 支給할 때까지 行使할 수 있다. 그렇다면 債權者가 淸算金을 支給하지 않고 있는 동안은 언제까지라도 債權額을 提供해서 假登記의 抹消를 請求할 수 있는가? 원래 債務者는 자기가 부담하는 본래의 債務를 履行하지 않고 있으므로 不動産去來의 安全을 犧牲해서 債務者를 保護할 필요는 없다고 하여야 한다. 여기서 假擔法은 다음과 같은

宣告78다2412判決 參照), 讓渡擔保契約上의 權利에 터잡은 債權的 請求權일 수도 있다(大法院1988.9.13.宣告86다카1332判決 參照)고 한다.

두 경우에는, 債務者가 아직 淸算金을 받지 못하고 있더라도, 債權額을 提供해서 假登記의 말소를 請求하지 못하는 것으로 하고 있다(假擔法 제11조 但書).

㈎ 債務의 辨濟期로부터 10년이 經過한 때

㈏ 善意의 第3者가 所有權을 取得한 때

이들 假登記의 抹消請求가 制限되는 두 경우 중 ㈏에 관하여는 문제가 있다. 假擔法 제4조 제2항과 제3항에 의하여 假登記擔保權者는 淸算期間의 經過 후 淸算金의 支給과 償還으로 假登記에 기한 本登記를 請求할 수 있고, 物權變動의 原則上 本登記를 갖춘 때에 目的不動産의 所有權을 取得하게 된다. 따라서 理論上으로는 淸算期間의 經過 후 淸算金을 支給하지 않고 있으면, 비록 本登記를 갖추고 있다 하여도(이것이 可能한 것은 다음의 두 경우이다. 하나는 債權者가 미리 本登記에 필요한 書類를 交付받고 있는 때이고, 다른 하나는 提訴前和解를 하고 있는 때이다), 그러한 登記는 無效의 것이고, 따라서 債權者, 즉 假登記擔保權者는 所有權을 取得하지 못한다고 하여야 한다. 그런데 만일에 그와 같이 새겨야 한다면 또 다른 문제가 생긴다. 그것은 去來의 安全이다. 즉 淸算期間의 經過 후 淸算金을 支給함이 없이, 또는 아예 假擔法이 정하는 淸算節次를 밟지 않고서 所有權移轉의 本登記를 갖춘 假登記擔保權者가 자기 앞으로 所有權移轉登記가 되어 있는 점을 이용해서 善意의 第3者에게 轉賣하여 移轉登記를 하는 경우에(이는 假擔法이 제정되기 前에 債權者가 흔히 하고 있던 일이다) 위의 理論을 여기에 適用하면, 그 善意의 第3者는 所有權을 取得하지 못하게 되어 去來의 安全이 문제된다. 去來의 安全이 문제되는 데서, 이 때에 그 善意의 第3者는 有效하게 所有權을 取得한다는 것이 假擔法

第11條 但書에서 말하는「善意의 第3者가 所有權을 取得한 때」의 法意라고 解釋하지 않을 수 없을 것이다.

위 설명에 의하면 요컨대 첫째, 假登記擔保權을 設定한 債務者는 그 被擔保債務를 辨濟하고 그 擔保假登記의 抹消를 당연히 請求할 수 있고, 둘째, 淸算節次를 거침이 없이 假登記擔保權者가 本登記를 經了하면 이는 原因 없는 無效의 登記이며, 셋째, 그러나 이를 기초로 善意의 第3者가 所有權移轉登記를 經了하면 그 第3者는 有效하게 所有權을 取得한다는 것이다.

위의 첫째 및 둘째 결론에 관하여는 별 異論이 없을 터이지만 셋째 결론 부분에 관하여는 뒤에 보는 것처럼 다른 見解도 나올 수 있을 것인바 아무튼 위에 提示한 설명을 기초로 하여 本件에서 문제된 爭點에 관하여 차례로 論議를 展開하기로 한다.

나. 債務辨濟 後 經了된 本登記의 效力

(1) 提訴前和解調書에 의하지 아니한 경우

(가) 本登記의 原因無效

假登記擔保의 債務者가 被擔保債務를 辨濟하면 假登記擔保權은 擔保物權의 附從性 때문에 당연히 消滅하고 따라서 擔保假登記는 無效로 되며 이후 假登記擔保權者가 미리 교부받아 가지고 있던 本登記에 필요한 서류를 이용하여 자기 名義로 所有權移轉의 本登記를 經了하여도 역시 原因無效의 登記가 된다.[4)]

信託的 所有權移轉說에 의하더라도 債務가 辨濟되면 當事者

4) 假擔法 施行 전에도 이 문제에 관하여 大法院判例는 같은 결론이었다(大法院1964.11.24.宣告64다851,852判決 參照). 同旨: 郭潤直, 前揭書, 528面

間의 擔保約定은 效力을 喪失하므로 그 이후 經了된 登記는 이미 效力을 喪失한 擔保約定에 근거한 것이 되어 原因無效가 된다고 할 것이며, 한편 假擔法의 規定에 의한다 하더라도 이런 本登記는 淸算節次를 거침이 없이 經了된 것이어서 역시 無效가 된다고 할 것이다.

이 때 債務者는 假登記擔保權者의 名義로 經了된 所有權移轉의 本登記가 原因無效임을 이유로 그 抹消를 請求할 수 있을 것이고 그 抹消請求權은 物權的 請求權이라고 할 수 있을 것이다.

(나) 第 3 者에 對한 處分의 無效

문제는 假登記擔保權者가 자기 名義로 本登記를 한 뒤에 第3者에게 이를 處分한 경우이다. 假登記擔保權者名義의 本登記가 原因無效라는 것을 전제로 할 때에는 그 이후에 經了된 第3者 名義의 登記 또한 當然無效가 되어 抹消의 대상이 된다.[5)]

그러나 이 경우에 假登記擔保法 제11조 但書가 적용된다고 하면 결론은 달라진다. 즉 第3者가 惡意일 때에는 그 登記는 여전히 無效이므로 抹消의 대상이 되지만 第3者가 善意일 경우에는 그 登記는 有效가 되고 따라서 抹消할 수 없게 된다.[6)]

그러나 기본적으로 假擔法 제11조 本文은 讓渡擔保에 관한 것이고 그 讓渡擔保의 登記가 일단은 有效하게 經了된 것임을 전제로 하는 規定이므로, 同條 但書 後段의 規定 또한 讓渡擔保登記가 有效하게 經了되고 이를 기초로 第3者가 所有權을 取得한 경우를 가리키는 것으로 보아야 할 것이다.

따라서 일단 有效하게 經了된 讓渡擔保의 所有權移轉登記를

---

5) 同旨: 前註 引用 大法院1964.11.24.宣告64다851,852判決

6) 郭潤直, 前揭書, 528面은 이런 입장인 것으로 보인다.

기초로 하여 第3者에게 所有權移轉登記가 經了되면 비록 淸算節次를 거치지 않았다 하더라도 혹은 이미 債務가 辨濟되었다 하더라도(信託的 所有權移轉說에 의하면 債務가 辨濟되었다 하여 바로 讓渡擔保登記가 當然無效로 되는 것은 아니다) 第3者는 原則으로는 有效하게 所有權을 取得하지만, 第3者가 前者의 登記가 讓渡擔保에 의한 것임을 알고 있었던 때에는 그 第3者의 登記를 抹消할 수 있도록 하여 債務者를 보호하고자 하는 것이 同條 但書의 취지라고 解釋함이 타당할 것이다.

이렇게 解釋하지 않으면 假擔法 제11조 但書가 原因無效의 登記에 기초한 登記까지도 有效한 것으로 취급하는 것이 되어 登記에 例外的으로 公信力을 인정한 것이 됨으로써[7] 우리 不動産登記制度의 근본과 어긋나고, 原因無效의 本登記를 經了한 假登記擔保權者의 擔保物處分을 사실상 庇護하게 되어 假擔法의 制定趣旨를 크게 벗어나기 때문이다.

이와 같은 解釋論을 따르면 앞의 例와 같이 假登記擔保權者의 本登記가 처음부터 原因無效인 경우에는 假擔法 제11조 但書後段이 적용되지 아니하므로 이에 기초한 第3者 名義의 登記는 그 善意·惡意를 불문하고 모두 原因無效가 되어 抹消의 대상이 된다.

(2) 提訴前和解調書에 의하여 經了된 경우

(가) 本登記의 有效

"債務者가 辨濟期까지 被擔保債務 全額을 辨濟하지 않으면 債權者는 假登記에 기한 本登記를 할 수 있다."는 취지의 條項이

7) 郭潤直, 前揭書, 529面 參照

있는 提訴前和解調書가 작성된 경우에 債務者가 被擔保債務 全額을 辨濟하고도 미처 擔保假登記를 抹消하지 않은 것을 기화로 債權者가 提訴前和解調書에 執行文을 付與받아[8] 本登記를 經了한 때에 그 登記의 效力을 어떻게 볼 것인가.

提訴前和解調書도 確定判決과 동일한 效力이 있는 것이므로(民事訴訟法 제220조) 準再審節次나 請求異議訴訟節次에 의하여 取消되거나 執行力이 排除되지 않는 이상 實體法上의 事由를 들어 막바로 그 和解調書의 效力을 否定할 수는 없다. 따라서 이처럼 有效하게 存在하는 提訴前和解調書에 의하여 假登記에 기한 本登記가 經了된다면 설사 그 이전에 被擔保債務가 辨濟되었다 하더라도 그 本登記를 原因無效의 登記라고는 할 수 없고 따라서 債務者는 原因無效를 事由로 하여서는 그 登記의 抹消를 구할 수 없다 할 것이다.

大法院判例[9]도 "제소전화해조서가 담보의 방법으로 작성되었다고 하더라도 그 조서는 확정판결과 같은 효력이 있는 것으로서 그 기재의 내용에 따라 집행력이 생기는 것이고, 그 집행을 저지

8) 實務上으로는 民事執行法 제263조 제 2 항, 제303조 제 2 항, 제32조의 適用이 있는 것으로 보아 裁判長의 命令을 받아 執行文을 付與받아야만 本登記의 經了가 가능하다. 이론적으로는 이런 경우가 과연 民事執行法 제30조 제 2 항에 해당하는 것인지 의문이 있지만 實務의 이와 같은 취급은 假登記擔保權者가 被擔保債務를 辨濟받고도 本登記를 하는 것을 막아 보려고 하는 노력의 일환으로 보인다. 그러나 이 정도의 實務上 措置로는 假登記擔保權者의 不實한 本登記를 제대로 막을 수는 없으므로 보다 효과적인 대책을 마련하는 立法이 필요할 것이다. 日本 民事執行法 제173조 제 3 항은 債務者의 意思表示가 債務者가 證明하여야 할 事實의 不存在에 걸려 있는 경우에 執行文付與의 申請이 있는 때에는 裁判所 書記官은 債務者에 대하여 일정한 期間을 정하여 그 事實을 證明하는 文書를 提出할 것을 催告하고 債務者가 그 期間 內에 이를 提出하지 않을 때에 비로소 執行文을 付與할 수 있도록 규정하고 있다.

9) 大法院1979.4.10.宣告79다164判決

할 수 있는 사유가 있다고 하더라도 이를 이유로 집행법상의 구제수단을 취할 수 있음은 별론으로 하고 그 사유를 무시한 집행이 부적법하여 당연무효의 것이라고는 할 수 없다."고 判示하면서 被擔保債務의 辨濟事實을 무시한 채 提訴前和解調書의 執行으로 이루어진 所有權移轉의 本登記를 原因無效라고 다툰 原告의 主張을 排斥하였다.

㈏ 本登記의 效力範圍—讓渡擔保登記

被擔保債務가 辨濟된 뒤에 提訴前和解調書에 의하여 이루어진 本登記가 비록 有效하다고 하더라도 이에 의하여 假登記擔保權者가 완전한 所有權을 取得할 수는 없고 讓渡擔保權을 取得함에 불과하다고 하여야 할 것이다. 환언하면 그 本登記는 讓渡擔保登記에 불과하며 이에 의하여 假登記擔保權이 讓渡擔保權으로 바뀐다고 할 것이다. 그 이유는 다음과 같다.

첫째, 假擔法下에서는 債權者는 清算期間이 徒過한 후 清算金을 支給한 뒤에 비로소 本登記를 請求할 수 있고(假擔法 제4조 제2항 後段) 이런 節次를 거쳐 本登記를 한 때에 비로소 완전한 所有權을 取得하게 된다. 따라서 提訴前和解를 한 경우에도 債務者가 辨濟期에 辨濟를 하지 아니하면 債權者가 清算期間을 徒過한 후에 清算金을 支給하고 나서 本登記를 經了할 수 있다는 내용의 和解條項이 있고, 清算期間徒過 後의 清算金支給을 債權者가 證明하여(民事執行法 제30조 제2항) 執行文을 付與받아 本登記를 한 때에는 債權者는 완전하게 所有權을 取得할 것이다. 그러나 提訴前和解調書에 위와 같은 清算金支給에 관한 내용이 없이 단지 辨濟期徒過 후의 本登記經了 條項만을 두고 있는 경우에는 비록 그

條項의 취지가 清算節次의 생략을 當事者 사이에 特約한 것이라 하여도 이런 特約은 債務者에게 不利하여 假擔法 제 4 조 제 4 항에 의하여 無效이고, 따라서 그 和解調書의 執行으로 本登記를 하더라도 이는 假擔法이 規定한 擔保權實行에 의한 所有權取得은 아니므로 그 登記에 완전한 所有權取得의 效力을 부여할 수는 없고, 또 그렇다고 하여 그 登記를 原因無效라고도 할 수 없는 것인 만큼 이는 假登記擔保權을 '형식상 보다 확실한'[10] 讓渡擔保權으로 變更設定하는 讓渡擔保登記로서의 效力을 갖는다고 할 것이다.

둘째, 明示的이건 默示的이건 간에 清算節次를 생략한 本登記를 約定한 提訴前和解 當事者의 意思 가운데에는 그것이 假擔法 違反이 되어 假擔法 소정의 擔保權實行이 되지 않을 경우에는 최소한 讓渡擔保關係를 設定하겠다는 意思가 포함된 것이라고 볼 수 있기 때문이다.

셋째, 위와 같이 解釋하지 않고 清算節次를 거치지 않은 本登記도 그것이 提訴前和解調書에 의하여 이루어진 것이라는 이유로 債權者가 완전히 所有權을 取得한다고 하면 假擔法이 清算節次에 관한 規定을 둔 것은 사실상 無意味하게 되고 假擔法은 그 制定意義를 크게 喪失하게 된다.[11]

---

10) 大法院判例는 '擔保權實行을 위한 方便으로'라는 표현을 쓰고 있다. 大法院 1984.12.11.宣告84다카933判決 參照

11) 郭潤直, 前揭書, 529面은 前提된 論理는 다르지만 동일한 문제를 지적하면서 계속 다음과 같이 설명하고 있다. "문제의 解決策은 提訴前和解의 成立을 막거나 또는 그 效力을 制限하는 데에 있을 것이다. 判例가 提訴前和解를 단순한「訴訟行爲」로 보는 데에 문제가 있다. 提訴前和解를 訴訟行爲인 동시에 私法上의 和解契約으로 보는 것이 올바른 태도일 것이다. 提訴前和解는 訴訟法上의 效力뿐만 아니라 實體法上의 效力도 있는 것으로 解釋하게 되면, 提訴前和解가 民法 第103條, 第104條 또는 第607條, 第608條 등에 위반하여 暴利가 되는 경우에는 그 提訴前和解는 無效라고 하게 될 것이다. 또한 그렇게 되면 假擔法은 그 實效性을 갖게 될 것이다."

넷째, 大法院判例[12]는 假登記擔保權者가 債務者의 遲滯를 이유로 提訴前和解調書에 의하여 經了한 本登記는 特約이 없는 이상은 弱한 意味의 讓渡擔保의 目的으로 經了된 것으로 보아야 한다고 계속 判示하고 있는바, 債務辨濟 후의 提訴前和解調書에 의한 本登記를 無效가 아니고 有效라고 하는 이상에는 위와 같은 判例의 결론은 이 경우에도 계속 유지되어 이를 讓渡擔保의 登記라고 하여야만 옳을 것이다. 왜냐하면 辨濟를 받지 못하여 提訴前和解調書에 의거, 정당하게 經了한 本登記도 當事者 사이의 內部關係에서는 완전한 所有權移轉의 登記가 아니라 讓渡擔保의 登記로 제한되는 터에 辨濟를 받고도 提訴前和解調書의 執行力이 미처 排除되지 않은 것을 기화로 부당하게 經了한 本登記가 當事者 사이의 內部關係에서조차 아무런 제한을 받지 않는 완전한 所有權移轉의 登記로 취급되는 것은 전혀 균형이 맞지 않기 때문이다.[13]

(다) 被擔保債務에 대한 附從性의 問題

위와 같이 債務辨濟 후 提訴前和解調書에 의하여 經了된 本登記를 有效라고 할 경우에는 한편 다음과 같은 문제가 생긴다. 讓渡擔保를 擔保權으로 파악하는 見解에서 볼 때에는 被擔保債務

12) 大法院1983.10.11.宣告82누66判決; 大法院1985.10.22.宣告84다카2472,2473判決; 大法院1987.11.10.宣告87다카62判決; 大法院1992.5.26.宣告91다28528 判決; 大法院1993.6.22.宣告92다7334判決; 大法院1999.12.10.宣告99다14433判決

13) 이 대목에서 한 가지 유의할 判例가 있다. 아직 被擔保債務가 完濟되지 아니한 상태에서 債權者와 債務者 사이의 特約으로(提訴前和解調書가 아님) 擔保假登記에 기한 本登記가 經了된 경우 그 本登記가 讓渡擔保登記로서 有效한가 하는 논점에 관하여, 大法院1994.1.25.宣告92다20132判決은 이러한 特約은 만일 그 特約이 債務者에게 不利한 것으로서 無效라고 한다면 그 本登記는 여전히 無效일 뿐이고 이른바 弱한 意味의 讓渡擔保로서 擔保의 目的 내에서는 有效하다고 할 것이 아니라고 判示하고 있다.

가 消滅하여 존재하지 않음에도 불구하고 讓渡擔保는 有效하게 존재하는 셈이 되어 擔保物權의 通有性의 하나인 附從性의 原則에 어긋나게 되고, 한편 讓渡擔保를 信託的 所有權移轉이라고 파악하는 見解에 따른다면 登記의 原因인 擔保關係가 被擔保債務의 辨濟로 이미 消滅되었음에도 불구하고 그 消滅된 擔保關係를 原因으로 한 登記를 有效한 것으로 인정하는 셈이 되어 原因 없는 登記를 無效로 취급하는 不動産登記의 法理에 어긋난다. 讓渡擔保의 性質에 관하여 어느 見解를 따르든 本件과 같은 本登記를 有效라고 하는 것은 實體法의 理論에는 맞지 않는다. 결국 이 문제는 債務辨濟를 받고도 기왕의 提訴前和解調書를 이용하여 本登記를 經了하는 것이 가능하도록 되어 있는 現行 節次法規定의 未備 때문에, 혹은 實體法과의 사이에 그와 같은 간격을 경우에 따라서는 그대로 둘 수밖에 없는 節次法의 限界 때문에 생기는 부득이한 현상이라고 생각된다.

다. 債務辨濟後 提訴前和解調書에 의한 本登記의 抹消請求權

(1) 本登記抹消請求權의 存在

債務辨濟를 받은 假登記擔保權者가 提訴前和解調書에 의하여 經了한 本登記가 讓渡擔保의 登記라고 한다면 債務者는 假擔法 제11조에 따라 被擔保債務의 辨濟를 이유로 그 抹消를 請求할 수 있음은 이미 앞에서(前述 3. 가.) 본 바와 같고, 이런 결론은 被擔保債務의 辨濟가 本登記 經了 전에 있었다고 하여 달라질 수 없다. 환언하면 債權者가 本登記를 經了하기 전에 債務者가 債務를 辨

濟하였다면, 그 뒤에 債權者가 本登記를 하였다고 하여 그 전에 이미 발생한 辨濟事實 및 그 效果에 무슨 영향을 받을 수는 없기 때문에 債務者는 그 辨濟를 이유로 하여 여전히 讓渡擔保登記의 抹消를 請求할 수 있다고 할 것이다.

(2) 和解의 創設的 效力 및 旣判力과의 關係

다만 提訴前和解에는 創設的 效力이 있기 때문에 提訴前和解調書에 의한 本登記가 經了되면 그 이전의 原因關係인 債權擔保關係는 모두 消滅되고, 따라서 被擔保債務의 辨濟로 인한 登記抹消請求權은 발생할 여지가 없는 것이 아닌가 하는 의문이 언뜻 생길 수 있다. 그러나 假登記擔保를 위하여 이용되는 提訴前和解의 경우 첫째, 債權의 擔保關係는 和解條項 자체에서 이를 수용하여 표시하고 있기 때문에 이 法律關係는 和解의 創設的 效力에 의하여 단절되는 過去의 法律關係가 아니고 따라서 和解로 消滅되지 않는다고 할 것이며 둘째, 被擔保債務의 辨濟는 비록 本登記經了 전이기는 하지만 기본적으로 提訴前和解調書의 작성 이후이므로 역시 和解의 創設的 效力과 무관함이 명백하다.

한편 債務者의 이러한 本登記抹消請求는 提訴前和解의 旣判力에 抵觸되는 것은 아닌가 하는 의문이 남는다.

그러나 첫째, 債權者의 本登記請求權의 존재는 提訴前和解調書의 작성에 의하여 확정된 것이므로 提訴前和解調書에 의한 本登記 經了 후에 그 本登記가 原因無效임을 이유로 다시 그 抹消를 請求하는 것은 提訴前和解調書의 旣判力에 抵觸될 것이지만, 原因無效를 이유로 抹消請求를 하는 것이 아니라 債務者가 被擔保債務를 辨濟하였음을 이유로 抹消請求를 하는 경우의 本登記抹

消請求權은 앞에서 본 債權者의 本登記請求權과는 그 訴訟物이 명백히 다르므로[14] 提訴前和解調書의 旣判力에 抵觸되지 않고 둘째, 被擔保債務의 辨濟는 비록 本登記 經了 전이기는 하지만 旣判力의 標準時인 提訴前和解調書 작성 이후에 발생된 事由이므로[15] 역시 旣判力에 抵觸되지 않는다고 보아야 할 것이다.[16]

(3) 第 3 取得者와의 關係

㈎ 辨濟를 받고서도 提訴前和解調書를 이용하여 本登記를 經了한 假登記擔保權者(本登記를 한 때부터는 讓渡擔保權者)가 그 目的物을 第 3 者에게 處分하였을 때에는 그 擔保權者에 대하여 더 이상 本登記(讓渡擔保登記)의 抹消請求를 할 수 없는가.

㈏ 假擔法 제11조는 그 本文에서 債務者는 被擔保債務를 辨濟하고 讓渡擔保登記의 抹消를 請求할 수 있다고 規定하면서 그 但書 後段에서는 善意의 第 3 者가 所有權을 取得한 때에는 그렇지 않다고 하여, 善意의 第 3 者가 所有權을 取得하면 그 때부터 債務者는 讓渡擔保登記의 抹消를 請求할 수 없는 것으로 規定하고 있다. 이 規定은 이미 辨濟를 한 경우라면 변제에 의하여 기왕에 債務者에게 발생되었던 抹消請求權이 消滅하고, 아직 辨濟를 안한 경우라면 앞으로 辨濟를 하고 登記의 抹消를 請求할 수 있는 權利는 더 이상 생길 수 없게 된다는 意味라고 解釋된다. 좀 더 구체적으로 설명하면 다음과 같다.

---

14) 大法院1982.12.14.宣告82다카148,149判決; 大法院1983.3.8.宣告82다카1203判決 參照

15) 이 점은 確定判決에 의한 執行節次에 대하여 事實審 辯論終結 이후에 행하여진 辨濟를 들어 異議를 하는 것과 같은 이치라고 할 것이다.

16) 同旨 : 大法院1995.2.24.宣告94다53501判決

善意의 第3者가 所有權을 取得한 때에는 抹消請求를 할 수 없다는 規定은 이를 反對解釋하면 所有權을 取得한 者가 惡意일 때에는 讓渡擔保登記의 抹消를 請求할 수 있다는 뜻이 되고 그렇다면 이에 따라 讓渡擔保權者의 所有權移轉登記를 抹消할 수 있기 위하여는 먼저 第3者의 所有權移轉登記를 抹消할 수 있지 않으면 안 된다. 왜냐하면 不動産登記法上 현재의 登記名義人이 아니면 登記義務者가 될 수 없으므로[17] 讓渡擔保權者를 상대로 그 所有權移轉登記의 抹消를 구하려면 먼저 第3者名義의 登記를 抹消하여 讓渡擔保權者로 하여금 현재의 登記名義人이 되도록 해 놓지 않으면 안 되기 때문이다.

그러면 第3者의 登記는 어떻게 抹消할 수 있을 것인가. 讓渡擔保登記가 原因無效가 아닌 한 이에 터잡은 第3者의 所有權移轉登記는 第3者의 善意·惡意에 關係 없이 모두 有效하므로, 그럼에도 불구하고 이를 抹消할 수 있도록 하는 特別規定이 없는 이상에는, 抹消의 대상이 될 수 없음이 原則이다. 바로 이 대목에서 假擔法은 불성실한 讓渡擔保權者 및 讓渡擔保임을 알면서도 그와 去來를 맺은 惡意의 第3者로부터 債務者를 보호하기 위하여, 비록 第3者가 所有權을 取得하였다 하더라도 그가 惡意일 때에는 그 第3者를 상대로 그 所有權移轉登記의 抹消를 請求할 수 있는 權利를 債務者에게 인정하는 特別規定을 제11조 但書 後段으로 마련한 것이라고 보아야 할 것이다(이런 權利의 具體的 範圍에 관하여는 뒤에서 따로 검토한다).

이와 같이 解釋하면 所有權을 取得한 第3者가 善意일 때에는 債務者는 그 所有權移轉登記의 抹消를 請求할 수 없게 되므로

17) 郭潤直, 「不動産登記法」, 博英社(1993), 153面 參照

讓渡擔保權者의 登記名義回復은 불가능하게 되고 그 결과 讓渡擔保權者의 債務者에 대한 所有權移轉登記抹消義務는 履行不能으로 消滅한다. 설사 擬制自白 등으로 讓渡擔保權者에게 그 所有權移轉登記의 抹消를 命하는 判決이 宣告, 確定되어도 不動産登記法 제55조 제6호에 의하여 이와 같은 登記申請은 却下되게 되어 있으므로 그 判決은 執行不能이 된다.

그렇다면 讓渡擔保目的物의 所有權이 第3者에게 移轉된 경우 債務者는 原則으로는 讓渡擔保權者를 상대로 그 名義로 된 所有權移轉登記의 抹消를 請求할 수 없고 다만 例外的으로 第3者가 惡意인 때에는 그 第3者 名義의 登記에 대한 抹消請求가 가능한 결과 讓渡擔保權者에 대한 登記抹消請求도 여전히 가능하게 된다고 해석할 것이다.[18)]

(다) 그러나 第3取得者의 權利가 所有權 이외의 權利, 즉 抵當權 등 制限物權이거나 登記된 賃借權일 때에는 그 善意·惡意를 불문하고 債務者의 登記抹消請求權 자체에는 아무런 영향이 없다. 條文의 明文上으로도 그러할 뿐만 아니라 이와 같은 第3者의 登記로는 讓渡擔保權者의 登記名義가 喪失되지 않으므로 그 登記義務가 履行不能이 되는 일도 없기 때문이다.

---

18) 條文의 形式으로 보면 오히려 反對로 解釋하여야 할 것처럼 보인다. 즉 第3者에게 移轉되어도 原則으로는 讓渡擔保登記의 抹消가 여전히 가능하고, 다만 例外的으로 第3者가 善意인 경우에만 抹消請求를 할 수 없다는 식이다. 이것은 擔保權說에 입각하여 讓渡擔保目的物이 讓渡擔保權者의 所有物로서 第3者에게 處分되면 無效라고 하되 다시 讓渡擔保登記에 公信力을 인정하는 입장을 취하여 다만 第3者가 善意이면 有效라고 할 때에만 가능한 解釋이다(郭潤直, 前揭 物權法, 553面 以下 參照). 그러나 근본적으로 登記에 公信力을 인정하기 어려운 만큼 이런 解釋은 難點이 있다.

(4) 要 約

本件에서 擔保權者인 乙의 本登記는 비록 被擔保債務의 辨濟後에 이루어졌어도 提訴前和解調書의 執行에 의하여 經了된 것이므로 有效하지만 이는 讓渡擔保의 登記라고 보아야 하므로 채무자인 甲은 이미 행하여진 辨濟를 原因으로 하여 그 抹消를 請求할 수 있다고 할 것이다.

다만 讓渡擔保權者로부터 善意의 第３者 앞으로 所有權移轉登記가 經了된 경우에는 債務者의 讓渡擔保權者에 대한 登記抹消請求權은 消滅하지만 本件에서 第３者인 丙의 登記는 所有權移轉登記가 아닌 假登記에 불과하므로 甲의 登記抹消請求權 자체에는 아무런 영향이 없다(丙의 假登記가 本登記로 바뀐 때의 문제에 관하여는 後述한다).

라. 第３者名義의 登記에 대한 抹消請求權

(1) 抹消請求權의 性格

假擔法 제11조 但書 後段은 讓渡擔保登記에 터잡은 惡意의 第３者 名義의 所有權移轉登記에 대한 債務者의 抹消請求權을 특별히 인정하고 있다고 解釋되고 이는 일반의 原因無效의 登記에 대한 抹消請求權이 아니라 假擔法이 債務者의 보호를 위하여 특별히 인정하는 權利라고 解釋되는 점은 이미 앞에서 설명한 바와 같다. 이것은 有效한 登記에 대한 抹消請求權이므로 굳이 그 성질을 따져 본다면 이는 債權的 請求權이라고 할 것이다.

물론 第３者 名義의 登記가 通情虛僞表示 등에 의한 것으로

無效인 경우도 얼마든지 있을 수 있고 이런 경우 그 登記가 抹消의 대상이 됨은 당연한 것이지만 이것은 假擔法 제11조 但書 後段의 문제가 아니므로 더 이상 언급하지 않는다.

(2) 抹消請求權의 範圍

(가) 問題가 되는 擔保權者의 處分

假擔法 제11조 但書 後段에서 문제가 되는 것은 우선 앞에서 설명한 것처럼(前述 3. 나. (1) 부분 參照) 讓渡擔保의 登記가 처음부터 原因無效인 경우에는 第3者의 登記 또한 原因無效가 되어 그 善意·惡意를 불문하고 抹消의 대상이 된다고 보므로 이런 경우는 假擔法 제11조 但書 後段에 의한 抹消請求의 문제는 아니고, 일단 有效하게 經了된 讓渡擔保의 登記를 전제로 하여 第3者에게 權利가 移轉된 경우가 이 곳에서 문제로 된다.

다음으로는 擔保權者의 정당한 擔保權實行 또는 완전한 所有權者로서의 處分에 속하는 경우 역시 제외한다. 예컨대 擔保權者가 淸算期間徒過 後 淸算金을 支給한 뒤 擔保物을 第3者에게 處分하는 것과 같은 것은 완전한 所有權者로서의 處分이고, 또한 假擔法施行 前의 경우 辨濟期徒過 後 辨濟가 없어 擔保權者가 이를 第3者에게 處分하는 것은 특별한 사정이 없는 한 정당한 擔保權의 實行에 속하므로 이런 경우는 제외한다.

이렇게 되면 문제되는 경우는 擔保權者를 출발점으로 하여 볼 때 다음 두 가지로 한정된다.

첫째는 假擔法 소정의 淸算節次를 거침이 없이 讓渡擔保權者가 이를 第3者에게 處分한 때이고, 둘째는 債務를 辨濟받은 뒤에 이를 第3者에게 處分한 때이다(이것이 가능한 경우는 假登記擔保라면

擔保權者가 本登記에 필요한 서류를 이미 교부받아 소지하고 있거나 提訴前和解調書가 작성된 때로 제한될 것이지만 讓渡擔保의 경우라면 언제든지 가능하다).

讓渡擔保權者가 이와 같은 處分을 한 경우 그 效力은 어떻게 되는가(假登記擔保權者가 이런 處分을 한 경우에 관하여는 前述 3. 나. (1)에서 이미 검토한 바 있음). 假擔法 施行 전의 경우 이와 같은 處分이 有效한 것으로 인정되어 왔음은 주지하는 바이지만 假擔法 施行 후에도 이런 결론은 그대로 유지되어야 하리라고 생각한다. 讓渡擔保에 관하여 擔保權說을 취할 경우에는 이런 處分은 無效라고(淸算節次를 취하지 않은 경우에 관하여는 다소 의문이 있지만) 하여야 할 것이고 그럼에도 불구하고 善意의 第3者의 登記를 抹消할 수 없는 이유는 登記에 公信力이 있기 때문이라고 설명할 수밖에 없다. 그러나 假擔法이 유독 讓渡擔保의 경우에만 登記에 公信力을 인정한 것이라고는 볼 수 없으므로 이런 설명은 따르기 곤란하다. 결국 信託的 所有權移轉說에 의하여 이런 경우에도 讓渡擔保登記는 去來의 安全을 위하여 對外的으로는 완전한 所有權移轉登記로서의 效力을 계속 유지하고, 따라서 이에 터잡은 第3者의 登記도 有效하며 다만 去來의 安全을 보호한다고 하더라도 惡意의 第3者까지 보호할 필요는 없기 때문에 그런 第3者의 登記는 抹消할 수 있도록 特別規定을 둔 것이라고 설명하는 쪽이 보다 무난할 것이다.[19]

(나) 問題가 되는 第3者

① 惡意의 第3者 抹消請求는 惡意의 第3者에 대하여

19) 李英俊, 「物權法」, 博英社(1996), 999面 參照

만 인정된다. 惡意라 함은 目的不動産이 讓渡擔保로 제공된 사실을 아는 것을 말한다. 讓渡擔保임을 알았다면 비록 讓渡擔保權者의 所有가 되었다고 믿었다거나 또는 處分權이 있다고 믿었다 하더라도 善意가 되지는 못할 것이다.

② **所有權取得者 또는 그 밖의 權利取得者** 假擔法 제11조 但書 後段은 所有權을 取得한 第３者만을 언급하고 있다. 그러나 所有權 이외의 權利를 取得한 第３者가 惡意인 이상 그 權利를 보호해야 할 합리적 이유가 없는 점은 所有權의 경우와 마찬가지다. 따라서 각종의 制限物權이나 登記된 賃借權을 取得한 第３者도 惡意인 경우에는 그 權利가 抹消 대상이 되고 善意인 경우에는 抹消 대상이 되지 않는다.

制限物權을 取得한 第３者가 善意인 때에 그 第３者의 權利는 위와 같이 抹消의 대상이 아니지만 그렇다고 하여 債務者의 讓渡擔保權者에 대한 讓渡擔保登記의 抹消請求權까지 否認되는 것은 아니다. 債務者는 讓渡擔保權者를 상대로 하여 여전히 그 登記의 抹消를 請求할 수 있고, 다만 制限物權을 取得한 第３者는 그 抹消의 대상인 登記에 관하여 不動産登記法 제171조 소정의 '登記上 利害關係 있는 第３者'에 형식상 해당하므로[20] 그 第３者의 承諾書 또는 이에 對抗할 수 있는 裁判의 謄本이 있어야 抹消가 가능할 것이다. 이 때 第３者는 債務者의 抹消請求가 原因無效를 이유로 함으로써 자기의 權利에까지 영향을 미치는 경우가 아니므로[21] 債務者의 정당한 權利回復에 協力할 登記法上의 形式的

20) 이런 제３자는 利害關係人에 해당하지 않는다고 해석하는 방법도 있을 것이나 이는 登記公務員에게 實質的 審査權이 없다는 점과 관련하여 볼 때 채택하기 어렵다고 생각한다.

21) 讓渡擔保權者의 登記가 抹消되어도 이는 原因無效를 이유로 抹消되는 것이

義務가 있는 것이고 이런 意味에서 債務者가 하는 讓渡擔保登記의 抹消를 承諾할 義務가 있다고 할 것이다.[22)]

③ **假登記權利者** 假登記名義人은 假擔法에 의한 擔保權으로서의 假登記의 경우는 물론 所有權移轉請求權保全의 假登記의 경우에도 일종의 權利로 취급할 實體를 갖는다고 할 수 있으므로[23)] 假登記名義人도 第 3 者에 포함된다고 할 것이다. 가사 請求權保全假登記의 權利性을 否認한다고 하더라도 그 順位保全的 效力 때문에 債務者의 目的物 還收가 無意味해지는 결과가 생길 수 있음을 생각하면 惡意의 第 3 者의 權利가 假登記된 것에 불과하다 하여 이를 抹消請求의 대상에서 제외할 일이 아니라는 것은 분명하다.

아니므로 讓渡擔保權者의 所有權 내지 擔保權은 그 抹消登記의 時點부터 將來를 향하여 消滅될 뿐 그 이전으로 遡及되는 것이 아니고, 따라서 抹消登記 이전에 取得된 제 3 자의 權利에 무슨 영향이 있을 수 없는 것은 당연하다.

22) 이와 같은 결론은 讓渡擔保權者가 高價의 不動産 위에 少額債務를 위한 抵當權을 設定한 경우라든지 用益物權이나 賃借權을 設定한 경우 등에 특히 의미를 갖게 된다. 이와 같은 경우에 制限物權 때문에 債務者의 정당한 所有物 還收를 막는 것은 옳지 않고, 오히려 그런 制限物權의 負擔을 안은 채 擔保物을 還收할 수 있는 길을 열어 주는 것이 關係當事者의 利害를 합리적으로 조절하는 일이 될 것이다. 실질적으로 아무런 損害를 입지 않는 제 3 자의 承諾義務에 관한 설명은 郭潤直, 前揭 不動産登記法, 257面 以下 參照. 또한 利害關係人의 範圍에 관한 日本의 學說・判例에 관하여는 林良平 外 1人, 「注解不動産法(6) 不動産登記法」, 靑林書院(1988), 875面 參照. 다만 縮減된 型의 登記일 때에는 그 기본이 된 登記가 原因無效인 경우에도 이를 利害關係 있는 第 3 者의 登記라고 하는 설명은 잘못일 것이고 이것 또한 독자적인 抹消의 對象이라고 보아야 할 것이다. 承諾義務의 本質과 範圍에 관하여는 拙著「假處分의 硏究」 中 "[8] 不法抹消된 假處分登記의 回復登記와 第 3 取得者를 相對로 한 處分禁止假處分"의 5. 다. 라. 參照

23) 所有權移轉請求權保全의 假登記가 經了된 경우의 實體法的 效力 및 그 權利로서의 性質에 관하여는 拙稿 "代物辨濟豫約・賣買豫約에 있어서의 假登記에 의하여 保全되어지는 權利의 法律的 性質 및 假登記에 기한 本登記 後의 法律關係,"「裁判資料(13)」, 110面 以下 및 本書 第 2 編 "假登記된 權利의 法律的 性質" 參照

(3) 惡意의 第 3 者에 대한 抹消請求權行使의 그 밖의 要件

債務辨濟 後에 目的物이 第 3 者에게 讓渡된 경우라면, 그 第 3 者가 惡意이기만 하면 그를 상대로 抹消請求를 함에 있어 특별한 무슨 要件 같은 것은 생각하기 어렵다. 그러나 讓渡擔保權者가 淸算節次를 거침이 없이 第 3 者에게 目的物을 讓渡한 경우에는 문제가 다르다. 抹消請求權은 기본적으로 債務를 辨濟한 債務者에게 인정되어야 할 權利인데 위와 같은 경우에는 債務者는 아직 債務辨濟를 하고 있지 않기 때문이다.

이와 같은 경우에 債務者가 無條件 抹消請求를 할 수 있다면, 債務者는 債務도 辨濟하지 않은 채 擔保物만 還收하는 셈이 되어 公平에도 맞지 않는다. 결국 이런 때에는 債務者는 원래의 讓渡擔保權者에게[24] 債權額을 제공하여 辨濟를 한 뒤에라야 第 3 者에게 抹消請求를 할 수 있는 것으로 解釋함이 옳다. 이 경우 원래의 讓渡擔保權者가 아닌 第 3 者에게 辨濟를 하여야 하는 것은 아닌지 의문이 없지 않으나 뒤에 보는 바와 같이 이것은 讓渡擔保關係의 第 3 者에 대한 承繼를 전제로 하는 것인데 그와 같은 承繼의 인정이 곤란하므로 역시 원래의 讓渡擔保權者에게 辨濟해야 하는 것이라고 볼 것이다.

(4) 所有權을 取得한 惡意의 第 3 者에 대한 抹消請求權의 本質

惡意의 第 3 者 名義로 經了된 所有權移轉登記가 抹消의 대상이 되는 것은 그것이 原因無效이기 때문은 아니고, 그것은 有效한

---

24) 郭潤直, 前揭 物權法, 554面은 第 3 者에게 辨濟하여야 할 것으로 보는 입장인 듯하다.

登記이기는 하지만 그 第3者가 讓渡擔保임을 알고도 所有權을 取得한 경우에는 이런 第3者보다는 債務를 辨濟한 債務者를 보호하는 것이 타당하기 때문에 특히 그 抹消請求權을 인정하고 있는 것이라는 점, 따라서 미처 債務가 辨濟되기 전에 惡意의 第3者가 所有權을 取得한 경우라면 債務者는 먼저 債務를 辨濟하여야만 抹消請求를 할 수 있다는 점 및 이 경우 辨濟受領權이 第3者에게 있는 것은 아닌가 하는 의문도 있다는 점 등에 대하여 지금까지 살펴보았다. 여기서 이런 결과를 토대로 하여 抹消請求權의 本質을 생각하여 볼 때에 다음과 같은 推論도 일단 가능할 것이다.

즉 惡意의 第3者에게 所有權이 移轉되는 경우에 讓渡擔保의 法律關係가 당연히 第3者에게 承繼되고 그 결과 第3者가 讓渡擔保權者의 地位에 있게 되므로 債務者는 그 第3者를 讓渡擔保權者로 하여 그에게 債務를 辨濟하고(債務가 이미 辨濟된 때라면 그런 조치 없이 바로) 그를 상대로 抹消請求를 하면 되는 것이므로 이 抹消請求權은 債務者가 讓渡擔保權者에 대하여 원래 가지고 있는 抹消請求權 그 자체라고 하는 것이다.

그러나 第3者가 비록 惡意이기는 하지만 讓渡擔保의 承繼를 의욕한 것이 아닌 경우[25] 이런 결과를 是認하려면 法이 그와 같은 承繼를 擬制하여야 할 것인데 그런 擬制에 관한 規定이 없고, 다음으로는 이런 결과를 是認할 경우 第3者의 登記는 비록 抹消된다고 해도 그로써 바로 債務者의 所有權이 回復되는 것은 아니고 登記簿上으로는 원래의 讓渡擔保權者의 登記가 살아나는 것이

25) 물론 被擔保債權과 함께 讓渡擔保權이 第3者에게 讓渡된 경우라면 第3者에게 債務를 辨濟하여야 함은 당연하다.

어서 債務者로서는 다시 그를 상대로 抹消請求를 하여야만 되는 터라 債務者나 讓渡擔保權者에게 무슨 實益이 있는 것도 아니다.

결국 被擔保債權과 분리된 讓渡擔保만의 惡意의 第3者에 대한 承繼는 이를 인정하지 않는 것이 타당하고 그렇다면 惡意의 第3者에 대한 抹消請求權의 本質은 不誠實한 讓渡擔保權者 및 惡意의 第3者로부터 去來의 安全을 해치지 않는 範圍 內에서 債務者를 보호하기 위하여 法이 특별히 인정하는 請求權이라고 본 앞에서의 見解(前述 라.(1) 참조)가 타당할 것으로 생각된다.

(5) 要　約

本件에서 假登記 權利者인 丙이 乙의 所有權移轉登記가 讓渡擔保登記임을 알고 있었다면 甲은 丙을 상대로 그 假登記의 抹消를 請求할 수 있을 것이다. 그 밖에 丙의 假登記에 무슨 原因無效事由가 있다면 이를 原因으로 한 抹消請求도 가능할 것인바, 本件에서 甲은 乙과 丙 사이의 通情虛僞表示에 의하여 假登記가 經了된 것이라는 주장도 제기하였고 뒤에 보는 바와 같이 그것이 인정될 상당한 가능성도 있었다.

마. 假登記에 관한 假處分에 관련된 문제

(1) 本登記禁止假處分

우리나라 및 日本의 判例[26]와 多數說[27]은 假登記에 기하여

26) 大法院1978.10.14.字78마282決定; 大法院1992.9.25.宣告92다21258判決; 日最裁昭38.12.3.宣告昭37(才)905判決

27) 金祥源 外 1人, 「假押留・假處分」, 韓國司法行政學會(1978), 379面; 李石善, 「保全訴(下)」, 日新社(1981), 281面; 李炫昇, "假登記와 關聯한 假處分," 「裁判資料

本登記를 하는 것을 禁止하는 假處分 소위 本登記禁止假處分은 허용될 수 없다고 한다. 이 문제는 本件에서의 쟁점이 아닌 데다가 이미 광범한 논의가 이루어져 있는 논점이므로 여기서는 언급을 생략한다.

(2) 假登記上 權利의 處分禁止假處分

通說에 의하면 假登記上의 權利의 處分을 制限하는 假處分은 허용되며 이 假處分登記가 附記登記의 방법으로 假登記에 기입되면 그로써 假登記上의 權利의 處分은 물론 그 假登記에 기한 本登記가 經了된 후의 處分 역시 制限되는 效力이 있다고 한다.[28] 역시 독자적 검토의 대상이 되는 논점이므로 더 이상의 언급은 생략한다.

(3) 假登記의 順位保全의 效力에 따른 問題

원래 所有權移轉請求權保全의 假登記後 그 本登記前에 所有名義者를 상대로 한 處分禁止假處分이 된 경우 그 假處分은 本登記의 經了를 방해하지 못하며 本登記가 되면 그 所有權取得을 假處分權利者에게 對抗할 수 있다.[29] 따라서 本件에서 乙에 대한 處分禁止假處分은 丙이 그보다 앞서 假登記를 했기 때문에 만일 丙

(46)」, 72面 각 參照. 단, 鄭玄湜, "假登記에 관련한 假處分," 「司法論集(8)」, 316面 以下는 反對見解이다.

28) 金祥源 外 1人, 前揭書, 378面; 鄭玄湜, 前揭論文, 315面; 李炫昇, 前揭論文, 67面; 鈴木忠一 外 1人, 「注解 民事執行法(6)」, 第一法規(昭和 59), 235面

29) 拙稿, "假登記의 效力," 「司法論集(4)」, 186面 및 本書 第 3 編 "假登記의 效力" 參照. 또한 假處分登記經了 후 그 이전에 이미 經了된 假登記에 기한 本登記를 함에 있어서는 假處分債權者의 承諾書를 添附할 필요가 없다는 大法院 1973.2.26.宣告71다1832判決(法律新聞 제1036호)의 취지도 동일한 것으로 이해된다.

이 그 假登記에 기한 本登記를 經了한다면 丙에게 그 效力이 미치지 아니하고[30] 乙에 대한 이 假處分은 假處分申請人인 甲에 대한 被申請人인 乙의 所有權移轉登記抹消義務가 履行不能이 된 때문에 다른 특별한 사정이 없는 한 假處分異議節次에서 取消될 수밖에 없다.[31] 그러나 本件에서는 甲이 丙의 假登記에 대한 抹消請求權도 가질 수 있으므로 이를 被保全權利로 하여 丙이 假登記上의 權利를 處分하거나 또는 假登記에 기하여 經了한 本登記[32]上의 權利를 處分하는 것을 禁止하는[33] 假處分을 해 놓고 궁극적으로 丙의 假登記 또는 그 假登記에 기한 本登記를 抹消할 수도 있는 것이므로 이런 경우에 대비하여 乙에 대한 處分禁止假處分을 할 필요가 있다.

4. 結　　論

本件은 乙 名義의 本登記에 대한 甲의 抹消請求權이 인정되고, 나아가 丙의 惡意를 전제로 하는 丙 名義의 假登記에 대한 甲의 抹消請求權도 인정될 수 있는 경우에 해당한다.[34] 실제로 甲은

30) 本登記經了行爲는 處分이 禁止된 行爲 가운데 포함되지 않으므로 이와 같은 行爲는 假處分違反이 아니고 따라서 丙에 대하여 甲은 그 行爲, 즉 所有權取得이 無效라는 主張을 할 수 없다는 의미이다.

31) 同旨 : 大法院1981.1.27.宣告80다2632判決; 大法院1992.9.25.宣告92다21258判決

32) 丙이 假登記 당시에 惡意라면 假登記에 기하여 本登記를 한 경우에도 역시 惡意일 것이므로 이는 惡意의 第3者가 所有權을 取得한 때에 해당하여 抹消의 對象이 된다.

33) 假登記上의 權利의 處分을 制限하는 處分禁止假處分이 그 假登記에 기한 本登記가 經了된 후의 處分 역시 制限하는 效力이 있다는 通說의 설명에 관하여는 前述 3. 마. (2) 參照

34) 이 사건의 사안과는 달리 만일 甲이 아직 자신의 被擔保債務를 完濟하지

本申請에서 丙이 惡意라는 점을 적극적으로 疎明하지는 못하였으나 被擔保債務가 이미 辨濟된 후 상당한 時日(실제의 事案에서는 10여 년)이 經過된 다음 갑자기 乙 名義의 本登記가 經了되고 바로 같은 날 丙 名義의 假登記가 經了되었다고 하는 事案의 經過에 비추어 볼 때 本案에서 乙, 丙의 通謀 또는 적어도 丙의 惡意가 인정될 가능성이 많다고 보였다. 이에 通常보다 擔保供託金 액수를 높게 결정한 뒤 假處分申請을 認容하였다.

5. 主 文 例

피신청인 乙은 별지목록 기재 부동산에 관하여 매매, 양도, 저당권이나 임차권의 설정, 기타 일체의 처분을 하여서는 아니 된다.
피신청인 丙은 위 부동산에 관한 별지목록 기재 가등기상의 권리를 양도하거나 기타 일체의 처분을 하여서는 아니 된다.

아니한 상태에서 같은 유형의 處分禁止假處分을 구해 오는 경우에 관하여 大法院1991.5.14.宣告91다8678判決; 大法院1993.7.13.宣告93다20870判決 등은 "債務者들의 借用金債務를 擔保하기 위하여 不動産에 관하여 債權者 名義의 假登記 및 本登記가 經了되었는데 債務者들이 아직 위 借用金債務를 辨濟하지 아니한 상태에서 債務辨濟를 條件으로 한 抹消登記請求權을 保全하기 위하여 위 不動産에 관한 處分禁止假處分決定을 얻어 그 記入登記를 마친 것이라면, 위 處分禁止假處分의 被保全權利가 될 抹消登記請求權은 위 假處分 당시까지도 發生하지 아니하였음이 분명하여 위 假處分決定은 擔保目的不動産에 대한 擔保權行使로서의 處分行爲를 防止할 效力이 없다."고 判示하고 있다. 따라서 위 判例들에 의하자면 假處分의 發令時點에서 이러한 假處分이 認容되기 위해서는 적어도 被擔保債務의 完濟事實은 主張·疎明되어야 할 것이다.

第 5 編 假登記擔保등에관한法律 제11조 所定의 所有權移轉登記 抹消 請求權과 被擔保債務辨濟와의 關係

1. 事案의 概要(서울民事地方法院1990.12.21.字90카106491 決定)

甲은 1988.6.3 乙로부터 금 35,000,000원을 차용하고 1989.4.25 그 때까지 元利金 합계 금 43,000,000원에 대한 讓渡擔保로 그의 所有 不動産에 대하여 乙이 지정하는 그의 남편 丙 앞으로 所有權移轉登記를 경료하였다. 그 후 甲은 수차에 걸쳐 乙에게 被擔保債務 中 금 30,000,000원을 辨濟하였으나 丙이 그 不動産을 다른 사람에게 處分하려 하므로 甲은 나머지 被擔保債務額을 乙에게 辨濟하였을 때 취득하게 될 그 不動産에 대한 所有權移轉登記抹消請求權을 被保全權利로 하여 위 不動産에 대한 處分禁止假處分을 申請하였다.

* 이 論文은 1994년 9월에 博英社에서 發刊한 「事例解說 假處分의 研究」, 99-118면에 收錄된 바 있는 論文이다.

2. 問題의 提起

本件에서는 첫째, 甲이 乙에게 被擔保債務를 모두 辨濟하였을 때 취득하게 되는 所有權移轉登記 抹消請求權은 讓渡擔保契約 當時 이미 성립한 權利인가 아니면 將來의 權利인가, 둘째, 甲이 취득하게 될 所有權移轉登記 抹消請求權이 將來의 權利라고 한다면 그와 같은 將來의 權利도 處分禁止假處分의 被保全權利가 될 수 있는가, 셋째, 甲이 將來의 權利인 위 所有權移轉登記 抹消請求權을 被保全權利로 하여 不動産處分禁止假處分을 하는 것은 讓渡擔保權者인 丙의 擔保權을 침해하는 것은 아닌가 하는 점들이 문제가 되었다.

3. 檢　　討

가. 抹消請求權의 法的 性格

(1) 抹消請求權

일반적으로 不動産의 讓渡擔保라 함은 債權擔保의 목적으로 債權者에게 不動産所有權의 移轉登記를 한 후 그 債務를 辨濟하면 그 所有權移轉登記를 抹消하고[1] 그렇지 않은 경우에는 清算節

1) 讓渡擔保設定者가 讓渡擔保權者에게 被擔保債務를 변제한 후 讓渡擔保目的物에 대한 所有名義를 回復하는 방법으로는 讓渡擔保權者 앞으로 경료된 所有權移轉登記의 抹消請求를 할 수도 있고 讓渡擔保設定者 앞으로의 所有權移轉登記請求를 할 수도 있다고 할 것이나(大法院1971.5.24.宣告71다669判決 參照),

次에 의하여 그 目的物로부터 優先辨濟를 받는 所有權移轉型의 變則擔保를 말한다.

不動産의 讓渡擔保制度는 去來界에서 오래 전부터 사용되어 왔던 變則擔保의 일종이었는데 1984. 1. 1부터는 同日字로 施行된 假登記擔保等에관한法律(이하 假擔法이라 칭한다)의 규율을 받게 되었다. 假擔法이 施行된 이후에 讓渡擔保의 法律的 構成에 관하여는 信託的 所有權移轉說,[2] 解除條件附 所有權移轉說,[3] 擔保物權說[4] 등이 대립되어 있다.

어느 견해를 취하든 債務者가 被擔保債務를 辨濟하지 아니하는 경우 債權者는 假擔法 소정의 淸算節次에 따라 擔保權實行의 通知를 하고 淸算期間을 경과한 후 淸算金을 支給한 때에 또는 淸算金이 없는 경우에는 淸算期間이 경과한 때에 讓渡擔保 目的 不動産에 대하여 所有權을 취득함으로써 債權의 滿足을 얻게 된다고 할 것이나(假擔法 제3조) 債務者는 淸算金債權을 辨濟받을 때까지 그 債務額(返還時까지의 利子와 損害金을 포함한다)을 債權者에게 支給하고 그 債權擔保의 목적으로 경료된 所有權移轉登記의 抹消를 請求할 수 있다(假擔法 제11조).[5]

여기서는 일단 抹消請求權으로 한정되어 검토하기로 한다.

2) 李英俊, 「物權法」, 博英社(1990), 882面. 假擔法 시행 이전의 判例·通說의 입장이었다.

3) 金曾漢, 「物權法講義」, 博英社(1984), 458面

4) 郭潤直, 「物權法」, 博英社(1993), 729面; 金容漢, 「物權法論」, 博英社(1988), 630面; 黃迪仁, 「現代民法論(Ⅱ)」, 博英社(1988), 387面. 假擔法 시행 이후 多數說의 입장이다.

5) 抹消請求權의 法律的 性質에 관하여는 形成權說(尹天熙, 「假登記擔保法」, 司法行政學會(1986), 207面, 216面, 債權的 請求權說(李英俊, 前揭書, 893面), 物權的 請求權說(郭潤直, 前揭書, 749面)이 대립되어 있는데, 抹消請求權은 讓渡擔保設定者에게 유보된 所有權에 기한 物權的 請求權일 수도 있고(大法院 1979.2.13.宣告78다2412判決), 讓渡擔保契約上의 權利에 터잡은 債權的 請求權

(2) 將來의 權利

이러한 債務者의 抹消請求權은 讓渡擔保契約 當時에 이미 발생한 權利인가 아니면 債務者가 被擔保債務를 債權者에게 辨濟한 때에 비로소 발생하게 되는 將來의 權利인가.

㈎ 將來의 權利의 意義

넓은 의미에서 將來의 權利라고 할 때에는 履行期 未到來의 權利, 期限附 權利, 條件附 權利 및 將來에 발생할 權利 등을 모두 포함하는 의미이지만, 좁은 의미로는 장래 발생할 權利나 그 성립이 期限의 到來에 걸려 있는 것만을 의미한다(이하에서는 將來의 權利라는 용어를 좁은 의미로만 사용한다).

將來의 權利는 그 權利發生을 위한 成立要件 中 일부만이 충족되고 나머지가 아직 충족되지 않은 權利이므로 權利의 成立要件은 모두 갖추어져 있으나 그 효력이 成立要件과는 별개의 附款에 의하여 제한되는 條件附 權利나 期限附 權利와 구별된다. 그러나 장래의 權利 중에서도 그 成立要件이 基本的 要件과 附加的 要件, 前提的 要件과 追加的 要件, 先行的 要件과 事後的 要件으로 분리될 수 있는 경우에 前者의 要件을 구비한 權利는 그 權利가 아직 발생하지 않았다고 하는 形式面에서는 전적으로 다르지만, 그 효과발생이 유보되어 있다는 實體面에서는 不確定期限附 權利나 停止條件附 權利와 조금도 다름없는 것이 있다.[6] 또 구체

일 수도 있다(大法院1988.9.13.宣告86다카1332判決)고 할 것이다.

6) 將來의 權利라고 實務上 자주 거론되는 것으로서, 예를 들면 (1) 裁判上의 權利行使를 필요로 하고 그것을 전제로 하는 것(詐害行爲取消를 전제로 하는 給付請求權, 離婚을 전제로 하는 財産分割請求權 등), (2) 履行, 執行不能을 고려한 代償請求權, (3) 形成權의 行使를 전제로 하는 請求權(解除와 損害賠

적인 權利가 將來의 權利인지 또는 條件附나 期限附 權利인지 다투어지는 경우도 있다.

(나) 將來의 權利의 구별

결국 어떤 權利가 將來의 權利인지 여부를 구별하는 것은 그 權利의 成立要件으로서 法律이 예정하고 있는 것들이 무엇인가를 명확히 함으로써 개별적으로 판단할 수밖에 없을 것이다. 문제가 되는 것은 대부분 현재 성립해 있는 基本的인 法律關係에서 파생되는 個別的·具體的인 權利를 將來의 權利로 파악할 것인가 하는 점인데, 基本的인 法律關係와 그로부터 파생되는 구체적인 權利는 서로 별개의 것이라고 할 것이므로[7] 그러한 個別的·具體的인 權利는 원칙적으로 將來의 權利로 파악하여야 할 것이다. 구체적인 예를 살펴보면 다음과 같다.

첫째, 雇傭契約上의 報酬請求權은 勞務를 제공한 후가 아니면 청구할 수 없는 것이기 때문에 그 勞務를 제공하기에 적당한 시간이 경과하기 전에는 성립하지 않는다는 견해도 있지만 報酬請求權은 雇傭契約과 동시에 성립하고, 다만(특약이 없는 보통의 경우) 使用者인 債務者가 勞務提供의 先履行을 청구하고 先履行이 없으면 報酬支給을 거부할 수 있는 抗辯權을 갖는다고 이해하면 족할 것이다.[8]

償 또는 原狀回復請求權, 還買權 및 再賣買의 豫約權과 引渡請求權, 法律行爲取消와 返還請求權, 營業主의 介入權과 權利移轉請求權), (4) 法定條件을 수반하는 請求權(道知事 등의 許可를 전제로 하는 土地引渡請求權) 등이 있다. 상세한 내용은 柏木邦良, "將來の請求權の保全處分,"「判例タイムズ」, 214號, 83面 以下 參照

7) 실제상의 문제로 消滅時效도 개별적으로 진행되고, 독립하여 讓渡, 擔保提供도 가능하며, 强制執行의 對象도 될 수 있다고 할 것이다.

8) 鈴木忠一 外 1人,「注解 民事執行法(6)」, 第一法規社(昭和59), 25面; 李英燮,

둘째, 保證人의 主債務者에 대한 將來의 求償權이나 相對方이 敗訴한 경우에 가지는 訴訟費用償還請求權은 將來의 請求權이라고 한다.[9)]

셋째, 債務不履行에 기한 損害賠償請求權도 將來의 權利라고 할 것이다. 다만 本來의 債權과 同一性이 유지된다는 면에서는 現在의 權利라고 할 여지도 있을 것이다.[10)]

넷째, 賃貸借契約解除時의 目的物返還請求權에 대하여 이를 將來의 權利라고 하는 見解와 그 權利는 賃貸借契約 당시부터 발생한 權利이나 다만 賃貸借契約의 終了라는 期限이 붙어 있는 것에 불과하다는 見解가 있다.

(3) 本件의 경우

甲이 乙에 대한 債務를 擔保하기 위하여 丙에게 그 不動産의 所有權移轉登記를 경료함으로써 讓渡擔保契約을 체결하였다고 할 것이므로 讓渡擔保權者인 丙[11)]이 그 不動産에 대하여 假擔法이 정하는 절차에 따라 淸算期間을 경과한 후 淸算金을 支給할 때까지 甲은 乙에게 被擔保債務 전부를 辨濟하고 不動産에 대한 丙 명의의 所有權移轉登記 抹消를 請求할 수 있다고 할 것이다.

이 때 甲의 乙에 대한 '被擔保債務의 辨濟'는 甲의 抹消請求權이 발생하기 위한 成立要件 中의 하나라고 할 것이므로 甲이

「註釋 强制執行法(下)」, 韓國司法行政學會(1983), 194面. 受給人이 報酬를 받을 債權도 동일하다.

9) 李英燮, 前揭書, 194面. 그러나 鈴木, 前揭書, 25面에서는 連帶債務者의 1인이 다른 連帶債務者에 대하여 가지는 求償權, 保證人이 主債務者에 대하여 가지는 求償權, 어음상의 償還請求權도 이미 성립된 權利라고 한다.

10) 鈴木, 前揭書, 25面

11) 讓渡擔保契約에서는 반드시 債權者와 讓渡擔保權者가 일치할 필요는 없다고 한다. 郭潤直, 前揭書, 731面 參照

被擔保債務 전부를 辨濟할 때까지 위 抹消請求權은 아직 성립하지 않은 將來의 權利라고 할 것이다.[12] 大法院도 讓渡擔保設定者가 被擔保債務를 辨濟하고 擔保目的物에 대하여 경료된 所有權移轉登記의 抹消를 청구할 수 있는 權利는 아직 성립하지 아니한 將來의 權利라고 數次에 걸쳐서 간접적으로 判示하고 있다.[13]

나. 將來의 權利의 被保全權利 適格性

期限附 權利나 條件附 權利에 대하여는 保全處分의 被保全權利로서의 適格性[14]을 널리 인정함이 일반적이나(民事執行法 제276조 제2항 참조), 將來의 權利가 保全處分의 被保全權利로서의 適格性을 갖느냐는 점에 관하여는 견해가 나누어져 있다.

(1) 消 極 說

保全處分申請時에 權利가 성립해 있을 필요는 없지만 그에 대한 保全處分決定時까지는 權利가 성립하여 있어야 한다는 견해이다.[15] 獨逸의 通說·判例의 입장으로서 債權者가 法院의 提訴命

12) 즉 '被擔保債務의 辨濟'는 抹消請求權이 발생하기 위한 要件이지 成立要件 外에 별도로 추가될 條件的 事實이라고 볼 수 없으므로 抹消請求權은 被擔保債務의 辨濟를 停止條件으로 하는 條件附 權利로 볼 수 없다.

13) 大法院1972.10.31.宣告.72다1271,1272判決; 大法院1979.2.27.宣告78다2295判決; 大法院1991.5.14.宣告91다8678判決 등 多數

14) 다만 臨時의 地位를 정하는 假處分에 있어서는 期限未到來의 債權, 條件附債權, 將來의 債權 모두 保全할 權利關係가 없다고 하거나 保全의 必要性이 인정되지 아니한다고 하여 그러한 權利를 被保全權利로 하여서는 臨時의 地位를 정하는 假處分을 할 수 없다고 한다. 保全處分의 被保全權利 一般에 관하여는 吳天錫, "保全處分의 被保全權利," 「裁判資料(45)」, 9面 以下 參照

15) 「實務提要 執行(下)」, 331面; 日大審院昭和7.5.27.判決(法律新聞3435號14面. 다만 방론으로서 설시하고 있다).

令에 따르지 않는 때에는 保全處分을 取消할 수 있기 때문에 債權者에게 相對方에 대하여 訴를 제기할 수 있는 被保全權利가 존재하는 경우에만 保全處分을 발할 수 있다고 하거나 條件附 權利와 將來에 발생할 權利의 期待와는 구별하지 않으면 안 되기 때문에 단순한 期待라면 保全處分을 발할 수 없다고 하여 將來의 權利의 被保全權利로서의 適格性을 否認한다.[16] 다만 원칙적으로 消極說의 입장을 취하면서도 將來 履行의 訴가 허용되는 경우에는 將來의 權利에 관하여 保全處分이 허용될 수 있을 것이지만 아직 訴를 제기할 가능성이 없는 때에는 保全處分의 여지가 없다고 하는 見解도 있다.[17]

(2) 積 極 說

將來의 權利도 그 基礎되는 法律關係가 성립되어 있는 한 保全處分의 被保全權利로서의 適格性을 갖는다고 하는 견해이다. 우리나라 實務 및 日本의 다수 學說과 判例의 입장으로서 將來의 權利도 그 內容이나 主體를 특정할 수 있는 정도의 요건이 충족되어 있는 한 그 權利實現의 可能性은 있고, 그 可能性의 性質은 條件附 權利의 경우와 그 實質에 있어서 차이가 없고 그 實現의 確實度에 차이가 있는 것에 그치기 때문에 被保全權利로서의 適格이 있다고 하거나[18] 將來의 權利도 그 成立의 展望이 충분하고

16) Kommentar zur ZPO Ⅱ 916, 11. Aufl., 1911.

17) Hellwig-öertmann, System des DZR, 349 b) 2. B), 1919.

18) 日大審院昭和3.6.20.判決(大審院民事判例集7卷466面—"將來의 賠償請求權에 관하여"); 日大阪控訴院昭和6.12.23.判決(法律學說判例評論全集第21卷商法49面—"失權株式의 競賣不足額請求權에 관하여"); 日東京地裁昭30.6.18.判決(下級審判決集6卷1173面—"假登記權利者의 所有權에 기한 妨害排除請求權에 관하여"); 日東京高裁昭33.3.14.決定(東京高等裁判所民事判決時報9卷33面—"製作物

財産的 價値가 있는 때에는 被保全權利로 될 수 있다고 한다.[19)]

다만 원칙적으로 積極說의 立場을 취하면서도 基礎로 되는 法律關係가 추상적으로 존재할 것만을 요건으로 한다면 將來의 權利로서 被保全權利 適格性이 인정되는 범위가 지나치게 넓게 될 우려가 있기 때문에 被保全權利가 保全處分發令 當時에는 반드시 성립하여 있을 것을 요하지 않지만 保全要件審査時를 基準으로 하여 提訴命令이 발하여지더라도 충분히 將來 履行의 訴를 포함한 本案의 訴를 제기할 수 있다고 예측되는 정도의 確實性이 있을 것을 요한다고 하는 見解도 있다.[20)]

(3) 大法院判例의 立場

大法院1993.2.12宣告92다29801判決은 “가압류의 피보전권리는 가압류신청 당시 확정적으로 발생되어 있어야 하는 것은 아니고 이미 그 발생의 기초가 존재하는 한 조건부 채권이나 장래에 발생할 채권도 가압류의 피보전권리가 될 수 있다.”고 判示하여 將來의 權利도 假押留의 被保全權利로서의 適格性이 있음을 정면으로 인정하였다.[21)]

다만 大法院은 債務者가 債務의 擔保를 목적으로 不動産에 관하여 所有權移轉登記를 경료함으로써 讓渡擔保權을 설정한 事

供給契約의 解除前의 原狀回復으로서의 返還請求權에 관하여”)

19) 兼子 一, 「增補 强制執行法」, 酒井書店(1958), 302面; 野間 繁, “被保全權利,” 「保全處分의 體系(上)」, 日本法律文化社(1974), 182面

20) 柏木, 前揭論文, 88面; 鈴木, 前揭書, 25面에서는 提訴命令이나 그것에 기한 本案訴訟提起時에는 權利發生의 要件을 만족할 수 있는 정도의 것일 것을 요한다고 설명하고 있는데 같은 입장이라고 할 수 있을 것이다.

21) 本 判決은 信用保證基金이 信用保證契約에 기하여 代位辨濟를 하기 전에 將來에 發生할 求償金債權을 被保全權利로 하여 假押留를 申請한 事案에 관한 것이다.

案에서 債務辨濟가 없는데 發令된 處分禁止假處分決定은 被保全權利가 될 所有權移轉登記 抹消請求權이 없이 한 것이어서 그 假處分決定은 債權者의 目的不動産에 대한 擔保權行使로서의 處分行爲를 방지할 효력이 없다고 判示한 바 있는데,[22] 그러면서도 그런 假處分이 처음부터 허용될 수 없는 것이었다거나 혹은 當然無效라거나 하는 判示를 하고 있지 않는 것으로 보아 이러한 大法院判例의 입장은 將來의 權利를 被保全權利로 하는 假處分 자체는 일응 가능하다는 전제 위에 선 것으로서 간접적으로 그러한 假處分이 가능함을 判示한 셈이라고 할 것이다.

과거에는 위와 같은 大法院判例의 태도에 대하여 기본적으로 消極說의 입장에 선 것이라고 해석하면서 이에는 理論上 의문이 있다고 하고, 미리 請求할 必要가 있는 한 殘存債務의 辨濟를 조건으로 擔保目的 所有權移轉登記의 抹消를 명할 수 있다고 하는 大法院判例(1981.9.22宣告80다2270判決)에 비추어 將來履行請求가 허용되는 경우에는 係爭物에 관한 假處分을 할 수 있다고 하는 見解[23]와 讓渡擔保權者의 辨濟期 前 處分을 禁止하고, 辨濟期 後에라도 目的不動産에 대한 還收權을 확보하기 위하여 目的不動産에 대한 處分禁止假處分을 허용하여야 한다고 하는 見解[24]도 있었다. 위 判決들의 의미에 관하여는 後述 다. 3.에서 자세히 살펴보기로 한다.

---

22) 大法院1971.3.23.宣告70다3018判決; 大法院1972.10.31.宣告72다1271,1272判決; 大法院1979.2.27.宣告78다2295判決

23) 吳天錫, 前揭論文, 24面. 다만 여기서 원용한 大法院1981.9.22.字判決은 被擔保債務가 辨濟되어 이미 소멸되었다고 주장한 사안에 관한 것이므로 기본적으로 將來의 權利 일반에 관한 被保全權利適格問題에 관하여 어떤 참고가 된다고 보기 어렵다.

24) 金時昇, "變則擔保와 登記," 「裁判資料(44)」, 303面. 그러나 被保全權利의 문제에 관하여는 구체적인 언급을 하고 있지 않다.

(4) 結 旨

생각건대 將來의 權利 중에서도 그 실질에 있어서 條件附 權利와 큰 차이가 없는 것이 있고, 또 그러한 權利에 대하여 경우에 따라서는 假登記가 가능하고(不動産登記法 제 3 조 후단) 破産債權으로도 취급되는 등(破産法 제24조) 법률적으로 의미를 가지는 수가 있다. 따라서 아직 성립되지 아니한 權利라고 하여 일률적으로 被保全權利로서의 適格性을 否認하는 것은 문제라고 할 것이다.

특히 商事, 特許, 公害, 勞動事件과 관련된 保全處分과 같이 本案判決의 결과를 기다리고 있어서는 진정한 權利救濟를 받을 수 없는 것도 있는 점을 생각하면 더욱 그러하다고 할 것이다. 다만 將來의 權利가 아니라 단순한 期待에 불과한 경우[25]에는 아예 被保全權利가 인정되지 않는 것이므로 被保全權利로서의 適格性을 논의할 문제가 되지 못할 것이다.

결국 문제가 되는 것은 將來의 請求權 中 어떠한 요건을 갖춘 것을 被保全權利로서의 適格性이 있다고 인정할 것인가 하는 구체적인 기준이라고 할 것이다. 이에 대하여는 將來의 權利 中 基礎로 되는 法律關係가 이미 형성되어 있어 實現可能性이 크고 財産的 價値가 있는 것은 被保全權利로서의 適格을 가진다고 하는 것이 일단 合理的 基準이 될 수 있을 것이다.[26] 다만 어느 時

---

25) 吳天錫, 前揭論文, 26面에서는 再審의 訴가 허용되지 않음에도 前審訴訟의 目的物의 返還을 保全하기 위한 假處分의 不許, 國有財産의 賃借人이 緣故權을 내세워 우선 매수할 수 있는 지위에 있음을 전제로 한 國有財産에 대한 處分禁止假處分의 不許(大法院1971.10.11.宣告71다1826判決) 등을 그 예로 들고 있다.

26) 柏木, 前揭論文, 88面에서는 위와 같은 抽象的인 基準 이외에 補助的·實踐的인 判斷의 基準이 필요한데, 그러한 基準으로서 將來의 權利가 條件附 權

期까지 將來의 請求權이 現在의 權利로 성립되어야 하는가의 문제에 관하여는 本案의 辯論終結時까지 權利가 구체적으로 성립하고 있지 않으면 本案에서 請求棄却의 判決을 면할 수 없고, 그 결과 將來의 權利를 被保全權利로 한 假處分도 그에 違反한 處分行爲를 無效化시킬 수 있는 효력이 없게 되므로 本案의 辯論終結前까지는 權利가 구체적으로 성립되어야 하고, 따라서 그런 具體的 成立의 可能性이 상당한 정도로 인정될 수 있을 만큼 成熟된 權利라면 被保全權利로서의 適格性을 인정하여야 할 것이다.[27)]

(5) 本件의 경우

이상의 검토결과를 本件에 적용하여 본다면 甲의 丙에 대한 所有權移轉登記 抹消請求權은 將來의 權利이지만 甲과 乙 사이에 讓渡擔保契約이 체결되어 있어 基礎的인 法律關係가 이미 갖추어져 있고, 甲이 乙에게 被擔保債務 中 상당부분을 이미 辨濟하여 權利成立의 可能性이 크며 또 財産的 價値도 있는 權利라고 할 것이므로 被保全權利로서의 適格性이 인정된다고 할 것이다.

利의 構造와 같이 權利로서 발생하기 위하여 다른 要件은 모두 갖추어져 있고 最後의 要件만이 아직 충족되지 않았다고 하는 形式的인 構造를 갖출 것을 요한다고 한다. 한편 鈴木, 前揭書, 141面에서도 現在의 權利냐 將來의 權利냐라는 槪念的인 區別을 기준으로 하여 係爭物에 관한 假處分의 許容 與否를 결정하는 것은 상당하지 않고, 箇箇의 케이스마다 假處分을 구함에 있어서 保護할 價値가 있는 利益이 존재하는가 여부를 분석하여 결정하여야 한다고 한다. 다만 이 때 本案訴訟을 提起할 수 있을 정도로 成熟된 權利인지 與否를 음미하는 것이 가장 유익한 방법일 것이라고 설명한다.

27) 假處分決定 當時에는 비록 將來의 權利라고 하더라도 假處分에 대한 異議訴訟의 辯論終結 前까지는 구체적으로 성립할 수 있는 權利에 한하여 被保全權利로의 適格性을 인정할 수 있다는 見解도 있지만, 이는 假處分決定이나 假處分判決이 비록 形式과 節次는 다르더라도 本質은 같다는 점을 看過하고 兩者間에 被保全權利의 適格에 차이를 두는 것이 되어 부당하다.

다. 擔保權實行과 處分禁止假處分과의 關係

(1) 問 題 點

讓渡擔保權者는 債務者로부터 辨濟期에 債務辨濟를 받지 못하면 目的物을 換價하여 이를 債務辨濟에 충당하는 방법으로 擔保權을 實行하여 債權滿足을 얻게 된다. 따라서 債務者가 被擔保債務를 전부 辨濟하지도 않은 상태에서 擔保目的 不動産에 대하여 處分禁止假處分을 할 수 있다고 한다면, 그 결과 債權者의 擔保權實行權限이 박탈되지는 않을지 의문이 생긴다. 그러한 의문점을 해결하기 위하여는 讓渡擔保權者가 擔保權을 實行하는 방법으로는 어떤 것이 있으며 讓渡擔保權者의 處分行爲는 假擔法下에서 어떤 효력을 갖게 되는지, 또 이미 發하여진 處分禁止假處分에 違反한 擔保權實行이 假處分의 일반적인 효력에 비추어 어떤 효과를 갖는지 등을 살펴보아야 할 것이다.

(2) 讓渡擔保權者의 擔保權實行과 抹消請求權

㈎ 擔保權實行方法

讓渡擔保權者가 擔保目的物을 換價하는 방법으로는 擔保權者가 확정적으로 所有權을 取得함과 동시에 淸算金을 支給하기로 하는 歸屬精算型과 讓渡擔保權者가 擔保目的物을 第３者에게 處分하여 淸算金을 支給하는 處分精算型의 두 가지가 원래 있었다. 假擔法이 施行되기 전에 大法院은 辨濟期 後 讓渡擔保權實行의 방법으로 處分精算의 방법을 취하거나 歸屬精算의 방법을 취하거나 特約이 없는 限 讓渡擔保權者가 선택할 수 있다고 하였었다.[28)]

28) 大法院1977.11.22.宣告77다1513判決

現行法上 處分精算에 의한 擔保權實行이 인정될 것인가에 관하여는 適正한 評價, 즉 適正處分만 보장된다면 處分精算이 반드시 債務者에 불리한 것이라고는 할 수 없다는 이유에서 이를 肯定하는 見解[29]와 處分精算에서는 清算金支給 없이 債權者가 所有權을 취득하게 되고, 債務者가 清算金支給과 目的物引渡의 同時履行을 구할 수 있는 權利를 상실하게 되는 등 債務者에게 불리하다는 이유로 이를 否定하는 見解[30]가 대립되어 있다.

大法院1988.12.20.宣告87다카2685判決은 假擔法이 적용되는 假登記擔保에 관한 事案에서 "원고가 이 사건 부동산으로 담보된 채무를 변제하지 않고 있는 동안에는 피고는 담보권을 실행하여 채권을 추심할 수 있고 그 담보권을 실행하는 방법으로는 특단의 약정이 없는 한 처분정산이나 귀속정산 중 채권자가 선택하는 방법에 의할 수 있는 것"이라고 판시한 바 있으나, 그 理論은 假擔法 施行 前에도 종래부터 精算의 方法은 債權者의 選擇에 맡겨져 있었다는 점을 전제로 한 것으로 추측된다.[31]

생각컨대 假擔法 제3조 및 제4조의 규정에 의하면 歸屬精算에 관하여는 엄격한 歸屬節次를 규정하고 이 규정에 반하는 特約으로서 債務者에게 불리한 것은 그 효력이 없다고 규정하면서

29) 金時昇, 前揭論文, 309面. 위 論文에서는 處分精算을 인정하는 경우에 債務者가 第3者에 대하여는 清算金의 支給과 目的物의 引渡와의 同時履行抗辯을 할 수 없어 불리하다고 볼 여지도 있으나, 債務者는 第3取得者에게 清算金債權을 被擔保債權으로 하는 留置權을 행사하여 同時履行을 구할 수 있으므로 債務者에게 불리하지 않다고 설명하나 의문이다.

30) 郭潤直, 前揭書, 746面 및 699面. 그런데 李英俊, 前揭書, 892面은 處分精算을 인정할 것인가에 관하여 명백한 입장을 보이고 있지 않으나 精算金支給前에 債權者가 所有權을 取得할 것을 約定하였다 하더라도 그 約定은 無效라고 하고 있는 점에 비추어 否定說의 입장이라고 할 것이다.

31) 徐廷友, 「民法注解[VII]」, 博英社(2000), 345面

도 處分精算時의 法律關係에 관하여는 假擔法에 아무런 규정을 두고 있지 않은 점에 비추어 現行法上으로는 원칙적으로 處分精算型이 인정되지 않는다고 해석하여야 할 것이다.

大法院2002.4.23.宣告2001다81856判決에서도 處分精算型의 擔保權實行이 허용되지 않는다고 명백히 판시하고 있다.

다만 假擔法 소정의 淸算期間이 경과한 후에 행하여진 特約으로서 第3者의 權利를 害하지 아니하는 것은 有效하다고 할 것이므로(假擔法 제4조 제4항 단서) 淸算期間이 경과한 후 讓渡擔保設定者와 讓渡擔保權者 사이에 處分精算의 約定을 하는 것은 무방하다고 할 것이다.[32]

㈏ 讓渡擔保權者의 處分行爲와 抹消請求權

讓渡擔保設定者는 讓渡擔保權者로부터 淸算金을 支給받을 때까지 被擔保債務를 辨濟하고 擔保目的物에 대한 所有權移轉登記의 抹消를 구할 수 있음은 앞에서 본 바와 같다(前述 3. 가. (1) 부분 參照).

그러나 債務辨濟期로부터 10년이 경과하거나 善意의 第3者가 所有權을 취득한 때에는 抹消를 請求할 수 없게 된다(假擔法 제11조 단서).

善意의 第3者가 所有權을 취득한 때에는 讓渡擔保設定者가 抹消請求權을 行使할 수 없도록 한 假擔法 제11조 단서 후단의 성질에 관하여 信託的 所有權移轉說에서는 讓渡擔保權者로부터 유효하게 所有權을 이전받은 第3者 중 惡意의 第3者가 所有權을 취득하는 것을 배제하는 규정이라고 설명하고,[33] 擔保權說에서

32) 이 점은 어느 見解에 의하든 마찬가지라고 할 것이다. 郭潤直, 前揭書, 748面 參照

33) 李英俊, 前揭書, 894面

는 去來의 安全을 보호하기 위하여 登記簿上의 記載에 公信力을 인정한 것이라고 설명하거나[34] 虛僞表示의 效力에 관한 民法 제108조 제2항과 같은 취지의 특칙을 규정한 것이라고 설명한다.[35]

어느 설명에 의하든 讓渡擔保權者가 擔保目的物이 그의 名義로 登記되어 있음을 기화로 第3者에게 處分하였을 때에도 그 第3者가 惡意라면 讓渡擔保設定者는 讓渡擔保權者로부터 淸算金을 支給받기 전이고 債務 辨濟期로부터 10년이 경과하기 전인 한 債務를 辨濟하고 그 所有權移轉登記의 抹消를 請求할 수 있다고 할 것이다.[36]

한편 第3者가 善意인 경우에는 讓渡擔保設定者는 所有權移轉登記의 抹消를 請求할 수는 없고, 淸算金을 請求하거나 損害賠償을 請求할 수 있을 뿐이라고 할 것이다.[37] 이 때 善意라 함은 目的不動産이 讓渡擔保로 제공된 것이라는 사실을 모르고 讓渡擔保權者의 所有로 믿은 것을 말한다고 할 것이다.[38] 따라서 第3

34) 郭潤直, 前揭書, 740面

35) 黃迪仁, "假登記擔保法 第11條의 解釋," 「民法學의 現代的 課題」(고창현 박사 화갑기념논문집)(1987), 328面; 金時昇, 前揭論文, 311面

36) 假擔法施行 前에 大法院判例는 信託的 所有權移轉說에 의거하여 讓渡擔保權者로부터 擔保不動産을 양도받아 所有權移轉登記를 경료한 제3자는 善意·惡意를 묻지 않고 유효하게 소유권을 취득하게 된다는 것이 기본적인 입장이었고, 이런 입장은 辨濟 後의 處分에도 그대로 적용되었던 것으로 보인다. 다만 이와 달리 볼 여지가 있다는 일부 判例에 관하여는 李孝鍾, "變則擔保에 있어서의 目的物의 還收와 第3取得者의 地位," 「裁判資料(13)」, 193面 以下 參照

37) 讓渡擔保設定者가 被擔保債務를 辨濟한 후에 善意의 제3자가 擔保不動産에 대한 所有權移轉登記를 경료한 때에도 讓渡擔保設定者가 그 所有權移轉登記의 抹消를 구할 수 없는가 하는 점에 관하여는 의문이 있으나, 假擔法 第11條 但書 後段의 취지에 비추어 그 경우에도 抹消를 請求할 수 없다고 해석하여야 할 것이다. 이 문제에 관한 詳細는 本書 中 "第4編 假登記擔保등에 관한法律 제11조의 解釋"의 3. 나. (2) 參照

38) 郭潤直, 前揭書, 740面; 黃迪仁, 前揭論文, 323面. 이에 대하여 尹天熙, 前揭書, 217面에서는 善意라 함은 讓渡擔保權者가 讓渡擔保設定者에게 淸算金을

者가 目的不動産이 讓渡擔保에 제공된 것임을 알았다면, 비록 讓渡擔保權者의 所有가 되었다고 믿었다거나 또는 處分權이 있다고 믿었다고 하더라도 善意가 되지 못한다고 할 것이다.

(3) 擔保權實行行爲와 處分禁止假處分과의 관계

(가) 假處分에 의하여 禁止된 處分과 禁止되지 아니한 處分

本件 假處分은 債務者가 被擔保債務를 辨濟할 때에 갖게 되는 抹消請求權을 보전하기 위한 것이므로 그 假處分은 讓渡擔保權者의 모든 處分行爲를 禁止하는 것이 아니라 被保全權利인 抹消請求權을 침해하는, 환언하면 抹消請求權의 執行을 不可能하게 하거나 현저히 곤란하게 하는 그런 處分만을 禁止하는 것이다.

이에 해당하는 處分은 다음과 같다. 假擔法 施行의 前後를 나누어 본다.

① 假擔法 施行 前의 禁止된 處分

ㄱ) 辨濟받은 후의 處分(辨濟期의 前後는 不問)[39] 辨濟를 받은 讓渡擔保權者가 第3者에게 擔保不動産을 處分(讓渡 또는 制限物權의 設定 등)하면 그 第3者는 善意·惡意를 불문하고 완전히 유효하게 權利를 취득하므로 債務者의 抹消請求權은 執行不能이 되고 혹은 執行은 되더라도 制限物權의 負擔을 지게 되므로 이런 處分은 禁止된다.

ㄴ) 辨濟期 前의 處分 讓渡擔保權者가 辨濟期 前에 目的物을 處分하여도 그 處分은 유효(債務不履行이나 不法行爲를 구

지급하지 않은 사실에 대하여 알지 못하는 것을 말한다고 한다.

39) 期限의 利益이 債務者에게 있으므로 辨濟期前의 辨濟에 의하여도 債務者는 抹消請求權을 취득하기 때문이다.

성하는 것은 別論)하므로[40] 債務者가 辨濟期에 이르러 辨濟를 하더라도 그 抹消請求權은 執行不能이 되고, 다른 한편으로는 이런 결과 때문에 債務者가 辨濟를 할 수 없도록 하여 抹消請求權의 발생이 위법하게 저지되므로 이런 處分은 被保全權利의 侵害行爲로서 假處分에 의하여 禁止된다.

② 假擔法 施行 後의 禁止된 處分 　　淸算金支給 前(따라서 辨濟期의 前後나 淸算期間徒過의 前後 모두가 포함된다)의 讓渡擔保權者의 處分이 辨濟로 인한 抹消請求權을 執行不能으로 만들거나 또는 抹消請求權의 發生을 違法하게 沮止시키고(第 3 者가 善意인 경우) 혹은 執行에 困難을 초래하여(第 3 者가 惡意인 경우) 被保全權利를 침해하므로 이런 處分은 假處分에 의하여 禁止된다. 辨濟 後의 讓渡擔保權者의 處分이 禁止되는 것은 假擔法 施行 前과 다를 것이 없다.

③ 禁止되지 아니한 處分

ㄱ) 假擔法 施行 前의 경우 　　辨濟期 徒過 後 債務者의 辨濟가 있기 전에 讓渡擔保權者가 하는 處分은 특별한 사정이 없는 한 擔保權의 實行이라고 볼 것인데, 辨濟에 의하여 발생하는 抹消請求權을 保全하기 위하여 행하여지는 통상의 假處分에서 당사자가 申請하고 또 法院이 명령하는 禁止行爲 가운데에 이런 정당한 擔保權의 實行은 — 비록 假處分의 主文 中에 그것이 제외되어 있음이 明示되어 있지 않다 하여도 — 解釋上 처음부터 포함되어 있지 않다고 보아야 할 것이다. 왜냐하면 債務者가 辨濟期에 辨濟를 하지 아니하여 債權者가 擔保權의 行使로 第 3 者에게 이를 處分하는 그 時點에서 辨濟에 의한 抹消請求權의 不發生이 확정되므로

40) 大法院1978.3.14.宣告77다2341判決; 大法院1976.9.14.宣告76도2069判決

그 存在를 전제로 하는 侵害可能性은 없게 되고 따라서 정당한 擔保權의 實行은 처음부터 被保全權利의 侵害行爲가 될 수 없기 때문이다.

ㄴ) 假擔法 施行 後의 경우　　清算期間이 지난 뒤에 清算金을 지급한 후 讓渡擔保權者가 하는 처분은 완전한 所有權者로서의 處分이므로 本件과 같은 假處分이 禁止하는 行爲가 아닐 뿐더러 清算金의 支給에 의하여 抹消請求權의 不發生이 確定되어 被保全權利의 侵害가 있을 수 없게 되었으므로 이런 處分이 행하여져도 假處分違反이 되지 아니함은 당연한 것이다. 물론 讓渡擔保設定契約이 無效라거나 清算金支給이 無效라는 이유를 들어 擔保權의 實行 및 後續處分까지를 禁止하는 趣旨의 假處分이 된 경우라면 위와 같은 行爲도 假處分違反이 되겠지만 本件 假處分은 그런 것이 아니므로 위와 같은 行爲는 假處分違反이 아니다.

(나) 讓渡擔保權者의 處分과 假處分과의 관계

① 擔保權의 實行과 假處分　　앞에서 검토한 바에 의하면 讓渡擔保權者의 정당한 擔保權 實行은 本件과 같은 處分禁止假處分이 禁止하는 處分이 아니므로 假處分이 되어 있다 하여도 擔保權의 實行은 전혀 방해를 받지 않는다.

大法院1972.10.31.宣告72다1271,1272判決 등 3. 나. (3)에서 引用한 大法院判決들은 債務者가 辨濟에 앞서 讓渡擔保로 제공된 不動産의 處分禁止假處分을 하였으나, 그 뒤 債務를 辨濟하지 못하여 讓渡擔保權者가 擔保權의 行使로 이를 第 3 者에게 處分하자 債務者가 第 3 者를 상대로 所有權移轉登記의 抹消를 청구한 事案에서 "被保全權利 없이 이루어진 假處分決定은 讓渡擔保權者의

處分을 방지할 효력이 없다."고 계속 判示하였는바, 이는 일견 被保全權利 없이 이루어진 假處分은 當然無效이고 나아가 將來의 權利를 被保全權利로 한 假處分은 허용될 수 없고, 가사 그런 假處分이 이루어져도 이는 아무런 효력이 없다는 뜻으로 보일 수도 있다. 그러나 위 事案에서 原告인 債務者는 먼저 假處分債務者인 讓渡擔保權者를 상대로 한 本案訴訟에서 勝訴確定判決을 받아야만 讓渡擔保權者와 第3者 사이의 處分이 假處分違反으로 無效라는 주장을 할 수 있는 것이고, 나아가 그런 勝訴確定判決을 받았다면 사실은 第3者 名義의 登記抹消를 이런 訴訟의 방법으로 청구할 일도 아니라는 점, 被保全權利가 없다고 하여 假處分決定이 當然無效가 될 리도 없다는 점, 그리고 將來의 權利도 일정한 경우 被保全權利가 될 수 있다는 확립된 實務의 立場을 그 정도의 간단한 우회적 표현으로 전복시킬 리 없다는 점, 위 각 判決에서 大法院은 "위 가처분결정은 담보목적부동산에 대한 담보권행사로서의 처분행위를 방지할 효력이 없는 것"이라고 반복하여 判示하고 있는 점 등을 고려할 때 그 判示는 그런 뜻은 아니라고 할 것이다. 오히려 이를 합리적으로 재구성하면 債務者가 債務를 辨濟하지 아니하여 債權者가 擔保權 行使로 讓渡擔保目的物을 處分하는 것은 辨濟에 의한 債務者의 抹消請求權을 保全하기 위한 假處分이 禁止하는 行爲 속에 원래 포함되지 않는 것이고, 따라서 이는 假處分違反이 아니므로 이런 處分은 그 효력이 처음부터 아예 假處分의 영향을 받지 않는다는 判示로 보아야 할 것이다.

그 후 大法院1993.7.13.宣告93다20870判決은 "채무자들의 차용금채무를 담보하기 위하여 부동산에 관하여 채권자명의의 가등기 및 본등기가 경료되었는데, 채무자들이 아직 위 차용금채무를 변제하지 아니한 상태에서 채무변제를 조건으로 한 말소등기청구권을 보전하기 위하여 위 부동산에 관한 처분금지가처분결정을 얻어 그 기입등기를 마친 것이라면, 위 처분금지가처분의 피보전권리가 될 말소청구권은 위 가처분 당시까지도 발생하지 아니하였음이 분명하여 위 가처분결정은 담보목적부동산에 대한 담보권행사로서의 처분행위를 방지할 효력이 없는 것이고, 그 후 채권자가 담보권을 행사하여 위 부동산을 처분하고 그 등기까지 마쳤다면 채무자들이 위 차용금채무의 변제를 조건으로 위 각 등기의 말소를 구하는 것은 이행불능상태에 빠졌다 할 것이고, 따라서 위 처분금지가처분의 피보전권리는 소멸되었다 할 것이다."라고 판시하여 위와 같은 취지를 분명히 하였다.[41)]

② 擔保權의 實行이 아닌 다른 處分行爲와 假處分

ㄱ) 處分의 無效　　정당한 擔保權의 實行이 아닌 다른 處分行爲는 앞에서 본 바와 같이 假處分에 의하여 禁止되므로 讓渡擔保權者가 이런 處分을 하면 이는 假處分違反으로서 후일 假處分債權者, 즉 讓渡擔保設定者가 本案에서 勝訴確定될 경우 假處分債權者와 假處分債務者 사이에서는 물론 假處分債權者와 第3取得者 사이에서도 모두에게 無效가 된다.[42)]

---

41) 위 判決의 結論은 정당하다고 할 것이지만 將來의 權利와 條件附 權利의 구별을 분명히 하지 아니하였고, 擔保權行使로서의 處分行爲를 방지할 효력이 없는 이유가 被保全權利에 대한 侵害가 아니기 때문이라고 하여야 할 것을 被保全權利가 없기 때문이라고 하였으며, 앞에서는 被保全權利가 발생하지 아니하였다고 했다가 바로 뒤에서는 被保全權利가 소멸하였다고 표현한 점 등에서 다소 論理上의 혼란이 있는 듯하다.

42) 소위 相對的 效力說 및 本案勝訴說로서 通說·判例의 입장이다. 李英燮, 前揭書, 324面; 金德柱, "處分禁止假處分에 있어서의 몇 가지 問題點," 「司法論集(1)」, 447面; 鈴木, 前揭書, 239面; 菊井, 前揭書, 80面; 兼子, 前揭書, 335面; 大法院1963.4.4.宣告63다44判決; 大法院1965.8.24.宣告65다1118判決; 日最高裁昭和30.12.26.判決; 日最高裁昭和40.2.23.判決

따라서 債務者가 被擔保債務를 이미 辨濟를 했음에도 불구하고 讓渡擔保權者가 이를 第3者에게 處分한 경우라면 債務者는 讓渡擔保權者를 상대로 所有權移轉登記의 抹消請求訴訟을 제기하여 그 勝訴確定判決을 받아 讓渡擔保權者 및 第3者 名義의 登記를 抹消할 수 있을 것이고[43] 讓渡擔保權者가 淸算金支給 前에 第3者에게 處分한 경우라면 債務者는 讓渡擔保權者에게 먼저 辨濟 또는 供託을 하고 讓渡擔保權者를 상대로 위에 본 것과 동일한 절차를 취하여 原狀回復을 할 수 있을 것이다(이 경우 누구에게 변제를 하여야 하는 것인지의 문제에 관하여는 本書 中 第4編 "假登記擔保등에관한法律 제11조의 解釋" 參照).

ㄴ) 將來의 權利와 現在의 權利 사이의 同一性問題　假處分違反行爲의 無效에 관하여 위에서 설명한 法理는 물론 被保全權利의 同一性이 유지됨을 전제로 한 것이다. 債務者가 辨濟에 앞서 미리 處分禁止假處分을 한 경우에 그 被保全權利는 장차 債務者가 辨濟를 하면 갖게 되는 抹消請求權이므로 이는 現在의 權利가 아니라 將來의 權利이고 한편 債務者가 실제로 辨濟를 하여 갖는 抹消請求權은 이미 발생한 現在의 權利라고 할 것인데 兩者가 同一性이 없는 서로 다른 權利라고 한다면 將來의 權利를 被保全權利로 한 假處分이 그 뒤에 발생한 現在의 權利를 보전하는 데에 이용될 수는 없기 때문이다.

이 문제는 결국 兩者間에 同一性이 유지된다고 볼 것인가의 여부에 관한 문제인데, 權利의 成立要件 中 그 일부만이 충족된 단계의 權利를 將來의 權利라고 파악하고 그런 將來의 權利가 그

---

43) 第3者 名義의 登記를 抹消하는 방법에 관하여는 朴哲煥, "處分禁止假處分의 效力," 「裁判資料(45)」, 478面 以下 參照

權利成立要件의 나머지 전부를 충족시키면 現在의 權利가 된다고 보는 本稿의 입장에서 볼 때에는 兩者間에는 당연히 同一性이 유지된다.[44] 權利는 항상 그 成立要件의 전부가 동시적으로 충족되어 순간적으로 발생되는 것은 아니고 경우에 따라서는 여러 단계를 거치면서 시간적 경과와 더불어 生成되는 수도 있고 이런 경우에는 그 과정 전체에 하나의 權利로서의 同一性이 始終 유지되고 있기 때문이다.

(4) 結　旨

결국 本件의 경우 不動産에 대한 處分禁止假處分이 발하여진다고 하더라도 讓渡擔保權者인 丙은 假擔法이 정하는 歸屬精算의 방법으로 얼마든지 擔保權을 實行할 수 있고, 그런 行爲의 효력은 假處分에 의하여 영향을 받지 아니하므로 이런 假處分이 丙의 擔保權實行權限을 박탈하는 것은 아니라고 할 것이다.

4. 結　論

甲이 장차 辨濟를 하면 갖게 될 不動産所有權移轉登記 抹消請求權은 비록 假處分申請 當時 現在의 權利로 성립되어 있는 權利는 아니었지만 將來의 權利로서의 被保全權利適格은 인정되고

44) 鈴木, 前揭書, 247面의 注 167)에서는 將來의 權利에 대한 被保全權利로서의 適格性을 否定하는 입장에서 將來의 權利를 被保全權利로 하여 假處分決定이 된 후에 被保全權利가 확정적으로 성립하게 된다고 하더라도 위 假處分을 權利의 保全에 流用할 수 없다(大阪地裁昭和40.3.10.判決 ―下級裁判所民事裁判例集16卷3號422面)고 하나 兩者間에 同一性이 인정되는 이상 이런 견해에는 찬성할 수 없다.

本件 申請을 認容하여도 讓渡擔保權者의 정당한 擔保權實行을 부당하게 방해하는 것은 아니라고 판단되어 申請을 認容하였다.

5. 主 文 例

피신청인은 별지목록기재 표시 부동산에 대하여 매매, 양도, 전세권·저당권·임차권 등의 설정, 기타 일체의 처분행위를 하여서는 아니된다.

第6編　假登記擔保등에관한法律 제14조 및 제15조의 解釋

1. 事案의 概要(서울民事地方法院1990.6.20.字90카49022 決定)

甲은 丙의 소유이던 本件 不動産을 任意競賣節次에서 競落받아 所有權을 취득한 자이고 乙은 그 任意競賣를 申請한 根抵當權者로서 그 競落代金 中 競賣費用을 제외한 나머지를 모두 配當받은 債權者이다.

그런데 本件 不動産 위에는 이미 乙의 根抵當權에 우선하는 最先順位의 丁 名義의 假登記가 경료되어 있었고 乙이 이 假登記를 묵비한 채 競賣申請을 함으로써 丁으로 하여금 競賣法院으로부터 債權申告催告 및 競賣期日通知를 받지 못하게 한 사실 등을 甲은 競落에 따른 所有權移轉登記 後에 비로소 발견하였다.

이에 甲은 乙이 받은 配當金 상당액의 不當利得에 대한 返還請求權을 被保全權利로 하여 乙을 상대로 不動産假押留申請을 하였다.

＊ 이 論文은 1993년 1월 大韓辯護士協會에서 發刊한「人權과 正義」第197號에 게재된 바 있으며 1994년 9월 博英社에서 발간한「事例解說 假處分의 研究」, 119-140면에 收錄된 論文이다.

2. 問題의 提起

本件에서는 다음과 같은 것이 문제가 되었다.

첫째, 本件 不動産에 대한 丁 명의의 假登記는 甲이 任意競賣節次에서 所有權을 취득한 경우에도 계속 존속하는가.

둘째, 丁 명의의 假登記가 존속하는 경우 甲은 競賣申請人인 債權者 乙에 대하여 어떤 權利를 가질 수 있으며 그 權利 성립에 필요한 요건은 무엇인가. 그 요건은 모두 충족되었는가, 혹은 일부의 요건이 충족되지 않은 將來의 權利에 해당하는가.

셋째, 甲이 乙에 대하여 갖는 權利는 假押留申請事件의 被保全權利로서의 適格性을 가질 수 있는가.

원래 本件은 競賣法이 廢止되기 전의 사건이었으므로 舊競賣法에 따라 문제점을 검토하되 필요한 경우에는 개정된 民事訴訟法下에서의 상황을 아울러 언급하기로 한다.

3. 任意競賣節次와 假登記

가. 消除主義와 引受主義

不動産의 競賣에 있어서 競賣終結時(정확히는 競落人에게 所有權이 이전되는 때. 이하 같은 의미로 사용한다)에 그 物的 負擔[1]을 어

---

1) 强制競賣開始決定의 記入登記보다 뒤에 登記한 權利는 押留債權者에게 對抗할 수 없고, 또 競賣申請債權者의 抵當權보다 後順位의 權利는 舊競賣法 제3조 제2항 본문에 의하면 競落代金의 完納으로 모두 소멸되는 것(이러한

떻게 처리하는 것으로 賣却條件을 정할 것인가에 관하여는 消除主義와 引受主義의 두 가지 입장이 있다. 前者는 競賣의 賣得金으로부터 權利의 順位에 따라 配當을 하는 전제로서 競賣申請債權者의 抵當權 또는 押留債權者의 權利보다 先順位에 있는 物的 負擔도 소멸시키는 방식이고, 後者는 그와 같은 物的 負擔을 그대로 競落人에게 引受시키는 방식을 말한다.[2] 舊競賣法은 제 3 조 제 2 항 단서에서 抵當權에 관하여는 消除主義를 취하고 제 3 항에서 留置權에 관하여는 引受主義를 취하고 있었는바, 이것은 같은 취지의 民事訴訟法 제608조 제 2 항, 제 3 항과 軌를 같이 하는 것이었고 舊競賣法을 흡수하여 1990. 9. 1.부터 시행된 개정 民事訴訟法은 抵當權 이외에 일정한 범위의 傳貰權을 消除의 대상으로 추가하고 있다.

따라서 競賣法院은 競落人이 競落代金을 완납하여 所有權을 취득한 때에는 所有權移轉登記의 囑託과 함께 競落人이 引受하지 아니한 不動産上의 負擔, 즉 競落人의 所有權取得과 동시에 소멸한 抵當權이나 傳貰權에 관한 登記의 抹消를 囑託하여야 한다(舊競賣法 제35조 및 舊民事訴訟法 제661조, 제728조).

또 競落人에게 對抗할 수 없는 그 밖의 다른 登記, 즉 競賣申請債權者의 抵當權보다 후에 경료된 登記(舊競賣法 제 3 조 제 2 항 본문 參照)도 위 규정들을 類推適用하여 別訴에 의하지 아니하고 法院의 囑託에 의하여 抹消할 수 있도록 하는 것이 신속·간편하고 競賣의 信用을 높이는 데에 도움이 될 것이므로 抹消囑託의

규정이 없는 개정 民事訴訟法 아래에서는 競落人에게 대항할 수 없는 것)이므로 이러한 權利는 엄격한 의미에서는 物的 負擔이 아니고, 따라서 원래는 消除나 引受의 대상이 아니다.

2) 金鼎鉉, 「新稿 競賣實務要論(上)」, 韓國司法行政學會(1975), 546面

대상인 登記에는 '不動産登記簿에 登記되어 있는 것으로서 競落人에게 對抗할 수 없는 것'은 모두 포함되는 것으로 해석함이 상당하고[3] 따라서 競賣法院은 그러한 登記도 함께 抹消를 囑託하여야 할 것이다.

그렇다면 競落不動産 위에 존재하는 先順位假登記의 처리는 그 假登記가 競落人에게 對抗할 수 있는 것인지 여부에 따라 달라질 것이다.

나. 請求權保全의 假登記와 擔保假登記

假登記는 원래 不動産의 所有權 等에 관한 請求權을 保全할 目的으로 행하여지는 登記이지만(不動産登記法 제３조), 去來界에서는 債權擔保의 目的과 機能을 갖는 경우가 많이 있다. 그런데 大法院은 '假登記擔保等에관한法律'(1983. 12. 20 제정 법률 제3681호. 이하 假擔法이라 약칭한다)이 제정되기 전에는 假登記에 대하여 順位保全의 效力을 인정할 뿐[4] 假登記에 의하여 어떤 특별한 權利를 취득하는 것은 아니라고 보고,[5] 따라서 競賣節次에 있어서도 假登記權者를 利害關係人으로 취급하지 않았다.[6]

그러나 1984. 1. 1.부터 시행된 假擔法은 債權擔保의 目的으로 경료된 假登記를 '擔保假登記'라 하여 競賣請求權을 부여하고 優先辨濟權을 인정하는 등 일종의 擔保權으로 특별히 취급하면서 擔保假登記가 경료된 不動産에 대하여 競賣 등(强制競賣와 舊競賣法

3) 李英燮 外 4人, 「註釋 强制執行法(中)」, 韓國司法行政學會(1982), 696面
4) 大法院1966.5.24.宣告66다485判決; 大法院1982.6.22.宣告81다1298,1299判決
5) 大法院1970.3.10.宣告69다1669判決; 大法院1972.6.2.字72마399決定
6) 大法院1968.5.13.字68마367決定

에 의한 任意競賣를 말한다—假擔法 제2조 제4호)이 행하여진 때에는 假登記擔保權은 그 不動産의 賣却에 의하여 소멸된다고 규정(假擔法 제15조)하여 擔保假登記는 원칙적으로 消除主義에 의하여 처리된다는 점을 명백히하고 있다.

이와 같은 假擔法 규정의 등장을 계기로 假登記가 본래 의미의 假登記(이하 請求權保全의 假登記라 한다)[7]인가, 혹은 擔保假登記인가에 따라 다음에 보는 바와 같이 競賣節次에서 그 취급을 달리하게 되었으므로 不動産의 競賣로 인하여 그 不動産 위의 假登記가 抹消될 것인지 여부는 請求權保全의 假登記와 擔保假登記를 따로 나누어 살펴보아야 한다.

다. 請求權保全의 假登記

(1) 請求權保全의 假登記가 競賣申請債權者의 抵當權보다 뒤에 경료된 것인 경우

이와 같은 경우 競落人이 競落代金을 完納한 때에 그 假登記된 權利는 소멸되므로(舊競賣法 제3조 제2항 본문) 그 假登記는 囑託에 의하여 抹消되어야 한다. 이와 같은 假登記는 원래 競賣申請人에게 對抗할 수 없는 것이고 따라서 競賣申請人의 權利와 동일한 順位를 갖는다고 보아야 할 競落人에 대하여도 역시 대항할 수 없는 것이므로 舊競賣法 제3조 제2항 본문과 같은 규정이

7) 假登記에는 所有權移轉請求權을 保全하는 것뿐만이 아니라 기타의 物權에 대한 移轉·設定 등의 請求權을 保全하는 것도 있으나 여기에서는 所有權移轉請求權의 保全을 위한 假登記를 지목하여 간단히 請求權保全의 假登記라고 부르기로 한다. 따라서 이는 擔保假登記에 대응하는 개념으로서 日本 不動産登記法上의 소위 物權保全의 假登記(同法 제2조 제1호)에 대응하는 請求權保全의 假登記(同法 제2조 제2호)라는 것과는 그 유래가 다르다.

없는 개정 民事訴訟法下에서도 그 假登記는 마찬가지로 囑託抹消의 대상이 되는 것으로 해석하여야 할 것이다.

(2) 제1번과 제2번의 抵當權 사이에 請求權保全의 假登記가 있는 경우

이와 같은 경우 제2번 抵當權에 기한 競賣의 競落人이 대금을 완납하면 제1번 抵當權이 소멸하고 競落人은 제1번 抵當權 설정 당시의 상태로 目的不動産의 所有權을 취득한다고 볼 것이므로 그보다 後順位인 假登記된 權利는 비록 競賣를 신청한 제2번 抵當權보다는 先順位라 하여도 소멸한다.[8)]

假登記가 强制競賣開始決定의 記入登記보다 먼저 경료된 경우에도 그보다 先順位의 抵當權設定登記가 있을 때에는 競落許可決定이 確定되면 그 先順位抵當權이 소멸하므로 假登記도 마찬가지로 소멸한다.[9)]

(3) 請求權保全의 假登記가 最先順位인 경우

이 때에는 競賣目的不動産이 競落되더라도 假登記를 한 者는 事後에 그 假登記에 기하여 本登記를 경료하면 그 本登記의 順位가 競賣申請債權者의 抵當權設定登記에 優先하게 되어(假登記의 順位保全의 效力) 假登記後 本登記가 있을 때까지 있었던 處分行爲에 의하여 생긴 일체의 權利 중 本登記된 權利에 저촉되는 것은 모두 그 效力을 상실하거나 後順位가 되므로 最先順位인 請求權保

---

8) 金鼎鉉, 前揭書, 554面. 日本 民事執行法 제59조 제2항은 明文으로 이 점을 규정하고 있다.

9) 大法院1980.12.30.字80마49決定; 大法院1988.4.28.字87마1169決定; 1984. 3. 21. 登記 제1113호 法院行政處長質疑回答(登記例規集, 274-275面)

全의 假登記를 한 者는 그 假登記를 가지고 競落人에게 對抗할 수 있고 따라서 競落人이 그 假登記를 引受할 수밖에 없다.[10)]

라. 擔保假登記

(1) 消除의 原則

擔保假登記가 경료된 不動産이 매각되면 假登記擔保權은 소멸하게 되므로(假擔法 제15조) 假登記擔保權은 競落人에게 引受되지 않고 擔保假登記는 法院의 囑託에 의하여 抹消된다(假擔法 제16조 제2항 後段, 民事執行法 제144조 제1항 제1호, 舊競賣法 제35조 제1항 제2호). 登記簿上 擔保假登記라고 登記된 경우는 물론이고 그렇지 않은 경우에도 競賣法院의 催告에 의해 債權擔保의 目的으로 경료한 것이라고 申告된 假登記는 같이 취급된다(假擔法 제16조 參照). 競賣가 개시된 不動産 위의 假登記擔保權은 抵當權으로 보고(假擔法 제13조 後段) 抵當權은 順位의 先後를 막론하고 競賣가 종결되면 모두 소멸하는 것이므로(舊競賣法 제3조 제2항 단서, 民事執行法 제91조 제2항, 제268조) 擔保假登記는 競賣申請人의 抵當權보다 뒤에 경료된 것은 물론 먼저 경료되고 最先順位의 것이라도 모두 抹消[11)]되게 된다.[12)]

---

10) 李孝鍾, "變則擔保와 不動産競賣,"「裁判資料(36)」, 296面; 加藤一郎 外 1人,「擔保法大系(第4卷)」, 社團法人 金融財政事情研究會(昭和 65), 245面

11) 全孝淑, "不動産競賣와 登記,"「裁判資料(44)」, 364面

12) 法院行政處刊 登記先例要旨集 第2卷(1987-1989년), 186面에서는 滯納處分에 의한 公賣로 인한 權利移轉의 登記囑託을 할 때에 押留登記 以前에 경료된 擔保假登記가 登記簿上 擔保假登記인 취지가 기재되어 있지 않은 경우에는 이를 賣却에 의하여 소멸되는 權利라 하여 그 抹消囑託을 할 수는 없고, 이 경우에는 통상의 假登記抹消節次와 같이 그 假登記의 抹消에 관한 登記上의 利害關係人이라 할 수 있는 押留權者가 그 假登記名義人의 承諾書 또는

(2) 引受의 例外

㈎ 淸算完了의 假登記

그러나 예외로 擔保假登記가 引受되는 경우가 있다. 그것은 後順位 抵當權者의 競賣開始申請이 있기 전에 假登記擔保權者가 淸算節次를 완료한 때이다. 假擔法 제14조에서는 "擔保假登記가 경료된 不動産에 대하여 競賣 등 開始의 決定이 있는 경우에 그 競賣의 申請이 淸算金을 지급하기 전에 행하여진 때(淸算金이 없는 때에는 淸算期間의 經過 前)에는 擔保假登記 權利者는 그 假登記에 기한 本登記를 청구할 수 없다."고 규정하고 있다(日本의 假登記擔保契約에관한法律 — 이하 日本 假擔法이라 부른다 — 제15조 제1항도 동일하다). 따라서 後順位 抵當權 등에 의한 競賣開始決定이 이루어진 경우(假擔法 제12조 제2항 參照)에도 그 競賣申請이 있기 전에 先順位의 假登記擔保權者가 이미 淸算金을 지급한 때(淸算金이 없는 때에는 淸算期間이 경과한 때)에는 그 假登記擔保權者는 本登記를 청구할 수 있다고 反對解釋이 되고(日本 假擔法 제15조 제2항은 淸算을 完了한 假登記擔保權者는 그 所有權取得을 押留債權者에게 대항할 수 있다고 규정한다) 한 걸음 더 나아가 競落으로 競賣가 終結된 때에도 이와 같은 假登記는 消除의 대상이 아니고, 따라서 競落人에게 引受된다고 할 것이다.[13]

이에 대항할 수 있는 裁判의 謄本을 첨부하여 그 假登記의 抹消를 申請할 수 있다고 한다(1988. 3. 24 登記 제158호 및 1988. 4. 15 登記 제222호).

13) 日本 假擔法 제16조 제1항은 前條 제2항의 경우를 제외한다고 함으로써 淸算完了의 假登記는 競賣의 종결에 불구하고 소멸되지 않음을 明白히 밝히고 있다. 加藤, 前揭書, 235面; 鈴木忠一 外 1人, 「注解 民事執行法(3)」, 第一法規社(昭和 59), 211面; 尹天熙, 「假登記擔保法」, 韓國司法行政學會(1986), 327面 參照. 尹天熙, 前揭書, 327面 이하에서는 그 밖에 擔保假登記가 引受되는

㈏ 引受의 實體法的 根據

清算完了의 假登記擔保權의 引受를 설명할 수 있는 實體法的 根據에 관하여는 假登記擔保權者로서는 清算金의 支給만으로 本登記의 경료 없이 바로 擔保目的物에 대한 所有權을 취득하지는 못하지만[14] 清算金을 지급한 이상 비록 本登記가 없다 하여도 事實上 所有權을 취득한 상태가 되기 때문이라고 설명한다.[15] 또한 실제로도 假登記擔保權者가 清算金을 지급하기에 앞서 後順位 擔保權者에게 擔保權實行의 通知(假擔法 제6조)를 하게 되어 있고, 通知를 받은 後順位 擔保權者는 그 清算金 評價에 대하여 불만이 있는 경우에는 清算金에 대하여 支給請求權(假擔法 제5조)을 행사하는 대신 競賣申請을 할 權利(假擔法 제12조 제2항)가 있음에도 불구하고 이를 행사하지 아니하여 假登記擔保權者가 안심하고 清算金을 지급하였는데, 그 후에 後順位 擔保權者의 競賣申請이 있다 하여 이미 清算을 완료한 假登記擔保權者의 本登記請求를 금하는 것은 假登記擔保權者에게 심히 불리하여 부당하기 때문이라고 한다.[16]

그러나 假擔法 제4조 제2항의 규정취지나 不動産 物權變動에 관한 우리 民法의 成立要件主義에 비추어 볼 때에 清算을 완

경우로 (1) 留置權이 있는 경우, (2) 擔保假登記의 引受를 特別賣却條件으로 한 경우, (3) 歸責事由 없이 配當에 참가할 수 없었던 경우 등을 더 들고 있으나 그 중 (1)의 경우는 의문이고, (3)의 경우는 後述한다.

14) 日本의 경우 그 假擔法 제9조, 제11조 및 제15조 제2항 등을 근거로 假登記擔保權者는 清算完了時에 所有權을 取得한다고 하지만(加藤, 前揭書, 181面), 이와 같은 규정이 없는 우리 假擔法의 해석에 관하여 假登記擔保權者는 清算節次를 완료하면 本登記가 없어도 所有權을 취득한다고 주장하는 尹天熙, 前揭書, 290面, 311面의 입장은 좀더 설명을 요한다.

15) 尹天熙, 前揭書, 311面; 李孝鍾, 前揭論文, 293面

16) 李孝鍾, 前揭論文, 290面

료한 假登記擔保權者는 所有權移轉의 本登記를 한 때에 비로소 所有權을 취득한다고 해석하는 것이 타당하고[17] 去來의 安全을 위하여도 바람직하므로 이미 淸算을 완료한 假登記擔保權者라고 하더라도 競賣節次를 배제하는 조치를 취하지 아니한 결과 그 目的物이 競落되어 競落人 名義로 所有權移轉登記까지 경료된 경우에는 競落人에 대하여 假登記만을 가지고 자기가 所有權 내지 事實上의 所有權을 가졌다고 주장할 수는 없다고 하여야 할 것이다.

다만 假登記擔保權者가 淸算金을 지급한 때에는 所有權移轉을 청구할 수 있는바 이러한 所有權移轉請求權은 假登記擔保權의 내용의 일부를 구성한다. 그러므로 擔保假登記는 淸算完了의 단계에서는 請求權保全의 假登記로서의 성질을 아울러 취득하여 이후 원래의 擔保假登記의 順位에 따라 所有權移轉請求權에 대한 順位保全의 效力까지 갖는다고 해석된다. 그렇다면 淸算完了의 擔保假登記는 請求權保全의 假登記와 마찬가지로 後順位의 抵當權에 기한 競落人이 이를 引受하지 않으면 안 된다고 할 것이다. 이렇게 보는 것이 假登記擔保權이 예외적으로 引受되는 이유를 實體法的으로 설명할 수 있는 보다 합리적인 길이 아닌가 생각된다.

㈐ 引受의 결과

假登記擔保權이 引受된 경우 그 假登記에 기한 本登記가 경료되면, 後順位 抵當權者의 抵當權設定登記와 競賣開始決定의 記入登記 또는 競落人 名義의 所有權移轉登記는 登記公務員이 職權으로 抹消하게 된다.[18] 그러나 실제로는 競落人의 所有權移轉登記

17) 郭潤直,「物權法」, 博英社(1993), 704面

18) 大法院判例(1962.12.24.字民再抗675決定 등)에 의하면 假登記權利者는 假登記義務者인 원래의 所有者를 상대로 本登記請求를 하여야 하고(本登記를 함

가 경료되는 時點에서, 假登記擔保權에 의한 淸算完了事實을 알지 못하는 法院의 抹消囑託 때문에, 假登記가 먼저 抹消되고 마는 수도 있을 것이므로[19] 假登記擔保權者는 우선 假登記인 상태로 진행중인 競賣節次를 排除할 수도 있어야 할 것이다.

이에 관하여는 淸算金을 지급한 假登記擔保權者가 民事執行法 제275조, 제48조에 규정된 '目的物의 讓渡나 引渡를 沮止할 수 있는 權利'를 취득한다고 할 것이므로 第3者異議의 訴를 제기하거나 競賣開始決定에 대한 異議(民事執行法 제16조, 제265조)를 申請하여 競賣節次의 排除를 구할 수 있다고 설명되기도 한다.[20]

淸算完了時에 本登記 없이도 假登記擔保權者가 所有權을 취득하는 것으로 해석하는 日本의 경우에는 淸算完了時로부터 目的物의 所有權은 擔保設定者에게 있지 아니하고 假登記擔保權者에게 있는 것이고 後順位 抵當權者의 競賣請求權 또한 그 時點에서 소멸된 것이라고 보아 이와 같은 訴訟이나 異議의 가능성을 쉽게 긍정할 수 있을 것이다.

에 있어 假登記 後 權利를 취득한 제3자의 承諾은 필요없다), 그와 같은 제3자의 權利에 관한 登記로서 假登記에 기한 本登記에 저촉되는 것은 등기공무원이 職權으로 말소하게 되어 있다. 日本 不動産登記法 제105조는 登記上 利害關係 있는 제3자의 承諾을 요한다고 규정하고 日本 假擔法 제18조는 이에 관한 특칙을 규정하고 있다. 競賣節次의 係續中에도 이와 같은 本登記 경료가 가능한 점 및 이에 따라 競賣法院이 競賣節次를 職權으로 취소해야 하는 점 등에 관하여는 民事執行法 제266조 제1항 제1호, 제2항 前段 및 加藤, 前揭書, 234面 參照

19) 이와 같은 抹消는 登記의 不法抹消에 해당하므로 그 抹消에 불구하고 假登記擔保權은 소멸되는 것은 아니고 假登記擔保權者는 所有權移轉登記를 하고 있는 競落人의 承諾을 얻어 抹消回復登記를 할 수 있을 것이다. 이에 관한 상세는 拙著, 「事例解說 假處分의 研究」 中 "[8] 不法抹消된 假處分登記의 回復登記와 第3取得者를 상대로 한 處分禁止假處分"의 3. 다. (3) 參照

20) 加藤, 前揭書, 233面; 鈴木忠一 外 1人, 「注解 民事執行法(2)」, 第一法規社(昭和60), 257面; 李孝鍾, 前揭論文, 292面; 全孝淑, 前揭論文, 354面

그러나 淸算完了만으로는 假登記擔保權者의 所有權取得을 인정할 수 없는 우리 假擔法의 경우에는 다른 事由를 이유로 하는 것은 別論으로 하고 假登記擔保權者의 所有權取得을 직접 원인으로 하는 異議訴訟은 곤란하고[21] 다만 假登記擔保權者가 本登記請求權을 갖는다는 것 및 後順位 抵當權者가 淸算完了後에는 競賣申請權이 없다는 것[22]을 事由로 하여 競賣開始決定에 대한 異議節次를 취하는 것은 해석상 가능할 것이다.

또한 假登記擔保權者는 債務者의 협력을 얻어 本登記를 하면서 혹은 淸算完了事實을 증명하여 本登記를 명하는 判決을 받아 本登記를 하면서 後順位 抵當權者나 競落人의 登記를 職權抹消시키는 것이 오히려 더 간편한 경우도 있을 것이다.

㈑ 第3者와의 관계

한편 앞에서 언급한 바와 같이 淸算節次를 완료하였으나 競賣節次를 배제하는 조치를 취하지 아니하여 假登記가 抹消된 경우에도 假登記는 權利의 效力發生要件일 뿐 그 存續要件은 아니라고 하는 通說 및 判例에 의하면 假登記擔保權은 소멸되지 않는다.[23] 여기서 去來의 安全을 위하여는 假登記擔保權이 소멸한 것과 같은 外觀을 신뢰한 善意의 第3者에게는 民法 제108조 제2항을 類推適用하여 그 假登記擔保權을 대항할 수 없다고 해석하

21) 金昌燁, "第三者異議의 訴에 關한 實務上 問題點," 「裁判資料(35)」, 263面 參照

22) 假擔法 제12조 제2항, 제14조 등을 종합하여 보면 後順位 擔保權者는 淸算期間經過後에는 競賣申請權이 없다고 해석함이 타당할 것이다(加藤, 前揭書, 230面 參照). 이렇게 되면 競賣申請權이 없는 抵當權으로서 物上代位(假擔法 제5조 및 日本 假擔法 제4조 參照)가 다시 문제될 것이다.

23) 이에 관한 상세는 前註 19) 인용의 本書 參照

여야 한다는 견해가 나오기도 한다.[24]

그러나 登記의 不法抹消에도 불구하고 그 權利는 消滅되지 않는다고 하는 것 때문에 생기는 去來의 安全에 대한 위협은 원래 모든 登記에 관하여 공통으로 제기되는 문제이지 擔保假登記에 한하여 문제가 되는 것이 아니므로 이 경우에만 善意의 第3者를 특히 보호한다고 하여서는 곤란하고 登記一般의 不法抹消에 관련된 去來安全의 문제로서 包括的 해결이 필요한 문제라 할 것이다. 뿐만 아니라 假登記擔保權에 있어서의 假登記는 假登記擔保權이라는 權利의 效力發生要件이지 對抗要件[25]은 아니라고 할 것인데 위와 같은 견해는 假登記를 對抗要件으로 파악하는 전제에서 있는 것이므로 타당하지 않다고 하겠다.[26]

그러나 競落으로 일단 말소까지 된 假登記가 競落人에게 引受된 것이라고 한다면 假登記擔保權者가 競賣申請前에 淸算을 완료한 사실을 알지 못하고 競落을 받은 競落人이나 그로부터의 轉得者 등 제3자가 불측의 손해를 입게 되는 점은 분명하다. 이런 폐단을 방지하기 위하여는 假登記擔保權者에게 淸算完了後에 신청된 後順位 擔保權者에 의한 競賣開始決定에 대한 異議權을 정면으로 부여하고 競賣가 종결되기 전까지 假登記擔保權者가 이를 행사하여 競賣節次를 배제하는 조치를 취하지 않거나 혹은 本登記를 하지 아니하여 競賣가 종결된 때에는 假擔法 제15조에 의하여 淸算完了의 假登記擔保權 또한 소멸되고 따라서 本登記請求를

24) 鈴木, 前揭書(2), 258面

25) 登記를 對抗要件으로 한다는 것의 의미는 登記라는 公示方法의 存續을 개념상 그 요건으로 할 수밖에 없으므로 登記의 抹消는 公示의 不存在로 이어지고 결국 對抗要件不備로 歸着된다.

26) 前註 19) 인용의「事例解說 假處分의 硏究」參照

할 수 없는 것으로 假擔法을 개정함이 바람직하다.

다만 假登記擔保權이 引受된다고 하는 것은 本登記를 하기 전의 假登記인 상태에서 그 권리가 하나의 부담으로서 그대로 引受된다는 것이지 本登記까지 한 상태의 것을 引受한다는 것은 결코 아니다. 왜냐하면 競賣終結前에 本登記를 한 연후에는 引受의 대상인 假登記擔保權이 더 이상 존재하지 않을 뿐만 아니라 競賣記入登記가 말소되고 競賣가 취소될 것(民事執行法 제266조 제1항 제1호, 제2항 前段)이므로 引受의 主體가 될 競落人도 생길 여지가 없기 때문이다. 따라서 淸算을 완료한 假登記擔保權者에게 그 이후 신청된 後順位 擔保權者에 의한 競賣節次의 종결 전까지만 本登記請求權을 인정하고 本登記經了前에 競賣가 종결되면 假登記擔保權이 소멸된다고 假擔法을 개정하는 것은 假登記擔保權의 引受를 원천적으로 아예 否定하는 것이 된다는 점을 유의할 필요가 있다.

(마) 引受의 限界

다음으로는 競落人이 引受하여야 하는 淸算完了의 擔保假登記는 最先順位의 것에 한하는가 하는 문제가 있다.

後順位 擔保權에 의한 競賣가 종결되면 先順位 擔保權 또한 소멸되므로 그 중간에 있는 假登記擔保權이 비록 淸算을 마친 상태라 하더라도 그보다 先順位의 擔保權이 소멸하는 이상 이에 대항할 수 없는 假登記擔保權은 소멸할 수밖에 없기 때문에 이를 肯定하여야 할 것이다.[27)]

淸算을 완료한 중간의 假登記擔保權에 대하여 기본적으로 請求權保全의 假登記가 된 권리에 부여되는 것 이상의 효력을 부여

---

27) 同旨 : 加藤, 前揭書, 234面 및 251面; 李孝鍾, 前揭論文, 293面

할 수는 없는 것인데 원래 請求權保全의 假登記가 된 권리가 競賣의 종결로 인한 先順位 擔保權의 소멸에 따라 함께 소멸되는 것인 이상에는(前述 3. 다. (2) 부분 參照) 清算을 완료한 중간의 假登記擔保權도 역시 소멸된다고밖에 할 수 없다.

다만 假擔法 제 4 조 제 1 항 後段에 의하면 先順位 擔保權의 負擔이 있는 假登記 擔保權者가 清算을 함에 있어서는 자기의 債權과 先順位 擔保權者의 債權을 합한 금액을 目的不動産의 價額에서 공제하여 계산한 清算金을 지급하도록 되어 있고,[28] 先順位 擔保權과 중간의 假登記擔保權이 모두 소멸된다고 하더라도 그 賣得金은 먼저 先順位 擔保權者에게 배당하여야 하고 그 나머지가 있는 경우에도 위와 같이 이미 假登記擔保權者가 清算金을 債務者에게 지급한 터이므로 그 全額을 假登記擔保權者에게 지급하여야 하고[29] 또한 競賣가 진행되는 도중 언제든지 假登記擔保權者가 本登記를 경료하여 後順位 抵當權을 말소시킬 수 있으므로[30] 後順位 抵當權者로서는 이미 清算을 완료한 擔保假登記가 있음에도 불구하고 競賣를 신청하고[31] 이를 진행시켜 競落에 이르게 할 아무런 實益도 없다.

따라서 실제로는 清算을 완료한 중간의 擔保假登記가 그 뒤에 신청된 後順位 抵當權의 실행으로 말미암아 말소되는 일은 거의 생길 여지가 없을 것이다.

---

28) 郭潤直, 前揭 物權法, 699面. 明文의 규정이 없는 日本에서도 해석상 동일하다(加藤, 前揭書, 172面 參照).
29) 加藤, 前揭書, 231面 參照
30) 前註 18) 후단 參照
31) 前註 22) 參照

(3) 配當에 參加하지 않은 最先順位의 假登記擔保權의 경우

最先順位의 假登記擔保權者가 法院으로부터 債權申告의 催告를 받고도 債權申告를 하지 않은 境遇나 最先順位의 假登記擔保權者가 자기의 歸責事由 없이 債權申告의 催告와 競賣期日의 通知를 받지 못하여 競賣開始事實을 몰랐기 때문에 配當에 參加할 수 없었던 境遇에도 假登記가 抹消되는가.

前者의 境遇에는 假登記擔保權者가 債權申告를 하지 아니하여 優先辨濟를 받지 못한 때에도 假擔法 제15조에 의하여 競賣의 終結로 假登記擔保權은 消滅된다고 보아야 할 것으로 이에 관하여는 별 疑問이 없다. 단지 假擔法 제16조 제2항에 의하여 配當이나 辨濟金의 交付를 받을 수 없게 되는지 與否가 문제될 따름이다.[32)]

그러나 後者의 境遇에는 見解가 나뉠 수 있다. 우선 자기의 歸責事由 없이 配當節次에 參加할 수 없었던 最先順位 假登記擔保權者의 權利가 소멸한다고 보는 것은 假登記擔保權者로서는 억울한 일이므로 그 假登記는 擔保假登記로서 존속하며 競落人이 引受할 수밖에 없다고 하는 견해가 있다(이하 引受說이라고 표시한다).[33)]

引受說에 의하면 假登記擔保權者의 擔保權實行으로 인하여 競落人에게 생기는 문제는 民法 제576조, 제578조에 의한 擔保責任으로 해결되어야 한다고 한다.[34)] 다만 引受說에 의하더라도 最

32) 李孝鍾, 前揭論文, 297面 參照

33) 加藤, 前揭書, 246面; 李英燮, 前揭書, 317面; 尹天熙, 前揭書, 329面

34) 郭潤直, 「債權各論」, 博英社(1994), 228面; 金曾漢 外 7人, 「註釋民法(下)」, 韓國司法行政學會(1972), 323面; 柚木 馨, 「注釋民法(14)」, 有斐閣(昭和41), 164面 參照

先順位 假登記擔保權者가 아닌 한, 가사 歸責事由 없이 債權申告의 催告 및 競賣期日의 通知를 받지 못하여 配當節次에 參加하지 못하였다고 하더라도 그 假登記擔保權은 소멸하게 되고, 그 경우 假登記擔保權者는 配當을 받은 最後順位의 債權者로부터 시작하여 순차로 이들을 상대로 不當利得返還請求를 할 수밖에 없다고 한다.[35)]

그러나 舊競賣法이나 民事訴訟法은 抵當權者나 根抵當權者 또는 假押留債權者가 債權計算書를 제출하지 않거나 配當期日 또는 代金交付期日에 참가하지 않은 경우에도 그 歸責事由의 有無를 불문하고 적당한 방법으로 그 債權額을 정하여 配當이나 代金交付를 실시할 뿐이지 그 抵當權 등을 消滅시키지 않고 引受시키는 일은 없다.[36)]

이런 점에 비추어 볼 때 假擔法 제15조가 단순히 "競賣 등이 행하여진 때에는 擔保假登記權利는 그 不動産의 賣却에 의하여 消滅한다."고 규정한 것은 舊競賣法이나 民事訴訟法이 配當參加나 그 준비를 하지 않은 抵當權 등을 위와 같이 획일적으로 소멸시키고 있는 것과 마찬가지로 假登記擔保權者가 配當에 참가한 與否 및 不參加에 대한 歸責事由의 有無에 따른 예외를 두지 아니하고 配當에 參加하지 않은 假登記擔保權도 모두 소멸된다는 취지를 정한 것이라고 해석하는 것이 타당할 것이다.

실제로도 이와 같은 假登記의 引受를 인정하면 그 假登記擔保權者에 의한 새로운 競賣나 淸算을 초래하여 競賣의 신용을 해치고 訴訟經濟에 반하므로 타당하지 않다고 생각한다.

---

35) 加藤, 前揭書, 246面 參照

36) 鈴木, 前揭書(2), 350面; 金鼎鉉, 前揭書, 643面 參照

그러므로 引受說은 옳지 않고 오히려 자기의 歸責事由 없이 配當에 참가할 수 없었던 最先順位의 假登記擔保權도 競落人의 所有權取得과 동시에 소멸되고 따라서 그 假登記는 消除, 즉 抹消囑託의 대상이 된다고 볼 것이다.[37)]

마. 本件의 경우

丁의 假登記가 請求權保全의 假登記인지 혹은 擔保假登記인지 명백하지 않으나 請求權保全의 假登記라면 競落人이 最先順位인 위 假登記를 引受하여야 할 것이고, 擔保假登記라면 競賣開始申請이 있기 전에 淸算節次가 完結된 경우 이외에는 비록 丁이 자기의 歸責事由 없이 配當節次에 참가할 수 없었던 경우라고 하더라도 이것은 囑託에 의하여 抹消되어야 할 것이다. 다만 丁의 假登記가 登記簿上의 記載 자체에 의하여 擔保假登記임을 알 수 있는 경우가 아니기 때문에 비록 그 실질이 擔保假登記라고 하여도 競賣法院으로서는 그 抹消를 囑託할 수 없다고 할 것이고 따라서 이런 경우 競落人으로서는 그 抹消를 위하여는 訴訟을 提起하는 방법밖에는 없을 것이다.[38)]

---

37) 配當節次에 參加할 수 없었던 最先順位의 假登記擔保權者는 配當을 받은 最後順位의 債權者로부터 시작하여 順次로 이들을 상대로 不當利得返還請求를 할 수밖에 없다고 할 것이다(前註 35) 參照). 현행 擔保假登記의 登記簿上 記載例(大法院 登記 제12호 1984. 1. 17)에 의하면 事項欄에 '所有權移轉擔保假登記'라고 기재하고, 登記原因을 '代物返還豫約'이라고만 記載하도록 하고 있으나 立法論으로는 擔保假登記의 경우 被擔保債權額, 利子, 辨濟期 등을 함께 記載하여 目的不動産의 擔保價値를 효율적으로 公示할 수 있도록 하고 競賣로 인하여 擔保假登記가 消滅하는 경우 抵當權과 동일한 방법으로 配當받을 수 있도록 함이 바람직하다고 생각된다.

38) 前註 12) 參照

4. 被保全權利

가. 競賣에 있어서의 擔保責任

競賣의 성질에 관하여는 이를 公法上의 處分으로 보는 說,[39] 私法上의 賣買라는 說, 일반적으로는 私法上의 賣買이지만 競賣目的物의 所有名義人이 競落人이 된 경우에는 예외적으로 公法上의 處分으로 보아야 한다는 說[40] 등이 있으나, 적어도 擔保責任에 관한 한 競賣를 일종의 私法上의 賣買로 보고 債務者를 賣渡人으로 하는 것이 民法의 태도라고 하여도 상관이 없을 것이다.[41]

民法은 이런 입장에서 債權者가 權利의 실행으로 債務者(또는 物上保證人)의 재산을 競賣한 경우에 그 競賣한 目的物의 權利에 瑕疵가 있을 때에는 제1차적으로 債務者(民法 제578조 제1항)가,[42] 그리고 제2차적으로 '대금의 配當을 받은' 債權者(동조 제2항)가 競落人에 대하여 擔保責任을 진다고 규정하고 있다.

그렇다면 請求權保全의 假登記에 기하여 本登記가 경료됨으로써 競落人이 所有權을 상실하게 된 때에도 競落人은 民法 제576조, 제578조의 규정에 의하여 競賣債務者 또는 競賣債權者에게 擔保責任을 물을 수 있다고 해석할 것이다.[43]

39) 柚木, 前揭書, 162面

40) 金曾漢, 前揭書, 322面

41) 郭潤直, 前揭 債權各論, 227面

42) 競賣目的物이 物上保證人의 所有인 경우에는 物上保證人이 擔保責任을 부담한다는 說(通說)과 그 경우에도 역시 債務者가 擔保責任을 부담한다는 說이 대립된다. 郭潤直, 前揭 債權各論, 228面 參照

43) 종전에는 請求權保全의 假登記에 기하여 本登記가 경료됨으로써 競落人이 所有權을 상실하게 된 경우에 民法 제570조, 제578조의 규정에 의하여 擔保

그런데 擔保假登記가 예외적으로 競落人에게 引受된 경우에도 이를 權利의 瑕疵라고 보아 民法 제576조 및 제578조를 적용할 수 있는가.

民法 제576조는 賣買에 관하여 抵當權과 傳貰權의 행사로 인한 權利의 瑕疵에 대하여만 규정하고 있고 假登記에 대하여는 규정하고 있지 아니한바, 同條는 民法 제578조에 의하여 競賣의 경우에도 그대로 적용되는 것으로 규정되어 있다. 이 점과 관련하여 抵當權과 일정한 傳貰權은 競賣의 결과 원래 消滅되는 것이므로 競落人은 이들 權利의 負擔 없는 權利를 취득하게 되고 따라서 民法 제576조, 제577조의 규정은 같은 법 제578조의 경우에 적용될 수 없다고 설명되기도 한다.[44] 그러나 앞에서 본 바와 같이(前述 3. 라. (2) ㈎ 參照) 競落人에게 對抗할 수 있는 일정한 擔保假登記가 있는 경우에는 競落人이 이를 引受하여야 하므로 그 경우에는 民法 제576조의 규정을 類推適用함이 타당하고,[45] 따라서 擔保假登記가 競落人에게 引受된 경우도 이를 權利의 瑕疵라고 보아 民法 제578조를 적용할 수 있다고 할 것이다.

大法院1992.10.27.宣告92다21784判決도 "가등기의 목적이 된 부동산을 매수한 사람이 그 뒤 가등기에 기한 본등기가 경료됨으

責任을 물을 수 있다는 見解를 취하였으나 그 見解를 바꾸기로 한다. 民法 제570조를 準用할 것인가, 民法 제576조를 準用할 것인가에 따라서 ① 惡意의 買受人에 대하여 損害賠償請求權을 인정할 수 있는지 여부, ② 損害賠償으로 履行利益의 賠償을 인정할 것인지, 아니면 信賴利益의 賠償만을 인정할 것인지 여부, ③ 善意의 賣渡人에 대하여 契約解除權을 인정할 것인지 여부에 관하여 차이가 생기게 된다. 자세한 설명은 南孝淳, "假登記에 기한 本登記經了로 인한 賣渡人의 擔保責任에 있어서 適用規定과 損害賠償의 範圍," 「民事判例硏究(XVI)」, 民事判例硏究會編, 92面 以下 參照

44) 郭潤直, 前揭 債權各論, 228面; 金曾漢, 前揭書, 323面; 柚木, 前揭書, 164面 參照

45) 加藤, 前揭書, 251面 參照

로써 그 부동산의 소유권을 상실하게 된 때에는 매매의 목적 부동산에 설정된 저당권 또는 전세권의 행사로 인하여 매수인이 취득한 소유권을 상실한 경우와 유사하므로, 이와 같은 경우 민법 제576조의 규정이 준용된다고 보아 같은 조 소정의 담보책임을 진다고 보는 것이 상당하고 민법 제570조에 의한 담보책임을 진다고 할 수 없다."고 판시하였다.

이는 假登記가 請求權保全의 假登記이든 擔保假登記이든 상관없이 假登記에 기한 本登記가 경료되어 그 不動產의 所有權을 상실한 者는 民法 제576조의 규정에 따라 賣渡人에게 擔保責任을 물어야 하고, 그 결과 賣渡人은 買受人에게 信賴利益만 賠償하면 족하다는 취지라고 생각된다.

나. 擔保責任의 내용 — 代金返還請求權 및 損害賠償請求權의 取得

假登記를 引受한 競落人이 競賣를 신청한 債權者에게 추궁할 수 있는 擔保責任의 내용은 代金返還請求와 損害賠償의 請求이고 (民法 제578조 제2항, 제3항) 이러한 權利가 本件과 같은 假押留에 있어서 그 被保全權利가 됨은 물론이다. 競賣債務者에 대하여는 契約의 解除를 할 수도 있다(同條 제1항).

다. 責任成立의 要件

(1) 瑕疵의 구체적 發生

그런데 競落人이 債務者 또는 債權者에게 擔保責任을 물을 수 있는 것은 目的物에 權利의 瑕疵가 있는 경우에 한하는 것인바 競賣目的物에 競落人이 引受한 假登記가 있다고 하여 바로 競賣目的物에 權利의 瑕疵가 있다고 할 수는 없다. 請求權保全의 假登記에 기하여 本登記節次가 경료되고 이로 인하여 競落人이 所有權을 상실하게 된 때에 비로소 權利의 瑕疵가 있는 경우라고 할 수 있다. 擔保假登記가 引受되는 경우라면 民法 제576조에 준하여 假登記擔保權의 실행으로 本登記가 경료되거나 새로운 競賣(假擔法 제12조 제1항 參照)가 종결되어 競落人이 所有權을 상실한 때 혹은 競落人이 스스로 出捐하여 所有權을 보존한 때에 비로소 權利의 瑕疵가 발생하였다고 할 수 있을 것이다.[46]

(2) 債務者의 無資力

競賣目的物에 權利의 瑕疵가 있는 경우에도 일차적으로는 債務者가 그 擔保責任을 負擔하여야 하고 債務者가 資力이 없는 때에 한하여 競落人은 '代金의 配當을 받은 債權者'에 대하여 그가 받은 代金을 限度로 하여 그 代金 全部나 一部의 返還을 청구할 수 있다(民法 제578조 제2항). 이 경우 競落人이 먼저 債務者에게 청구한 후 그 無資力이 판명되면 다시 그 사실을 증명하여 債權者에게 청구하는 절차를 밟아야 한다고 설명된다.[47] 그러나 債務者의 無資力에 관한 증명이 있는 경우에도 債務者에게 반드시 먼저 청구하여야 한다고 하는 것은 條文의 해석상으로도 무리이고 실제로도 불필요한 일일 것이다.

46) 郭潤直, 前揭 債權各論, 218面 參照
47) 柚木, 前揭書, 165面

(3) 債權者의 配當金 受領

擔保責任이 있는 債權者는 配當金을 수령한 債權者에 한하고 그 代金返還債務는 그가 배당받은 代金額을 限度로 한다.

(4) 契約의 解除

債權者의 代金返還債務의 성질은 契約의 전부 또는 일부의 解除로 인한 原狀回復義務인 것이므로 競落人은 契約을 解除하지 않고서는 不當利得의 返還[48]을 債權者에게 청구할 수는 없다.[49]

大法院1996.7.12.宣告96다7106判決도 "경매의 목적물에 대항력 있는 임대차가 존재하는 경우에 경락인이 이를 알지 못한 때에는 경락인은 이로 인하여 계약의 목적을 달성할 수 없는 경우에 한하여 계약을 해제하고 채무자 또는 채무자에게 자력이 없는 때에는 배당을 받은 채권자에게 그 대금의 전부나 일부의 반환을 구하거나, 그 계약해제와 함께 또는 그와 별도로 경매목적물에 위와 같은 흠결이 있음을 알고 고지하지 아니한 채무자나 이를 알고 경매를 신청한 채권자에게 손해배상을 청구할 수 있을 뿐, 계약을 해제함이 없이 채무자나 경락대금을 배당받은 채권자들을 상대로 경매목적물상의 대항력 있는 임차인에 대한 임대차보증금에 상당하는 경락대금의 전부나 일부를 부당이득하였다고 하여 바로 그 반환을 구할 수 있는 것은 아니다."라고 판시하였다.[50]

48) 契約解除로 인한 原狀回復義務의 性質에 관하여는 不當利得返還義務와 같은 성질의 것이라는 說과 不當利得返還義務와는 그 本質을 달리한다고 하는 說이 있으나 前者의 見解가 多數說이라고 한다. 郭潤直, 前揭 債權各論, 159面 參照

49) 日大審大正8.5.3判決民錄25卷729面; 柚木, 前揭書, 165面

50) 다만 競賣節次 자체가 無效인 경우에는 競賣의 債務者나 債權者의 擔保責

(5) 權利欠缺에 관한 惡意

競賣를 請求한 債權者에 대한 競落人의 損害賠償請求는 債權者가 權利의 欠缺을 알고 있으면서 競賣를 請求한 경우에만 가능하다(民法 제578조 제3항). 競賣를 청구한 자가 아닌 다른 債權者에 대하여는 損害賠償을 청구할 수 없다.

라. 本件의 경우

앞에서 살펴본 바와 같이 競落人인 甲이 債權者인 乙에 대하여 代金返還請求權을 갖기 위하여는 다른 요건이 현재 모두 구비되어 있다 하더라도 그 이외에 장차 假登記를 한 權利者인 丁이 假登記에 기한 本登記를 경료하여 競賣目的物에 權利의 瑕疵가 실제로 발생하고, 競落人인 甲이 競賣 債務者에 대하여 契約을 解除하여야만 한다. 그렇다면 甲의 乙에 대한 代金返還請求權은 아직 成立要件 중의 일부가 충족되지 않은 將來의 權利에 불과하다고 할 것이므로 甲의 假押留申請을 허용할 것인지 여부를 판단하기 위하여는 위와 같은 將來의 權利가 과연 被保全權利로서의 適格이 있는지 여부를 살펴보아야 할 것이다.

任이 인정될 여지가 없으므로 競落人은 契約을 解除함이 없이 債權者를 상대로 不當利得의 返還을 구할 수 있을 것이다. 大法院1993.5.25.宣告92다15574判決 參照

5. 將來의 權利의 被保全權利로서의 適格性

가. 假押留의 可能性

將來의 權利가 不動産假押留申請事件에 있어서 被保全權利로서의 適格性을 갖느냐는 문제에 관하여는 이를 긍정하는 견해와 부정하는 견해가 나누어져 있으나 將來의 權利라는 이유만으로 被保全權利로서의 適格性을 否認할 수는 없고 將來의 權利 중 基礎로 되는 法律關係가 이미 형성되어 있어 實現可能性이 크고 財産的 價値가 있는 것은 被保全權利로서의 適格을 갖는다고 할 것이다.[51)]

그러나 어떠한 정도의 요건을 갖춘 權利가 實現可能性이 크고 財産的 價値가 있는 權利라고 볼 것인가에 관하여는 어떤 획일적인 기준을 정하기는 어렵고 개별적인 事案에 따라 판단할 수밖에 없을 것이다.

다만 이와 관련하여 위와 같은 抽象的인 基準 이외에 補助的·實踐的인 判斷의 基準이 필요한데 그러한 基準으로서는 將來의 權利가 條件附 權利의 構造와 같이 權利로서 발생하기 위하여 다른 要件은 모두 갖추어져 있고 最後의 要件만이 아직 충족되지 않았다고 하는 形式的인 構造를 갖출 것을 요한다고 하는 견해도 있고[52)] 現在의 權利인가 혹은 將來의 權利인가라는 槪念的인 區

51) 將來의 權利의 被保全權利로서의 適格性에 관한 상세한 논의는 拙著, 「事例解說 假處分의 硏究」 中 "[6] 將來의 權利를 被保全權利로 한 假處分"의 3. 나. 參照. 또한 本書 中 第5編 "假登記擔保등에관한法律 제11조 所定의 所有權移轉登記 抹消請求權과 被擔保債務辨濟와의 關係" 3. 나. 參照

52) 柏木邦良, "將來の請求權の保全處分," 「判例 タイムズ」 214號, 88面

別을 기준으로 하여 係爭物에 관한 假處分의 許容 與否를 결정하는 것은 상당하지 않고[53] 개개의 케이스마다 假處分을 구함에 있어서 保護할 價値가 있는 利益이 존재하는가 여부를 분석하여 결정하여야 하는데 이 때 本案訴訟을 제기할 수 있을 정도로 成熟된 權利인지 與否를 음미하는 것이 유익한 방법일 것이라고 설명하는 견해도 있다.[54]

나. 本件의 경우

원래 假登記는 그것이 請求權保全의 假登記인지 혹은 擔保假登記인지를 불문하고 그에 기한 本登記가 행하여질 가능성이 일단은 상당히 높다고 보는 것이 개념적으로는 타당하므로 本件에서도 丁의 假登記에 기한 本登記가 경료되거나 그 擔保權이 실행될 가능성도 특별한 사정이 없는 한 상당히 높다고 보아야 할 것이다. 그렇다면 甲의 乙에 대한 代金返還請求權 등은 그 實現可能性이 크고 財産的 價値가 있는 것이라고 할 것이므로 被保全權利로서의 適格을 인정할 수 있을 것이다.[55]

---

53) 假押留의 경우도 마찬가지라고 할 것이다.

54) 鈴木, 前揭書(6), 141面

55) 鈴木, 前揭書(6), 141面에서는 賣買契約에서 解除의 意思表示를 하기 전에 賣買契約이 解除되는 경우 비로소 발생하는 原狀回復請求權을 被保全權利로 하는 假處分을 허용할 것인가를 판단함에 있어서는 解除의 意思表示가 없는 것 이외에 다른 要件은 모두 具備되어 있는지 여부, 근접한 時期에 解除의 意思表示가 행해질 것이 거의 틀림없는지 여부 등을 음미하고, 결국 本案訴訟을 제기할 정도로 成熟한 權利인가를 판단하여야 한다고 한다. 그러나 假登記는 본질에 있어 本登記經了를 논리적으로 예정하고 있는 존재이므로 假登記에 기한 本登記의 經了로 말미암아 競落人이 취득할 擔保責任 追及權은 賣買의 우연한 解除에 의하여 발생할 原狀回復請求權보다는 그 發生可能性을 높게 보는 것이 타당할 것이다.

6. 結 論

丁의 假登記가 請求權保全의 假登記인지 혹은 擔保假登記인지 여부는 분명치 않았지만 登記簿의 記載上 請求權保全의 假登記로 되어 있는 이상 申請節次에서 그것이 擔保假登記가 아니라는 것을 申請人이 적극적으로 疎明할 책임은 없다고 할 것이다. 따라서 丁의 假登記는 일단 請求權保全의 假登記라고 인정하고 그 假登記에 기한 本登記가 경료될 경우에 발생하는 甲의 乙에 대한 代金返還請求權 등은 將來의 權利이지만 그 基礎的인 法律關係는 갖추어져 있다고 보아 甲의 不動産假押留申請을 認容하였다.

7. 主 文 例

신청인의 피신청인에 대한 위 채권의 집행을 보전하기 위하여 피신청인소유의 별지목록 기재 부동산을 가압류한다.

第7編　代物辨濟의 法律的 性質

— 意思表示의 分析을 통한 接近 —

1. 문제의 제기

Ⅰ. 不動産으로 代物辨濟를 하기로 合意만 하고 아직 그 所有權을 移轉하지 않은 단계에서는 그 合意는 아무런 효력이 없다고 學說은 설명한다. 그런데 한편 대법원판례는 代物辨濟契約의 債權的 효력으로 不動産 所有權移轉登記節次의 履行을 청구할 수 있다고 한다.[1] 그렇다면 代物辨濟는 현실로 所有權移轉이 있어야 성립하고 그 이전에는 아무런 효력이 없다라고 하는 學說의 설명은 무엇을 의미하며, 한편 代物辨濟契約을 원인으로 하는 所有權移轉登記節次의 履行을 청구할 수 있다고 하는 판례는 어떻게 이해하여야 할 것인가.

Ⅱ. 논의를 전개하기에 앞서 우선 代物辨濟의 기본이론을 확인하여 두는 것이 도움이 될 것이므로 이에 관한 學說의 설명을 일부 전재한다.

① 代物辨濟라 함은 債務者가 부담하고 있는 본래의 給付에 갈음하여 다른 給與를 현실로 함으로써 債權을 소멸시키는 債權

---

* 이 論文은 1995년 12월 博英社에서 發刊한 「民法學論叢」 第二(厚巖郭潤直先生 古稀紀念)에 收錄된 論文이다.

1) 大法院1974.6.25.宣告73다1819判決; 1972.5.23.宣告72다414判決

者・辨濟者(대부분의 경우 債務者 자신이 辨濟者가 되므로 이하에서는 債務者라고 쓴다) 사이의 契約을 말하며 辨濟와 같은 효력을 가진다.

② 본래의 給付와 상이한 다른 給付를 함으로써 債權을 소멸시키는 점에서 代物辨濟는 更改와 비슷하다. 그러나 代物辨濟는 본래의 給付와는 상이한 다른 給付를 현실적으로 하여야 하는 점에서 단순히 다른 給付를 하여야 할 新債務를 부담하는 데에 그치는 更改와는 다르다.

③ 代物辨濟는 기존의 본래의 債務에 갈음하여 다른 給付를 현실적으로 하는 때에 성립하는 契約이므로 그것은 일종의 要物契約이다.

④ 債務者나 債權者나 그 누구도 일방적으로 給付를 變更할 수 있는 권리는 이를 갖지 않는 것이 원칙이다. 民法 제466조에서 "債務者가 債權者의 承諾을 얻어"라고 규정하고 있는 것도 양자 사이의 合意 내지 契約이 있어야 한다는 것을 의미한다. 그리고 이러한 合意 내지 契約은 묵시적인 것이라도 상관없으나 '履行에 갈음하여' 하는 것이라는 것이 밝혀져 있어야만 한다.

⑤ 代物辨濟는 이른바 要物契約이므로 본래의 給付와 다른 給付를 단순히 약속하는 것으로는 부족하며 그 다른 給付를 현실적으로 하여야 한다. 현실적으로 다른 給付를 실행하지 않으면 代物辨濟가 되지 않는다는 것이 특히 중요하게 되는 경우는 代物給付로서 不動産의 所有權을 移轉하는 때이다. 이 때에는 당사자가 代物辨濟의 意思表示를 하는 것만으로는 부족하고 그 밖에 登記까지도 완료하여야만 代物辨濟는 성립한다.

⑥ 다른 給付(代物給付)는 본래의 給付에 갈음해서 하는 것이어야 한다. 바꾸어 말하면 본래의 債務의 辨濟의 수단으로서, 즉

이른바 '辨濟를 위하여'서가 아니라, 본래의 債務를 소멸케 하기 위하여, 즉 이른바 '辨濟에 갈음하여' 代物給付를 하여야 한다.

⑦ 代物辨濟는 辨濟와 같은 효력이 있다. 따라서 債權은 소멸한다.

Ⅲ. 위에서 소개한 代物辨濟의 기본이론에 관하여 우리나라에서는 거의 異論이 없다고 보인다. 그러나 이러한 기본이론을 실제의 문제에 적용함에 있어서는 언제나 반드시 견해가 일치하는 것은 아니다. 不動產으로 代物辨濟를 하기로 해놓고도 이를 債務者가 履行하지 않고 있을 때에 대법원 판례에 의하면 債權者는 代物辨濟契約을 원인으로 하여 所有權移轉登記節次의 履行을 청구할 수 있는 것이지만, 반면 學說에 의하면 이와 같은 청구는 불가능한 것으로 되어 있는 것이 그 대표적인 예이다.

이러한 견해의 差異는 代物辨濟의 概念에 대한 理解의 불일치에서 비롯된 것이라고 생각하므로 本稿에서는 代物辨濟概念의 구조를 분석하고 그 곳에 투입된 당사자의 意思表示를 정확히 해석함으로써 이 문제의 해결을 시도하여 보고자 한다.

2. 代物辨濟의 效果意思

Ⅰ. 代用合意와 代物給付의 분리

代物辨濟는 代物로 辨濟하기로 하는 당사자 사이의 「合意」, 그리고 현실로 代物을 給付하는 「行爲」의 두 가지로 구성된다. 여기서 편의상 제1단계에 속한다고 할 수 있는 合意를, 給付에 관하여 代物을 쓰기로 하는 合意라는 뜻으로, 이를 代用合意라고 부르고, 제2단계에 속한다고 할 수 있는 給付行爲를 代物給付라고 부르기로 한다. 代用合意는 보통 代物辨濟契約이라고 부르는 것에서 給付行爲를 뺀 나머지의 意思부분만을, 그리고 代物給付는 代物辨濟契約에서 合意부분을 뺀 나머지의 실행행위만을 각기 지칭하는 것인데 이렇게 구별하여 사용하고자 하는 이유는 각기 다른 뜻으로 용어를 사용하는 데서 오는 공연한 혼란을 막으려는 데에 있다.

Ⅱ. 代用合意의 효력 1 : 본래의 債務의 不消滅

1. 문　　제

代用合意만으로는 본래의 債務가 소멸하지 않기 때문에 代用合意는 그것만으로는 효력이 없다라고 말할 수 있다. 그러나 그렇다고 하여도 代用合意 또한 형식적으로 보면 兩當事者의 意思表示의 합치이므로 契約이라고 할 수 있는데 그럼에도 불구하고 왜 代用合意는 代物給付가 있기 전까지는 아무런 효력이 없다고 하는가.

不動産物權變動의 원인이 되는 다른 債權契約의 경우에도 그 契約의 성립만으로 物權變動이 일어나는 것은 아니고 登記까지 갖추어야 비로소 物權이 變動하는 점은 代物辨濟와 동일하지만 이러한 경우에는 그 契約이 아무런 효력이 없다라고는 하지 않는다. 다른 債權契約의 경우에 意思表示의 합치만으로는 所有權이 물론 移轉하지 않지만 당사자는 그 契約의 효력으로 所有權의 移轉을 청구할 債權과 그에 대응하는 債務를 각기 취득하고 부담하게 되는 데에 반하여 代物辨濟의 경우에는 學說에 의하면 意思表示가 합치되었다고 하여도 당사자가 그와 같은 債權·債務를 취득하거나 부담하는 일이 없다. 이 점에서 代物辨濟는 다른 債權契約과 다르다.

결국 代用合意는 代物給付가 있기 전까지는 아무런 효력이 없다고 하는 것은 代用合意만이 이루어진 단계에서는 債權者와 債務者가 본래의 債權·債務 이외에 代物에 관한 새로운 債權·債務를 취득하거나 부담하는 것은 아니라는 것, 환언하면 代用合意에 응하여 그 내용대로의 권리·의무가 생기는 것은 아니라는 것을 의미한다. 그렇다면 왜 그렇게 보아야 하는가.

2. 學說의 설명

본래의 給付와 다른 給付를 하기로 債權者와 債務者가 合意하는 경우에 그 내용에는 세 가지 유형이 있을 수 있다. 제1유형은 舊債務를 소멸시키고 그 대신 新債務를 부담하는 것이고, 제2유형은 당사자의 合意에 불구하고 新債務는 성립하지 않고 舊債務만이 의연 존속하는 경우이며, 제3유형은 新·舊債務를 병존시키는 것이다. 代物辨濟가 위의 제2유형에 해당하는 것이고 更改가 제1유형에 해당하는 것임은 더 설명할 것이 없다.

여기서 學說은 代用合意만으로는 舊債務가 소멸되지 않는 이유를 다음과 같이 설명할 것이다. 우리 民法은 代物辨濟를 債務消滅의 法律要件으로 규정하면서 그 法律要件을 代用合意와 代物給付의 두 가지 요소로 구성하고 있으므로 代用合意만 있고 代物給付가 없으면 法律要件이 완성되지 않은 것, 바꾸어 말하면 아직 法律要件이 성립되지 않은 것이어서 債務消滅이라는 法律效果는 발생할 수 없다는 것이다. 이것은 代用合意만으로는 본래의 債務가 소멸되지 않는 이유에 대한 설명은 되지만 代用合意에 응한 새로운 債權·債務가 생겨서는 안 되는 것에 대한 설명은 되지 않는다. 바꾸어 말하면 更改와 代物辨濟의 차이에 대한 설명은 되지만 代物辨濟와 앞에서 말한 제3유형의 것과의 차이에 대한 설명은 되지 못한다. 물론 법률이 그렇게 하도록 정하여 놓은 것이니 그렇게 될 수밖에 없다고 설명할 수도 있다. 그러나 왜 법률이 그렇게 정하여 놓았는지가 설명되지 않으면 결코 만족하기 어렵다. 왜냐하면 法律은 正當한 理致의 반영이므로 법률이 그렇게 정하였을 때에는 필연코 그렇게 정하여야 할 정당한 이치가 있었을 것이고 이것이 해명되어야 비로소 法에 대한 분명한 이해가 가능하기 때문이다. 앞에서 얘기한 견해의 불일치의 사례도 결국은 법규정의 배후에 내재하는 이와 같은 이치의 해명이 부족하였기 때문이라고 생각한다.

3. 效果意思에 의한 설명

그러므로 여기서는 意思表示의 해석을 통하여 그 이치를 해명하여 보고자 한다.

여기서 아무런 효력이 없다고 하는 것은 그 效果意思대로의 효력이 발생치 않는다는 것을 강조한 표현으로 이해하여야 할 것이므로 과연 그 效果意思가 무엇인지를 먼저 규명하여야 한다.

代物로 辨濟하기로 하는 合意라고 하는 것은 첫째로 債務者가 代物給付를 제공하면 債權者는 이를 거부하지 않고 수령하기로 하고, 둘째로 그 결과 不動産의 所有權이 移轉되면, 바꾸어 말하면 所有權移轉登記가 마쳐지면 그 대신 본래의 債務를 소멸시키기로 하는 의사라고 할 것이다.

먼저 두 번째의 效果意思에 따른 代用合意의 효력에 대하여 살펴본다.

代用合意의 效果意思 中 債務消滅을 의욕하는 부분의 내용이 만일 無條件的으로 債務의 소멸을 의욕하는 것이라면 代用合意가 이루어지는 시점에서 본래의 債務는 無條件的으로, 바꾸어 말하면 바로 소멸되어야 할 것이다. 따라서 代用合意가 성립되었음에도 불구하고 본래의 債務가 바로 소멸하지 않는다면 그것은 그 效果意思의 내용이 債務의 無條件的인 소멸을 의욕하는 것이 아니라는 것을 의미한다. 다시 말하면 代用合意의 效果意思는 合意와 동시에 본래의 債務의 소멸을 의욕하는 것이 아니고 代物給付가 이루어진 때 즉 所有權移轉이 발생한 때에 債務가 소멸되는 것을 의욕하고 있는 것이다. 이것은 所有權移轉이라는 사실의 발생을 停止條件으로 하여 본래 債務의 소멸을 의욕하는 것이다. 그렇다면 代用合意는 본질에 있어 代物給付의 실행을 條件으로 하는 停止條件附 合意인 것이므로 條件이 성취되기 전에는 즉, 所有權이 移轉되기 전에는 그 효력이 발생할 수 없는 것이고 이것은 條件附 法律行爲의 본질상 당연한 이치라고 할 것이다. 이와 같은 이치는 모든 要物契約에 있어서 그대로 타당하다. 要物契約을 구성하는 合意는 본질적으로 要物에 해당하는 사실의 발생을 停止條件으로 하는 合意이기 때문이다. 이렇게 본다면 代物辨濟를 要物契約이라고 파악하고 그렇기 때문에 代用合意만으로는 債務消滅의 效果가 생기지 않는다고 파악하는 것은 수긍할 수 있다고 할 것이다.

결국 代用合意는 그 合意의 내용이 되고 있는 效果意思가 合

意의 성립만으로 債務消滅의 法律效果가 발생하는 것은 이를 원하는 바가 아니기 때문에 그 效果意思의 원하는 바에 따라 合意만으로는 債務가 소멸하지 않는 것이다. 이러한 의미에서 그 合意는 효력이 없다라고 말할 수 있게 된다.

Ⅲ. 代用合意의 효력 2 : 새로운 債務의 不成立

다음으로는 앞에서 본 代用合意의 첫번째 效果意思에 대하여 본다.

債務者가 代物給付를 제공하면 債權者가 이를 수령하기로 하는 合意의 내용은, 債務者는 代物을 給付할 債務를 부담하고 債權者는 代物給付를 청구할 債權을 취득하는 그러한 적극적인 것은 아니라고 할 것이다. 물론 契約自由의 원칙상 債務者가 代物을 給付할 債務를 부담하고 債權者가 代物給付를 청구할 債權을 취득하기로 하는 合意도 얼마든지 가능하다. 그러나 代用合意의 效果意思는 그러한 적극적인 내용의 것은 아니라고 하여야 한다.

그 이유는 다음과 같다. 우리 民法은 본래의 給付가 아닌 것을 제공함에 의하여 債務를 소멸시키는 사유를 두 가지 규정하면서 舊債務의 소멸 대신 新債務가 성립되는 것은 更改로 하고, 新債務의 성립을 매개함이 없이 舊債務를 소멸시키는 것은 代物辨濟로 하여 두 가지를 구별하였다. 그러므로 우선 新債務를 성립시키지만 舊債務를 소멸시키지 않는 형태의 것, 즉 新·舊債務를 병존시키는 제 3 유형의 것은 債務消滅의 事由가 되지 못하므로 債務消滅事由의 場(代物辨濟와 更改는 함께 이 場에 포함되어 있다)에서 제외되어야 하고 다음으로 新債務를 성립시키면서 舊債務를 소멸시키는 것은 비록 債務消滅事由이기는 하지만 이것은 更改에 속하도록 法이 구획을 정하여 분류하여 놓았으므로 이번에는 代物辨濟의 場에서 이것은 제외되어야 한다.

결국 新債務를 성립시키는 내용의 效果意思는 개념적으로 代用合意에서 제외되는 것이라 할 것이고 이러한 형태의 效果意思로서 更改가 아닌 것은 제 3 의 개념으로 파악되어야 할 것이다. 이러한 제 3 의 개념은 뒤에서 보는 바와 같이 代物移轉契約의 개념으로 파악할 수 있고 이것이 代用合意와 合體되어 행하여질 수 있음은 물론이지만 이러한 점에 대하여는 뒤에서 논의하게 되므로 여기서는 더 이상 언급하지 않는다.

아무튼 代用合意의 첫번째 效果意思는 代物給付를 할 債權·債務를 발생시키는 것은 아니고 단지 債務者가 임의로 代物給付를 할 경우 債權者가 이를 수령할 의무를 부담하는 것에 지나지 아니한다. 결국 代物辨濟라는 法律要件 속에는, 더 엄밀하게 말하면 代用合意의 法律要件 가운데에는, 새로운 債權 · 債務의 발생을 의욕하는 效果意思가 들어갈 자리를 法이 마련하지 않았기 때문에, 따라서 그와 같은 效果意思는 다른 法律要件으로 파악되어야 하기 때문에, 代用合意의 效果意思에 의하여서는 새로운 債權 · 債務가 생기지 않는 것이다.

그러므로 債務者가 행하는 代物給付行爲는 代用合意의 履行에 해당하지 않는다. 不動産의 所有權이 移轉되는 통상의 거래에 있어서 먼저 債權行爲가 있고 이어 그 履行으로서의 物權行爲와 登記가 행하여지는 전형적인 과정에다 代物辨濟를 대입하면 代用合意는 債權行爲, 代物給付는 그 履行으로 파악할 수 있을 것으로 일견 보이지만 代用合意의 效果意思의 내용을 이상과 같이 분석한다면 代物給付行爲를 代用合意의 履行으로 볼 수는 없을 것이다.

Ⅳ. 登記請求權의 문제

이상의 논의를 요약하면 첫째, 代用合意만 이루어진 상태에서는 본래의 債務의 소멸이라는 法律效果는 발생하지 아니한다. 그 이유는 代用合意에 내재하는 效果意思는 실제로 代物給付가 행하여지면 그 때에 가서 본래의 債務가 소멸되기를 의욕하는 내용의 것이므로 그 效果意思에 따른다면 아직 代物給付가 이루어지지 아니한 단계에서는 본래의 債務의 소멸이라는 法律效果가 일어날 수 없기 때문이다. 둘째, 代用合意의 效果意思는 債務者가 임의로 행하는 代物給付를 債權者가 수령하기로 하는 내용의 것까지가 그 범위이고 이 범위를 넘어서서 債務者가 代物給付를 하여야 할 새로운 債務까지를 부담하기로 하는 내용의 것은 代用合意의 범위를 벗어나는 것이다. 그러므로 代用合意를 한 뒤에 실제로 代物給付가 행하여져도 이 給付행위를 가리켜 代用合意의 履行이라고 할 수는 없다.

不動産의 所有權을 移轉하여 代物給付를 하기로 한 경우에 이와 같은 논리를 그대로 적용하면, 代用合意를 하고도 아직 所有權移轉行爲(物權的 合意와 登記)를 하지 않은 단계에서는 舊債務는 소멸하지 않는다. 또한 代用合意를 하였으나 債務者가 현실로 不動産의 所有權을 移轉하지 않는 경우에 債權者는 債務者를 상대로 所有權의 移轉을 청구할 수도 없다. 왜냐하면 代用合意는 債務者에게 所有權移轉의 債務를 부담시키지 않으므로 債權者는 따라서 所有權移轉請求權을 갖지 못하고 그 결과, 所有權移轉登記節次의 履行을 구하는 登記請求權도 가질 수 없기 때문이다.

그러므로 "代物辨濟契約에 있어서는 도대체 登記請求權의 문제는 생기지 않는다."고 한 學說의 입장은 지극히 정당하다. 반면에 "원고로서는 대물변제계약의 채권적 효력으로 피고에게 대하여 대물변제계약을 원인으로 하는 소유권이전등기절차 이행을 청구할 수 있다."고 한 대법원판결의 판시는, 만일 그 판시 중의 '代物辨濟契約'이라는 것이 本稿에서 말하는 '代用合意'와 같은 것이라면, 그 정당성에 대하여 의심을 품지 않을 수 없다.

3. 代物辨濟와 代物移轉契約의 合體

I. 代物移轉契約

1. 代物移轉契約의 合體

不動産의 所有權을 移轉하여 代物辨濟를 하기로 合意한 債務者가 이를 실행치 않을 경우에도 代物辨濟의 合意의 效果意思를 위와 같이 이해하는 한 그 合意 속에는 債權者에게 代物給付의 履行을 청구할 권리를 갖게 하는 效果意思는 없는 것이고, 따라서 代物辨濟의 合意를 하였다고 하여 그것만으로 債權者가 所有權移轉을 청구할 수는 없다고 보아야 할 것임은 지금까지 위에서 설명한 바와 같다.

그러나 契約自由의 원칙상 당사자가 代物辨濟의 合意를 하면서 동시에 혹은 이어서 債權者가 代物에 대한 所有權移轉請求權

까지 갖기로 별도의 合意를 하는 것은 얼마든지 가능하다. 辨濟期前에는 물론이고 辨濟期 後에도 할 수 있을 것이다. 그 別途合意의 내용은 본래의 債權을 유지하면서 새로이 代物에 대한 移轉請求權까지를 갖게 하는 그러한 契約이라 할 것이므로 이것은 代物移轉契約이라고 부를 수 있다. 代物移轉契約이 이루어지면 두 개의 債權이 병존하거나 또는 하나의 債權에서 選擇的 관계의 複數給付가 병존하는 상태가 되는데(이 점에 관하여는 뒤의 5.Ⅱ.에서 설명한다) 이 경우 두 개의 債權 혹은 두 개의 給付를 選擇的인 또는 任意的인 관계로 하여 그 중 하나를 선택하면 남은 하나는 소멸되는 것으로 하는 것 혹은 債權者가 궁극적인 만족을 얻을 때까지 두 개의 債權이나 給付를 병존케 하는 것 등은 당사자의 약정 또는 意思表示의 해석에 의하여 해결할 수 있을 것이다. 다만, 당사자의 통상의 意思는 다음에 보는 바와 같은 代物移轉契約의 擔保的 기능에 비추어 볼 때에 債權者가 궁극적인 만족을 얻을 때까지 두 개의 債權이나 給付를 병존케 하는 데에 있다고 보아야 할 것이다.

2. 代物移轉契約의 擔保的 기능

본래의 債權과 함께 代物의 給付를 청구할 새로운 債權이 병존한다는 것은 債權者의 입장에서 볼 때에는 본래의 債權에 대한 擔保로 다른 債權을 하나 더 취득한 것이 된다. 실제로도 代用合意에 合體되는 이와 같은 별도의 合意는 擔保를 목적으로 행하여지고 있다. 代用合意와 동시에 혹은 바로 이어서 혹은 별다른 의미를 부여할 필요가 없을 정도의 시간적 간격을 두고 代物給付가 행하여진 때에는 代物辨濟는 단순히 債務를 결제하는 기능을 수

행하는 것으로 보통 설명하지만 이것도 엄밀히 분석한다면 擔保의 제공과 실행이 동시적으로 이루어지는 것에 해당하므로 여전히 擔保의 기능을 수행하는 것이 된다.

그러므로 代用合意에 合體되는 代物移轉契約의 실체는 擔保契約이라고 할 것이다. 이 때에 그 擔保契約의 내용은 精算을 하는 것으로 정할 수도 있고 반대로 精算을 하지 않는 것으로 정할 수도 있을 것이지만 代物辨濟에 合體되어 행하여지는 이상 다른 특별한 약정이나 사정이 없는 한 그 擔保契約은 성질상 精算을 하지 않는 내용의 것이라고 意思表示를 해석하여야 할 것이다. 물론 이 경우에 民法 제607조는 적용되지 않을 것이지만 가사 그 적용이 있다고 하더라도 그렇다고 하여 이것이 이와 같은 代物移轉契約을 擔保契約으로 파악하는 데에 무슨 지장이 되지는 않는다.

Ⅱ. 代物擔保契約

또한 代物辨濟를 약정하는 당사자의 통상의 意思 가운데에는 擔保를 위하여 代物의 所有權移轉을 청구할 債權의 발생을 함께 의욕하는 意思가 포함되어 있다고 보아야 할 것이므로 다른 특별한 사정이 없는 이상 代用合意에는 원칙으로 代物移轉契約이 合體되어 있다고 보는 것이 타당하다. 辨濟期 前에 代用合意를 하는 경우에는 더욱 그러하다. 이와 같이 代用合意와 代物移轉契約이 合體된 형태의 契約은 단순히 所有權移轉만을 목적으로 하는 契約과는 달리 담보적 기능을 수행하고 있고 또 그러면서도 다른 보통의 擔保契約(예컨대 讓渡擔保)과는 뒤에 보는 바와 같은 차이가 있으므로 이것은 독특한 유형의 契約으로 파악하는 것이 가능하고 또 필요하다. 그러므로 이것을 本稿에서는 우선 代物擔保契約이라고 불러두기로 한다.

이와 같은 代物擔保契約은 일견 讓渡擔保와 유사하지만 다음과 같은 차이가 있으므로 역시 양자는 구별되어야 할 것이다. 첫째, 代物擔保契約에서는 그 성질상 讓渡擔保와 달리 當然歸屬이 인정된다고 보아야 할 것이고 둘째, 債務소멸시기가 讓渡擔保에서는 精算完了時이지만 代物擔保契約에서는 所有權移轉時가 되며 셋째, 讓渡擔保에서는 精算完了 前까지 債務者가 債務를 辨濟하고 擔保物의 반환을 청구하는 것이 가능하지만 代物擔保에서는 所有權이 일단 移轉된 뒤에는 擔保物의 반환청구가 불가능하다고 보아야 할 것이다. 그러나 民法 제607조나 假登記擔保등에관한法律의 적용 여부에 따른 효력관계는 앞으로 더 검토할 문제이다.

Ⅲ. 登記請求權의 근거

不動産에 관한 代用合意에 이와 같이 代物移轉契約이 合體되어 있다면 債務者는 辨濟期(본래의 辨濟期 이외에 유예된 辨濟期를 포함한다, 이하 같다)를 도과한 때에 不動産의 所有權을 移轉할 債務를 부담하는 것이므로 債權者는 이에 상응하는 登記請求權을 갖게 된다.

이렇게 되면 代物辨濟契約에서 登記請求權이 발생한다고 판시한 앞서 본 대법원 판결은 그 판시의 이른바 '代物辨濟契約'을 위에서 말한 바와 같이 代物移轉契約이 合體된 代用合意 즉 本稿의 이른바 代物擔保契約을 지칭하는 것으로 이해할 때에, 표현은 여하튼, 그 결론은 오히려 정당하다고 할 것이다.

4. 停止條件附 代物辨濟와 代物辨濟의 豫約

Ⅰ. 停止條件附 代物辨濟

1. 停止條件附 代用合意

條件은 法律行爲에만 붙일 수 있는 것이 원칙이므로 代物辨濟에 條件이 붙는다면 그것은 代用合意부분에 관하여만 가능할 뿐이고 法律行爲가 아닌 代物給付부분에 대하여는 불가능하다. 그렇다면 代用合意에는 과연 停止條件이 붙을 수 있는가.

法律行爲는 성립과 동시에 효력을 발생하는 것이 원칙이고 예외로 停止條件이 붙으면 그 효력의 발생이 條件의 成就時로 유예된다. 停止條件은 만일 그것이 붙지 않았다면 法律行爲의 효력이 그대로 발생하였을 터인데 條件이 붙음으로써 비로소 효력의 발생이 차단되는 경우이어야 의미가 있고, 한편으로는 만일 條件이 붙었다면 그 成就時에 法律行爲가 효력을 발생하여야만 하고 條件이 성취되어도 다른 이유 때문에 효력이 발생할 수 없는 경우라면 그 條件은 의미가 없게 된다. 그런데 代用合意는 條件이 붙지 않아도 원래 그것 자체로는 그 의도하는 바의 효력이 없는 것이고 나아가 條件이 붙어 있는 경우에 그 條件이 성취되었다 하여도 代物給付가 실제로 행하여지지 않는 이상에는 그 의도한 효력이 발생하지 않는 것이다. 그렇다면 代用合意에 條件을 붙인다는 것은 추상적으로는 가능할지라도 실제로는 의미가 없는 것이 된다. 그러므로 代用合意에는 停止條件을 붙일 수 없다고 하는 것이 타당할 것이고 이 점은 要物契約 일반에 공통되는 법리라고 할 것이다.

2. 停止條件附 代物移轉契約

代用合意에 合體된 代物移轉契約에 停止條件이 붙는 것은 어떤가. 이러한 移轉契約은 통상의 法律行爲와 조금도 다를 것이 없으므로 停止條件을 붙이는 것은 아무런 문제가 없다.

3. 辨濟期의 徒過와 條件

(1) 본래의 債務에 관한 債務不履行이 있으면 不動産의 所有權을 移轉하여 代物辨濟를 하기로 하는 것을 停止條件附 代物辨濟契約이라고 설명하는 경우도 있다. 이 견해가 만약 기한에 辨濟를 하지 않을 때에는 債務者는 당연히 목적물의 所有權移轉의 債務를 진다고 하는 것일 때에는 이것은 위에서 본 바와 같은 停止條件附 代物移轉契約에 해당할 것이나 다만 아래의 (2)에서 보는 바와 같이 債務不履行의 사실을 이 경우에는 條件으로 취급할 수 없다는 문제가 남는다. 그러나 만일 이 견해가 債務不履行이 있으면 不動産의 所有權이 당연히 移轉되고 이로써 본래의 債務가 소멸되는 것으로 하는 代物辨濟를 말하는 것이라면 이것은 옳지 않을 것이다. 왜냐하면 法律行爲로 인한 不動産의 物權變動에 관하여 登記를 필요로 하는 우리 民法下에서는 債務不履行이라는 停止條件이 성취되어도 그것만으로는 所有權이 당연히 移轉되는 일이 있을 수 없기 때문이다.

(2) 앞에서 본 바와 같이 代用合意에 合體된 移轉契約에 停止條件이 붙는 것은 가능하지만 停止條件의 예로 흔히 설명하는 債務不履行이라는 사실, 즉 辨濟期에 이르러 본래의 債務를 履行하지 않는다는 사실의 발생은 代物移轉契約에 붙을 수 있는 停止條

件이 되지 못한다고 생각한다. 왜냐하면 代物移轉契約은 앞에서 본 바와 같이 그 실체는 擔保契約이라 할 것인데 債務不履行이 있을 때에 擔保權을 실행하는 것은 擔保契約을 구성하는 意思表示의 본질적 요소이지 별도로 부가될 수도 있고 부가되지 않을 수도 있는 그러한 우연적 사항이 아니기 때문이다.

이 경우에 본래 債務의 辨濟期가 도래하면 代物移轉契約에 따른 債務 즉 代物給付債務의 辨濟期도 특별한 약정이 없는 이상 당연히 도래한다고 보아야 한다.

Ⅱ. 代物辨濟의 豫約

1. 代物辨濟의 片務豫約

우선 代用合意만에 관하여 豫約을 하는 것은 얼마든지 가능하다. 이러한 豫約의 경우에는 그 豫約이 완결되어도 완성되는 것은 代用合意에 불과하다. 그러므로 이러한 豫約이 실제로 체결되는 일은 거의 없을 것이다.

한편 이와 달리 債權者가 請約의 意思表示를 하면 상대방은 承諾의 意思表示와 함께 代物의 給付까지를 현실로 履行하여 代物辨濟라는 本契約을 완성할 의무를 부담키로 하는 豫約을 체결하는 것은 어떤가. 이것은 일종의 代物辨濟의 片務豫約이라고 할 것인바, 學說은 이와 같은 豫約을 허용하지 않을 이유가 없으므로 이것은 얼마든지 가능하다고 한다.

이와 같은 豫約이 체결되면 代物이 不動産의 所有權인 경우에 債權者가 請約의 意思表示를 하면 債務者는 不動産의 所有權移轉登記節次를 履行하여 代物辨濟를 완성할 債務를 부담하므로

債權者는 登記請求權을 갖게 된다고 한다. 따라서 代物辨濟의 당사자 사이에 代物辨濟의 片務豫約이 체결되었다고 해석할 수 있는 경우에는, 代物辨濟契約 자체로부터는 登記請求權의 발생을 인정할 수 없다고 할 때에 생기는 어려움을, 이로써 훌륭하게 해소할 수 있게 된다.

2. 代物移轉의 本契約

그러나 代物辨濟의 당사자 사이에 위에서 본 바와 같은 代物辨濟의 片務豫約을 체결하였다고 보기 어려운 경우도 있을 수 있다. 왜냐하면 代物辨濟의 片務豫約을 체결하면 債權者가 代物給付의 履行을 청구할 債權을 취득하기 위하여는 豫約을 체결한 뒤에 다시 請約의 意思表示를 새로 하여야 하는데, 당사자의 意思表示의 내용이 請約의 意思表示와 같은 추가의 節次 없이 바로 代物給付의 履行을 청구할 債權을 취득하기를 원하는 그러한 것일 경우도 있기 때문이다.

따라서 債權者에게 不動産의 所有權移轉을 청구할 債權을 바로 갖게 하는 내용의 別途合意가 代用合意에 合體되어 이루어진 경우에는 그 意思表示의 내용을 豫約으로 해석하는 방법 이외에 이미 앞에서 설명한 바 있는 代物移轉의 本契約, 즉 본래의 債權에 대한 擔保를 위하여 不動産의 所有權移轉을 청구할 債權을 債權者에게, 별도의 意思表示 없이 바로, 취득케 하는 代物移轉契約의 本契約으로 해석하는 것도 가능하고 이렇게 해석한다고 하여 당사자의 실제의 意思에 명백히 어긋난다고 보기 어려운 때도 있을 것이다.[2]

---

2) 梁彰洙, "他人의 物件에 관한 代物辨濟契約上의 責任," 「民事判例研究(XII)」,

5. 結論 — 代物辨濟의 解體와 再構成

I. 二重的 法律要件

代物辨濟를 債務의 소멸사유로 규정하고 있는 우리 民法의 체제로 보아 債權者와 債務者가 본래의 給付와 다른 給付를 하기로 合意한 경우에 그 合意의 내용이 合意와 동시에 본래의 債務를 소멸시키는 것까지를 약정한 것이 아닌 한, 그와 같은 代用合意가 있었다고 하여 바로 본래의 債務의 소멸을 인정할 수는 없고 代物의 給付가 현실로 행하여진 때에 비로소 본래의 債務는 소멸한다고 보아야 한다. 그러나 우리 民法이 代物辨濟를 債務消滅의 사유로 규정하고 있다고 하여 代物辨濟가 債權發生의 원인인 일반의 契約에 포함되는 것까지를 금하고 있는 것은 아니다.

그러므로 당사자의 意思表示를 해석하여 代物給付를 청구할 債權을 발생시키는 契約이 代用合意에 合體되어 함께 이루어진 것이라고 인정될 경우에는 그와 같은 效果意思에 따른 法律效果의 발생을 거부할 아무런 이유가 없으므로 그러한 契約을 債權發生의 원인으로 승인하여야 할 것이다.

한 걸음 더 나아가 代物辨濟를 하기로 合意하는 당사자의 통상의 意思 가운데에는 다른 특별한 사정이 없는 한 代物給付의 請求債權을 함께 발생시키고자 하는 意思가 포함되어 있다고 할 것이므로, 바꾸어 말하면 두 개의 契約이 合體되어 행하여지는 것이 원칙이라고 해석할 것이므로, 代物辨濟는 원칙적으로 代用合意

博英社(1990), 142면 참조

의 단계에서부터 이미 債權發生의 원인이 되는 契約이라고 보아야 한다.

그렇다면 代物辨濟는 代用合意의 단계에서는 債權發生의 원인이 되고 代物給付의 단계에서는 債務消滅의 원인이 되는 二重的 작용을 하는 法律要件이 된다.

그리고 債權發生의 원인으로서의 代物辨濟 즉 代用合意와 代物移轉契約이 合體된 契約은 債權者에게 본래의 債權 이외에 새로운 債權을 擔保로 취득케 하는 기능을 하므로 이것은 경제적 측면에서 볼 때에는 擔保契約이라고 할 것이다.

이 代物移轉契約은 代用合意와 함께 성립하고 請約의 意思表示와 같은 추가의 節次가 있어야 성립하는 것이 아니므로 이것을 代物辨濟의 豫約이라고 해석하지 않아도 좋을 경우가 있을 것이다.

Ⅱ. 債務變更契約

이상의 논의는 代物辨濟에 포함되어 있는 意思表示의 합치부분을 代物擔保契約이라고 부를 수 있는 하나의 契約類型으로 파악하는 데에까지 귀착케 하는데 이와 같은 代物擔保契約이 체결되면 본래의 給付에 관한 債權·債務와 함께 擔保로서의 代物給付에 관한 債權·債務가 병존하게 되어 하나의 債權이 두 개의 債權으로 變更되므로 이것은 債務變更契約에 해당한다.

代物辨濟가 代物擔保契約이고 代物擔保가 債務變更契約이라고 하는 것은 債權者와 債務者 사이에 본래의 給付를 내용으로 하는 債務와 代物의 給付를 내용으로 하는 債務의 두 개의 債務

가 존재할 수 있음을 인정하고 하나의 債務가 그와 같은 複數의 債務로 變更된다고 보는 것이다.

그러나 관점을 달리하여 보면 債務는 여전히 하나일 뿐이고 代物擔保契約에 의하여 단지 給付가, 確定的인 單一의 것으로부터 選擇的 관계에 있는 複數의 可變的인 것으로, 바뀌는 債務變更이 있었다고 볼 수도 있는데 오히려 이것이 당사자의 意思表示의 실상에 보다 적합한 해석이 되지 않을까 생각한다.[3)]

Ⅲ. 解體와 再構成

이렇게 되면 본래의 給付를 실행하는 것이나 代物給付를 실행하는 것이나 모두 하나의 債務를 履行하는 것이 되어 다같이 辨濟에 해당하므로 代物辨濟에 있어서의 給付行爲는 통상의 辨濟와 조금도 다를 것이 없게 된다.[4)·5)]

---

3) 本稿의 앞부분 3.Ⅰ.1.의 끝부분 참조. 아울러 이것을 代用權 및 任意債權關係로 설명하는 견해에 관하여는 梁彰洙, 앞의 책, 140면 참조

4) 同旨: 拙稿, 代物辨濟豫約·賣買豫約에 있어서의 假登記에 의하여 保全되어지는 權利의 法律的 性質 및 假登記에 基한 本登記 後의 法律關係, 法院行政處刊 裁判資料(제13집)(1982), 101면의 脚註(16). 비록 제대로 정리되어 있지는 않지만 본고가 취하고 있는 기본적인 사고의 출발을 내포하고 있으므로 참고로 이 부분을 옮겨 보면 다음과 같다. "필자는 대물변제합의와 대물변제 자체가 구별되어야 할 필요성을 여러 번 천명하였거니와 그것이 구별되지 않음으로써 생기는 여러 혼란은 기본적으로 대물변제의 법률적 성질을 계약, 그것도 요물계약이라고 파악하는 데서 유래한다고 느껴진다. 변제를 '합의된' 급부의 실현이라고 한다면 대물변제는 '합의된' '다른' 급부의 실현인 것이므로 양자 공히 급부에 앞선 사전합의라는 것이 내재되므로 합의라는 것이 대물변제에만 특유한 것이 아닌 점, 합의와 급부가 채무이행이라는 관계로 서로 연결되는 것도 양자가 동일하다는 점, 채무소멸이라는 효과는 합의만의 효과로 발생되는 것이 아니라 급부실현이라는 결과에 의하여 '채권이 만족'되기 때문이라는 점(굳이 말한다면 대물급부의 실현에 의하여는 원래의 채무 및 대물급부를 할 채무의 2개 채무가 동시에 소멸되는 점이 다르다) 등에서

그렇다면 代物辨濟에 있어서의 給付行爲는 辨濟에 흡수되어 별도의 의미를 상실하고 代用合意와 代物移轉契約이 合體된 부분만이 債務變更契約으로서의 의미를 갖게 된다. 이것은 代物給付行爲를 要素로 포함하는 要物契約으로서의 代物辨濟가 해체되어 그 중의 代物給付行爲 부분이 이탈되는 것을 의미한다. 이것은 또한, 代物給付行爲까지를 포함하여 要物契約이라는 하나의 法律要件으로 代物辨濟를 파악하는 것을 피하고 단지 그 중의 代用合意와 代物移轉契約이 合體된 부분만을, 代物辨濟라는 명칭하에, 代物擔保契約의 실질을 갖는 法律要件으로, 파악하는 것을 뜻한다. 물론 이러한 논의는 하나의 試圖에 불과하다.

이 試圖는 요컨대 代物辨濟를 하기로 하는 債權者와 債務者의 合意 가운데에는 다른 특별한 사정이 없는 한 원칙으로 代用合意와 代物移轉契約이 함께 포함되어 있다고 보아야 하는데 이 두 개를 분리하여 그 중의 代用合意 부분만이 代物辨濟의 틀 속에 들어갈 수 있는 것, 바꾸어 말하면 代物辨濟에 있어서의 效果意思의 내용이 될 수 있는 것이라고 보는 것이 종래의 입장이었다고 전제하고, 그러나 이러한 관념에서 벗어나 이번에는 방향을 바꾸어 代用合意와 代物移轉契約이 함께 포함되어 있는 당사자의 意思表示의 실체를 그대로 받아들일 수 있도록, 한편으로는 代用合意와 代物移轉契約이 다 들어갈 수 있는 것으로 代物辨濟의 개념의 틀을 확장하고 다른 한편으로는 代物給付부분을 代物辨濟로

변제와 대물변제는 동일하고 다만 실현되는 급부의 내용이 다르다는 것만이 양자의 차이인데 이는 양자의 법률적 성질에 차이를 가져올 만한 요소는 못되는 것임에도 불구하고 종래 거의 이론 없이 변제는 사실행위(또는 준법률행위)라고 하면서도 대물변제는 요물계약이라고 달리 구성하는 데에서 문제가 생긴 것이 아닌가 느껴진다.”

5) 同旨: 梁彰洙, 앞의 책, 141면

부터 분리하여 그 틀을 축소함으로써 代物辨濟의 개념의 틀을 새로 구성한 다음, 代用合意와 代物移轉契約이 合體된 合意부분만은 諾成契約으로서의 代物辨濟 '契約'이라고 부르고 代物給付부분은 위와 같이 새롭게 구성된 代物辨濟의 개념의 틀에 들어가지 않는 것으로 분리하여 이것은 辨濟의 한 방법에 속하는 것으로 파악하자는 것이다.

이러한 試圖에 따르면 民法 제466조는 辨濟와 구별되는 독립한 債務消滅事由로 代物辨濟를 규정하고 있는 것이 아니라 '辨濟의 한 방법으로 代物辨濟를 규정'하고 있는 것에 지나지 않는다고 해석할 수 있는데 이러한 해석은 民法이 代物辨濟를 별도의 款으로 규정하지 않고 '第一款 辨濟'의 款에서 辨濟와 함께 규정하는 체재를 취하고 있는 것과 오히려 부합한다고 볼 여지도 있다.

判例索引

事項索引

[ㅇ]

[ㅊ]

[ㅌ]

[ㅍ]

[ㅎ]

저자약력

경기고등학교 졸업
서울대학교 법과대학 졸업
제 8 회 사법시험 합격
서울민사지방법원 판사
영국 런던대학교 연수
사법연수원 교수 겸 서울민사지방법원 부장판사
법원행정처 송무국장
서울고등법원 부장판사 겸 서울가정법원 수석부장판사
대법원 사법제도발전위원회 연구실장
서울행정법원장
헌법재판소 재판관
미국 델라웨어대학교 방문교수
제38회 한국법률문화상 수상
현 인하대학교 법학전문대학원 (초대) 원장
언론중재위원회 위원장

저 서

사례해설 가처분의 연구(공저)(박영사)

假登記 · 代物辨濟

2010年 3月 10日 初版印刷
2010年 3月 20日 初版發行

著 者 權 誠
發行人 安 鍾 萬
發行處 (株)博 英 社
서울特別市 鍾路區 平洞 13-31番地
電話 (733) 6771 FAX (736) 4818
登錄 1959. 3. 11. 제300-1959-1호(倫)

www.pakyoungsa.co.kr e-mail: pys@pakyoungsa.co.kr

定 價 28,000원 ISBN 978-89-7189-516-0